성性의 명서名書 읽기

성性의 명서名書 읽기

명서로 보는 인간의 성지식

정창권

도서출판 지성人

성의 통섭(학문 융합)적 이해

한국의 출생률은 OECD 국가 중 꼴찌이다. 가임기 여성 1명당 0.7명에 그치고, 서울시는 0.6명까지 떨어졌다. 한국 부부의 성관계 횟수도 전 세계적으로 꼴찌에서 두 번째로 적고, 전체 성인 남녀의 섹스리스 비율은 38%에 달한다고 한다.

대체 왜 이렇게 되었을까? 언론에서 떠드는 것처럼 높은 결혼 비용과 양육비, 주거비, 교육비 등 여러 가지 원인이 있겠지만, 필자는 무엇보다 성에 대한 폐쇄적이고 부정적인 사회 분위기와 국민들의 성 지식 부족을 꼽고 싶다.

한국은 성(性)에 대해 보수적인 나라로 유명하다. 우리는 성을 자연스러운 것으로 보기보다는 부끄럽고 숨겨야 하는 것으로 생각한다. 심지어 성은 부도덕이자 죄악이요, 두려움의 대상으로까지 생각한다. 이는 조선시대 성리학과 조선후기 이래의 기독교 등 사상, 종교의 영향도 있지만, 학교에서 가르치는 성교육의 영향도 매우 크다. 우리나라 성교육은 "안 돼요. 싫어요. 하지 마세요."라는 성폭력 예방 교육에만 초점이 맞취져 있다. 그러니 날이 갈수록 결혼뿐만 아니라 연애 포기자가 급증할 수밖에 없는 것이다. 필자의 성 관련 강의를 듣는 한 여학생이 기말고사에서 강의 소감문으로 제출했던 내용이 아직도 생생하게 떠오른다.

'나는 연인과 함께 하는 행위 자체에 관심이 없다. 연애를 안 해본 건 아니지만, 성적인 관계를 진지하게 생각해본 적이 없다. …실제로 사람을 만나고 그 사람과 깊은 관계를 맺는 건 그렇게 흥미롭지 않다. 그리고 주위에 그런 사람들이 생각보다 많다고 느꼈다. …내가 왜 성적 행위에 관심이 없을까? 먼저, 사회적으로 성적 행위를 달갑지 않게 여기기 때문이다. 다음으로, 내가 여성이기에 그런 게 아닐까? 남자들은 신체적인 접촉을 크게 생각한다. 하지만 여자들은 사회의 부정적 시선, 자궁경부암 같은 질병, 성범죄에 대한 두려움, 불확실한 미래와 임신 걱정 등 다양한 이유로 성행위에 그렇게 큰 의미를 부여하지 않는다. 마지막으로, 현대 사회가 섹스라는 여유를 가지기에 너무 각박한 게 아닐까? 경제적, 사회적으로 안정되지 못한 청년들이 불확실한 미래에 대한 두려움으로 연애와 결혼을 포기하는 것은 어쩌면 당연한 일이다. 나 또한 이러한 이유로 연애를 사치라고 생각한다.'

성교육은 성폭력 예방 교육도 중요하지만 건강한 성생활을 위한 교육도 중요하다. 하지만 우리나라는 초,중,고 심지어 대학교에서도 성에 대해 제대로 알려주는 수업이 거의 없다. 성을 제대로 알려주지 않으면 학생들은 성 관련 언어들을 입 밖으로 꺼내는 것조차 힘들게 되며, 아무런 성 지식이나 정보도 없이 성인이 된다.

이에 따라 필자는 대학에서 <성의 명서 읽기>란 교양 과목을 개설하여 학생들에게 다양하고 깊이 있는 성 지식을 전달하려 하고 있다. 최고의 교육은 독서라고 했던가. 필자는 동서양의 대표적인 성의 명서를 선정하여 학생들과 함께 매주 한 권씩 읽고 토론해봄으로써 수많은 성 지식을 그야말로 생생하고 입체적으로 습득하도록 하고 있다. 그리하여 자신만의 성의 가치관(철학)을 수립하는 한편 다른 성에 대한 이해와 포용력을 키울 수 있도록 하고 있다. 이 책은 그 강의를 토대로 하되 대상과 내용을 보다 확대해서 집필한 것이다.

성은 인간의 본능으로, 동서고금을 막론하고 누구에게나 높은 관심의 대상이다. 그에 따라 전 세계적으로 성에 대해 인문, 사회, 자연, 과학, 의학, 예술 등 다각적인 측면에서 깊이 있게 탐구한 저서들이 출현했다. 또 근래에는 노년층이나 장애인, 동성애, 무성애 등 성 소수자를 이해할 수 있는 저서들도 많이 나오고 있다. 하지만 우리나라는 성에 대한 금기와 제약이 강해 그러한 성의 명서를 학습할 기회를 갖기가 어렵다. 대신 자극적이고 폭력적인 음란물을 보면서 왜곡된 성 지식을 쌓아가고 있다. 당연히 우리나라는 성 연구가 거의 이루어지지 않아서 그러한 성의 명서들도 대부분 외국 서적의 번역본일 뿐 국내 도서는 거의 없는 실정이다. 한국은 겉으로만 성이 개방된 나라로 보일 뿐, 실제로는 성에 대해 매우 무지한 국가라는 말이 결코 틀리지 않는 것이다.

이 책은 위에서처럼 동서양의 대표적인 <성의 명서 읽기>를 통해 다양하고 깊이 있는 성 지식을 쌓도록 하기 위해 집필한 것이다.

첫째, 우리는 성에 대한 통섭적 이해, 즉 여러 학문의 융합적 접근을 시도할 것이다. 성교육을 비롯해서 생리학, 문화인류학, 정신분석학, 철학, 역사, 사회생물학, 성폭력, 커뮤니케이션, 문학, 노년학, 동성애, 장애학, 무성애 등 다양한 학문 분야에서 성을 어떻게 다루고 있는지 폭넓게 살펴볼 것이다.

둘째, 성의 명서에 담겨 있는 다양하고 깊이 있는 성 지식들을 체계적이고 생동감 있게 들려주고자 한다. 기존의 평론서처럼 저자 개인의 관점으로 명서의 내용을 구구절절이 해설하고 평가하는 것이 아니라, 명서에 담겨 있는 주요한 성 지식들을 소개하되 원문의 맛도 살리면서 생생하고 재미있게 보여주고자 한다. 물론 여기에 소개된 성 지식들은 명서의 내용에서 흥미위주로 아무렇게나 뽑아낸 것이 아니고, 동서고금의 다양한 학문 분야에서 이루어진 성 지식들을 폭넓게 보여주고자 하는 필자의 의도에 따라 그 내용을 새롭게 정리하고 그에 따라 소제목도 붙여 또 다른 형태의 성 연구서가 되도록 했다. 게다가 맨 뒤에서는 이 책에 소개된 성 지식들을 간단명료하게 정리하면서, 향후 우리나라 성 문화의 나아갈 방향까지 제시했다. 이 책을 읽다 보면 명서에 담겨 있는 성 지식들이 서로 겹치는 경우도 있다. 그러나 저자들의 연구 관점이 서로 다르므로, 오히려 그 문제를 보다 다각적인 관점에서 바라볼 수 있을 것이다.

셋째, 세상에 성만큼 다양하고 복잡한 분야도 없는 듯하다. 성에는 정답이 없다는 것이다. 그러므로 성 연구서에서는 섣불리 정답을 제시하고 그에 따르라고 강요하는 행위는 결코 해서는 안 된다. 이 책도 명서에 나타난 수많은 성 지식을 제공하면서, 독자들로 하여금 자신만의 성적 가치관을 수립하고 나와 다른 성에 대한 이해와 포용력을 키우는 데 주요한 목적을 두고자 한다.

흔히 성에 대해 보수적인 사람들은 이렇게 말하곤 한다.

"성은 대체 왜 배우나? 나중에 크면 자연스럽게 알게 되어 있다."

하지만 성도 아는 만큼 건강하고 만족스런 성생활을 할 수 있고, 그만큼 삶의 활력도가 높아지는 법이다. 프랑스나 미국처럼 성이 발달한 나라들일수록 사람들이 주변의 성 관련 세미나나 심포지엄, 강연회 등 교육 프로그램을 찾아다니며 적극적으로 배우려는 이유도 바로 거기에 있다.

더 나아가 성을 제대로 알면 타인의 성을 존중할 줄도 알아서 성희롱이나 성폭력 같은 성폭력이 줄어들게 되어 있다. 특히 성범죄는 그 사람의 근본이 나빠서가 아니라 성을 제대로 몰라서 저지르는 경우가 많다. 그러므로 엄격한 법 제정도 중요하지만, 무엇보다 제대로 된 성 지식을 습득하도록 기회를 주어야 한다. 날이 갈수록 한국의 성이 보수화되어 가고 있다. 이 책이 한국의 성의 수준을 한 단계 끌어올릴 뿐만 아니라 성에 대해 보다 자유롭고 관대해지는 사회가 되는데 조금이나마 기여했으면 싶다.

2024년 4월

태정(太井) **정창권**

목차

서문 : 성의 통섭(학문 융합)적 이해

❶ 솔직하고 실제적인 성생활 입문서 - 『딸아들 가이드』 … 13
❷ 남자와 여자의 성적 반응 - 『인간의 성 반응』 … 25
❸ 남자의 성 생리학 - 『몸의 일기』 … 41
❹ 성의 기원에 관한 문화인류학적 탐색 - 『작은 인간』 … 55
❺ 수렵채집 사회의 개방적인 성풍습 - 『니사』 … 73
❻ 유아 성욕의 정신분석학적 해석 - 『성에 관한 세 편의 해석』 … 100
❼ 권력과 성의 관계에 대한 철학적 사유 - 『성의 역사』 … 113
❽ 중국 성애의 역사와 문화 - 『중국성문화사』 … 128
❾ 인간 성행동의 사회생물학적 연구 - 『킨제이와 20세기 성연구』 … 147
❿ '아는 사람'에 의한 성폭력 실태 - 『그것은 썸도 데이트도 섹스도 아니다』 … 169
⓫ 성 커뮤니케이션 개론서 - 『SEX & TALK』 … 183

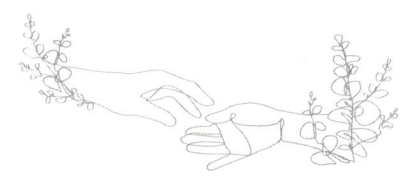

⓬ 육체적 관계의 회복을 염원한 소설 - 『채털리 부인의 연인』 ⋯ 196
⓭ 노년의 원숙한 성과 사랑 - 『두번째 서른살』 ⋯ 213
⓮ 동성애·트랜스젠더·여장 남성의 실체 - 『모나리자 신드롬』 ⋯ 234
⓯ 장애인의 성에 관한 쟁점들
  - 『사랑을 말할 때 우리가 꺼내지 않았던 이야기들』 ⋯ 252
⓰ 제4의 성, 무성애 - 『무성애를 말하다』 ⋯ 268

나가며: 성이 개방적이고 포용적인 나라 ⋯ 283

참고문헌 ⋯ 288

❶ 솔직하고 실제적인 성생활 입문서 - 『딸아들 가이드』

긍정적 성교육 교재

　필자는 성에 대해 본격적으로 연구하면서 국내외에 나와 있는 웬만한 성 관련 저서들을 거의 다 찾아보았다. 그런데 성의 명서로 꼽을 만한 국내 도서는 별로 없었다. 한국은 성에 대한 부정적 의식이 워낙 강해서 성의 원리에 대해 다양하고 깊이 있게 연구해서 나온 저서가 거의 없었던 것이다. 그나마 '섹스라이프를 시작하는 이들을 위한 안내서'라는 부제가 붙은 『딸아들 가이드』(섹시고니 지음, 레드홀릭스, 2019)가 상당히 획기적인 성교육 교재로서 한 번쯤 살펴볼 만했다. 이 책의 저자는 백상권으로, 섹시고니라는 예명을 사용하고 있다.

　그는 프롤로그에서 이 책을 쓰게 된 계기를 오늘날 한국 성교육의 문제점에서 찾고 있다. 우리나라 성교육은 실제 성생활에 필요한 구체적인 정보들을 가르쳐주지 않고, 성희롱·성폭력 예방 교육에만 집중하다 보니 성이 주는 즐거움과 행복을 알지 못하게 되며, '건강한 섹스', '아름다운 성'의 프레임에 갇혀 있다 보니 자신이 진짜로 욕망하는 성생활을 할 수 없게 만든다는 것이다.

저자는 이 책의 목적을 다음과 같은 다섯 가지로 제시하고 있다. 첫째, 구체적이고 실질적인 성생활 가이드를 제공하겠다. 둘째, 성이 기쁘고 즐거운 것임을 알려주겠다. 셋째, 사회가 제시하는 성이 아닌 자신이 욕망하는 성을 누릴 수 있게 하겠다. 넷째, 자유로운 상상력의 토대 위에서 자신만의 성생활을 만들어갈 수 있게 하겠다. 끝으로 그는 남자와 여자의 성을 분리하지 않고 함께 다루겠다고 했다.

이 책은 본격적인 섹스 안내서답게 올바른 성 관념, 남녀 성기의 구조, 자위의 중요성과 방법, 첫 키스나 첫 섹스의 마음 자세와 방법, 연인 관계 등 성에 대한 지식들을 직접적이고 구체적으로 제시하고 있다. 기존 성교육에 익숙한 독자들은 이 책을 처음 펼쳐보았을 때 적잖이 당황스러울 수도 있다. 하지만 그 어느 성교육 책에서도 듣지 못할 자세하고 솔직하며 실제적인 성 지식들이 풍부하게 담겨 있다.

성은 부끄러운 게 아니다

저자는 '딸아들 가이드'라는 책 제목에 걸맞게 먼저 올바른 성관념을 고취하기 위한 작업부터 시도한다. 우선 그는 성에 대한 죄책감에서 벗어나길 당부한다. 우리가 자신의 욕망을 있는 그대로 실현하지 못하고 성을 제대로 즐기지 못하는 것은 성생활을 시작하면서 느끼는 죄책감 때문이다. 성에 대한 부정적이고 금기시되어 있는 사회에서는 자신의 성적 욕망 자체가 죄책감을 느끼게 한다. 하지만 자신의 욕망에 충실한 것은 결코 부끄럽거나 이상한 행동이 아니므로 죄책감을 느낄 필요가 없다. 대표적인 예로 인간의 성장 과정에서 중요한 것 중의 하나인 자위행위에 대해서도 죄책감을 갖지 말고 스스로 당당해지고 자신감을 가져야 한다.

다음으로 성에 대해 정상/비정상으로 구분하지 말라는 것이다. 성은 다른 사람들에게 피해를 주지 않는 한 모두 정상이고, 자신의 욕망에 충실한 것은 결코 부끄럽거나 이상한 행동이 아니다. 그럼에도 우리 사회는 자신의 욕망에 충실한 사람을 흔히 '변태'라고 치부해버린다. 저자는 오히려 적극적인 '변태'가 되어 자신의 욕망에 솔직해지라고 한다.

또한 성과 관련된 적절한 어휘를 사용할 것을 당부한다. 대표적으로 '보지'와 '자지'는 남녀의 성기에 대한 순우리말임에도 불구하고 성에 대한 부정적이고 폐쇄적인 사회 분위기 속에서 제대로 사용되지 못하고, 대신 음경이나 페니스, 질, 버자이너, 거기 같은 외래어나 애매모호한 대명사를 주로 쓰고 있다. 하지만 성기에 대한 정확한 우리말은 보지, 자지이므로 일상 속에서 부끄럼없이 편하게 쓸 수 있어야 한다. 저자는 '에둘러 말하거나 비유적으로 말하지 않고, 있는 그대로 말할 수 있을 때 비로소 진짜 자신의 욕망을 만날 수 있다'고 강조한다.

그밖에 성에 관한 잘못 알려진 단어들도 바로잡고 있다. 예컨대 몇 가지만 살펴보기로 하자. '처녀막'은 여성의 성 경험 여부를 판단하기 위한 용어이므로 '질막'이란 본래 의미의 표현을 쓰라고 한다. 여성들 중에는 선천적으로 질막에서 없는 경우도 있고, 일상생활 중에 질막이 파열될 수도 있으며, 첫 삽입 시에 질막이 피가 나지 않는 경우도 있기 때문이다. 태아를 떨어뜨린다는 의미의 '낙태'라는 말도 근본적으로 여성의 권리가 배제되어 있을 뿐만 아니라 임신 중단을 여성의 책임으로만 돌리는 표현이므로, 보다 중립적이고 객관적 의미의 '임신 중지'라는 말을 쓰라고 한다. '불륜'이란 표현도 한자어로 '인륜(결혼제도)이 아니다(어긋나다)'는 뜻인데, 이는 혼인제도의 유지를 위한 가치 판단이 내재되어 있으므로 이를 배제한 '혼외정사(혼외관계)'나 '바람'으로 대체하는 것이 바람직하다고 한다.

여성 성기의 구조

저자는 우리가 성기를 들여다보고 이해하는 과정이 반드시 필요하다고 한다. 자신의 몸을 이해하고 사랑할 수 있어야 자위든, 섹스든, 온전히 자신의 것으로 받아들일 수 있기 때문이다.

흥미롭게도 남자와 여자는 태생적으로 같은 신체 구조를 갖고 있으며, 성적인 쾌감을 느끼고 즐기는 매커니즘도 같다고 한다. 구조적으로 볼 때 남성 성기의 귀두와 여성 성기의 클리토리스가 대응되며, 남성의 성기 기둥과 여성 성기의 대음순은 서로 대응된다.

먼저 여성은 성기를 크게 감싸고 있는 대음순과 그 안쪽을 감싸고 있는 소음순으로 둘러싸여 있다. 소음순이 만나는 위쪽에 클리토리스, 즉 음핵이 노출되어 있는데, 사람에 따라선 포피에 싸여 있는 경우도 있다. 클리토리스 아래에 오줌을 싸는 요도가 있고, 그 바로 아래에 질 입구가 있다. 특히 클리토리스는 겉모습만 보면 매우 작은 조직으로 생각할 수 있지만, 작게 노출된 부분은 클리토리스의 머리에 해당될 뿐이다. 그 안쪽으로 클리토리스의 몸통과 다리가 질의 앞부분을 크게 감싸고 있어 실제로는 매우 큰 편이다.

여성의 성기는 사람의 얼굴만큼이나 다양한 모습을 하고 있다. 그러므로 자기 성기의 모양이 일반적으로 알려진 것과 다르더라도 비정상적으로 여길 필요는 없다. 어떤 모습이든 자신의 성기는 그 자체로 사랑받을 가치가 있다. 다만 본인의 생각에 따라 다르게 느낄 뿐이다.

또한 가임기의 여성은 약 1개월을 주기로 월경을 반복한다. 월경이란 배란하는 난자가 수정(난자와 정자의 결합)되지 않을 경우 자궁내막 기능층이 탈락하여 질을 거쳐 밖으로 배출되는 현상을 말한다. 흔히 월경을 '생리'라고 표현하기도 하는데, 1940년대 일본에서 '월경'이란 단어가 부담스럽다는 이유로 노동기준법에 생리라고 표현한 데서 유래한 것이다. 그러므로 원래 용어인 '월경' 또는 '달거리'로 사용할 것을 권장한다. 월경 주기는 보통 28일이지만, 사람에 따라 21일~35일 정도의 차이가 있다. 또 월경은 3~5일 정도 하게 되는데, 사람에 따라 1주일간 할 수도 있다.

월경 14일 이전이 정확한 배란일이고, 보통 배란일 전후 4일 정도를 임신이 가능한 기간으로 본다. 물론 배란주기가 아무리 규칙적이어도 기계처럼 정확할 수는 없으므로 실제로 여성의 가임기는 1년 365일이라고 보아야 한다. 흔히 남성들은 사정 직전에 성기를 질에서 빼내어 밖에다 사정하는 '질외사정'을 하면 임신을 피할 수 있다고 생각하기도 하는데, 질외사정은 피임법이라 할 수 없고 임신될 확률이 높다. 남성이 흥분했을 때 나오는 쿠퍼액에도 정자가 있을 수 있고, 성관계할 때 자신도 모르게 조금씩 정액이 나오기도 하기 때문이다.

남성 성기의 구조

다음으로 남성 성기의 구조에 대해 살펴보자. 남성의 성기는 크게 음경해면체, 귀두, 요도, 고환, 방광, 정낭, 전립선 등으로 이루어져 있다. 여성 성기와의 가장 큰 차이점은 방광 아래에 전립선이 있다는 것이다. 전립선은 남자만 가지고 있는 것으로 다양한 성적 기능과 함께 쾌감을 주는 부위이며, 오줌과 정액이 지나가는 통로이다.

과거엔 대한민국 남성이라면 누구나 포경수술을 해야만 하는 것처럼 여겼으나, 현재는 신중하게 접근하려는 경향이 강해졌다. 당시 포경수술이 성행하게 된 것은 미국의 영향이 컸는데, 포경수술이 성기의 위생에 도움이 된다는 이유 때문이었다. 하지만 요즘엔 그러한 정보가 거의 오류라고 지적되었다. 또 포경수술이 조루를 예방하는 데 도움을 준다는 속설도 있지만 그것 또한 근거가 없다.

성기의 크기는 남자들의 가장 큰 관심거리 중의 하나이다. 1971년 국군수도병원에서 한국 남성 702명을 대상으로 음경 크기에 대해 조사한 결과 평균 길이는 12.70㎝, 평균 둘레는 11.06㎝였다. 또 2005년 전남대학교 의과대학에서 20세 전후 남성 2335명을 대상으로 음경 크기를 조사해 보니 평균 길이가 11.95㎝였다.

성기의 크기는 삽입했을 때 평균치에 훨씬 못 미치는 경우가 아니라면 크게 문제될 것이 없다. 오히려 성기의 크기가 너무 커서 삽입할 때 통증을 일으켜 여자들이 꺼리는 경향이 있다. 그럼에도 불구하고 남자들은 여전히 평균치보다 훨씬 큰 성기를 선호하는 편이다.

남성의 발기는 성적 자극이나 다른 이유로 인해 성기가 커지고 단단해지는 현상을 말한다. 성기의 중심부에는 해면체라는 조직이 있는데, 발기는 이 해면체에 혈액이 가득 차면서 성기가 커지는 것이다. 성적 자극이 없어도 발기가 되는 경우는 몸이 충분히 이완되었을 때이다. 잠을 자는 동안에 발기가 되는 이유도 몸이 충분히 이완되었기 때문이다. 10~20대 때는 일상생활을 하는 중에도 발기가 되곤 하는데, 당사자도 그것을 부끄러워할 필요가 없고 주위에서도 이상한 시선으로 볼 필요가 없다.

젊은 남성들의 가장 큰 성적 고민 중 하나는 아마 조루가 아닐까 한다. 조루란 자신이 원하지 않은 시점에 사정을 해버리는 경우를 말하는데, 보통 삽입 후 3~5분 이내에 사정을 하면 조루라고 판단하곤 한다. 조루의 주요 원인은 몸의 잘못된 기억 때문이다. 보통 청소년기에 숨어서 자위를 하는 경우가 많은데, 그러나 보니 빨리 사정하기 위해 짧은 시간에 강한 자극을 주게 된다. 이런 자위 습관이 반복되면 몸에선 조금만 성적 자극이 와도 사정을 하는 것으로 기억하여 나중에 조루가 되는 것이다. 이에 따라 올바른 자위 방법이 중요한데, 이에 대해선 아래에서 자세히 알아보기로 하자.

자위는 성생활의 기초다

우리 사회는 여전히 성욕을 느끼고 표현하는 것을 부정적으로 바라본다. 그래서인지 앞에서처럼 인간의 성장 과정에서 아주 중요한 자위에 대해서도 죄책감을 갖게 만들고 있다. 하지만 자위는 혼자서 즐길 수 있는 나만의 놀이이며, 좋은 성생활을 위한 예비 훈련이고, 나의 몸을 알아가는 유일한 방법이다. 자위를 거듭할수록 자신의 몸 어디를 만져야 기분이 좋은지를 알게 되고, 이전에는 몰랐던 성감대를 발견하게 된다. 이러한 자위를 잘하기 위한 일반적인 방법은 다음과 같다.

첫째, 누구의 방해도 받지 않는 자위 환경을 만드는 게 중요하다. 부모님이나 동거인 등으로부터 방해받지 않는 시간과 장소가 필요하다는 것이다.

둘째, 많은 이들이 포르노를 보면서 자위를 하는 경우가 많은데, 그럼 포르노 속 상황에 지배당하게 되어 충분한 오르가슴을 즐기지 못한 채 빠른 '피크 오르가슴'만 느끼고 끝나버린다. 그보다는 차라리 조명을 어둡게 하거나 은은한 아로마 향초를 켜놓고서 조용한 클래식 음악을 틀어놓고 1시간 정도 여유 있게 하는 것이 좋다.

셋째, 본래 자위는 성적 즐거움을 오랜 시간 즐기고 자기 몸의 감각에 집중하는 것이다. 그런데 자위의 목표를 남자의 경우 강렬한 사정에, 여자의 경우는 피크 오르가슴에 두는 경우가 많다. 강렬하고 짧은 쾌감을 얻는 자위보다는 좋은 쾌감을 오랫동안 유지하는 자위 방법으로 해야 실제 파트너와의 성관계에서도 좋은 오르가슴을 오래 즐길 수 있다.

넷째, 자위할 때는 손톱을 자르고 손을 깨끗이 씻은 상태에서 해야 하며, 성 도구를 이용할 경우에도 위생에 신경을 써야 한다.

다섯째, 수용성 윤활젤을 준비해서 성기 부분에 사용하면 부드러운 자극을 섬세하게 조절할 수 있어서 자위에 큰 도움이 된다. 특히 윤활젤의 유무가 성감에 미치는 영향은 엄청나다.

우리나라는 자위에 대한 인식 수준이 보수적일 뿐만 아니라 성별에 따라서도 큰 차이를 보인다. 남성의 자위에 대해서는 가볍고 불편하게 바라보지 않는데 반해, 여성의 자위는 조심스럽고 금기시되며 수용하기 어려운 분위기이다. 성욕이란 우리 삶에서 금지하거나 없애야 하는 욕구가 아닌, 발현하고 완성해야 할 자신의 욕망 중의 하나이다. 그러므로 남성이든 여성이든 성별에 구애받지 말고 자신의 성적 욕망을 긍정적으로 바라볼 필요가 있다. 저자의 말처럼 자위는 자신의 성감을 개발하고 나의 몸을 깨우는 역할을 하므로 우리의 일상이 되어야 한다.

첫 경험을 위한 기본 가이드

끝으로 첫 경험을 하기 전에 반드시 짚고 넘어가야 할 것과 기본적인 키스, 섹스 방법에 대해 실제적으로 알아보자.

첫 경험을 하기 위해선 무엇보다 먼저 자신의 입장 정립이 중요하다. 저자는 첫 섹스를 하기 전에 최소한 다음과 같은 질문을 스스로에게 던져보길 권하고 있다.

1. 사랑하는 사람하고만 섹스를 할 것인가?
2. 나에게 사랑이란 무엇인가?
3. 사랑하는 사람과의 관계에서 섹스가 어떤 역할을 하길 원하는가?
4. 내 인생에서 섹스는 어떤 의미인가?
5. 섹스의 목적이 단순한 쾌락의 추구가 되면 안 되는 것인가?

그와 함께 상대방의 분위기나 행동이 섹스를 원하는 것처럼 보일지라도, 섹스를 거부하는 몸짓이나 표현은 어떤 경우에도 섹스를 거부하는 것으로 판단해야 한다. 또 섹스를 원할 경우에는 남자든 여자든 당당하게 섹스하고 싶다고 말할 수 있어야 한다.

처음으로 키스할 때는 너무 급하게 달려들면 서로의 이가 부딪치는 불상가가 생길 수 있다. 모름지기 키스란 '천천히, 천천히, 그리고 부드럽게 음미해야 한다'는 것을 명심할 필요가 있다. 또 키스를 하기 전에는 반드시 양치질 또는 구강 세정액을 이용해서 입안을 깨끗하게 하도록 하자. 키스 전에는 마늘이나 양파 등 자극적이고 냄새나는 음식도 가급적 먹지 않도록 하자.

키스는 입술과 혀를 이용해서 다양한 자극을 주고받음으로써 충분한 황홀감을 느끼는 것이다. 어떤 이는 섹스보다 키스가 황홀하다고 얘기하기도 한다. 그만큼 키스 또한 엄청난 황홀감을 준다는 것이다. 키스의 기본 가이드는 다음과 같다.

1. 입을 자연스럽게 다문 상태에서 서로 마주보고 천천히 얼굴의 간격을 좁혀 가까이한다.
2. 각자의 고개를 오른쪽 또는 왼쪽으로 엇갈리게 살짝 기울인다.
3. 눈을 감으면서 고개를 약 20~30도 정도 기울이고 입술을 맞대어 연속

적으로 움직인다.
4. 어깨에 손을 걸치거나, 허리에 돌린 팔을 교차시켜 힘을 주어 껴안으면 친밀도가 높아진다.
5. 손바닥으로 머리를 감싸고 쓰다듬으며 키스를 이어갈 수 있다.
6. 자연스럽게 엉덩이에 손을 올려 놓는다. 이 자세에서 서로에게 몸을 밀착시키면 하체가 중점적으로 닿게 된다. 한손으로 가슴이나 하체를 쓰다듬어도 좋다.
7. 앞에서 안는 것과 달리 백허그를 하는 키스는 안정감을 주고 사랑받고 있다는 느낌을 줄 수 있다. 여성이 뒤에서 안아줘도 좋다.

첫 섹스도 누구나 완벽하지 않다는 걸 인정하고 마음 편하게 섹스에 임하는 자세를 가진다. 첫 섹스를 할 때는 다음의 사항을 유의하도록 하자.

1. 서로의 어색함을 풀기 위해 술을 조금 마시는 것은 좋지만, 그렇다고 만취하는 건 곤란하다.
2. 제대로 된 피임을 준비하자. 피임을 위해 콘돔을 사용하자는 건 부끄러운 것이 아니라 당연한 것이며, 내 몸에 대한 안전이 더 중요하다.
3. 방해받지 않는 공간에서 안전하고 청결한 상태로 섹스를 하도록 한다.
4. 분위기 고조를 위해 조명을 은은하게 하고 음악을 틀어두면 도움이 된다.
5. 자신의 몸에 자신감을 갖고 움츠러들지 말자.

첫 섹스를 준비할 때는 남자나 여자나 고민되는 것들이 많다. 예컨대 남자들의 고민은 대략 다음과 같다.

1. 질입구를 찾지 못해서 삽입을 하지 못하면 어떡하지?
2. 삽입해서 금방 사정해버리면 어떡하지?
3. 섹스를 리드하지 못하고 바보처럼 보이면 어떡하지?

반면에 여자들의 고민은 대략 아래와 같다.

1. 내 작은 가슴, 거무튀튀한 성기 색깔 때문에 파트너에게 섹시하지 않게 보이면 어떡하지?
2. 삽입할 때 너무 아프지 않을까?
3. 임신하면 어떡하지?

이런 고민들을 해결할 수 있는 가장 좋은 방법은 파트너에게 그러한 마음을 솔직하게 털어놓는 것이다. 고민하는 것들을 함께 얘기하다 보면 자연스럽게 문제가 해결된다.

또한 섹스는 오르가슴을 얻기 위한 게 아니다. 두 사람이 어울려서 성적인 교감을 이루고 좋은 느낌을 갖는 것만으로도 충분한 것이다. 오르가슴만이 목적이 되면 다양한 울림을 주는 섹스의 즐거움을 잃게 되고, 오히려 오르가슴도 느낄 수 없게 된다.

집착과 소유욕은 폭력이다

그렇다면 첫 경험 후의 연인 관계는 어떻게 유지해가야 할까? 우리나라 연인들은 모든 사적 부분을 완벽하게 공유해야 하는 것처럼 여긴다. 연인에게 비밀이 있다거나 일정을 공유하지 않는 것은 마치 부도덕하거나 연인으로서의 자격을 잃는 것처럼 여긴다. 하지만 이 틀을 깨고 좀더 유연한 관계로 나아가는 것이 오히려 더 강한 유대감을 가질 수 있고, 서로를 존중하는 연인 관계로 오래 이어갈 수 있다. 저자는 본격적으로 연애하는 이들에게 이렇게 제안한다.

1. 파트너가 내 인생의 모든 것이 되어서는 안 된다.
2. 모든 사적 공간과 정보를 공유하기보다는 연인이 관여하지 않는 삶의 공간 및 시간을 만들고 서로 존중해준다.
3. 파트너를 있는 그대로 인정하고 존중하라. 파트너를 자신이 옳다고 믿는 방향으로 변화시키려고 하지 말라.
4. 누구나 매력을 가지고 있다. 파트너의 매력을 찾는 탐색을 멈추지 마라.

한마디로 상대에게 집착하며 소유하고 통제하지 말라는 것이다.

요즘 우리 사회에서 끊이지 않고 일어나고 있는 데이트 폭력도 근본적으로 여기에서 발생하고 있다고 해도 과언이 아니다. 데이트 폭력은 연인에게 과도하게 집착하거나 자신의 가치 기준으로 상대방을 통제하려고 해서 발생하는 것이다. 혹자는 그것을 사랑이나 관심으로 미화하는 경우도 있지만, 폭력은 그냥 폭력일 뿐이다. 데이트 폭력은 대체적으로 열등감 등의 심리적 부분을 원인으로 볼 수 있는데, 집착과 소유, 통제 같은 작은 징후라도 보이면 그 관계의 지속에 대해 심각하게 고민하는 것이 좋다.

❷ 남자와 여자의 성적 반응 - 『인간의 성 반응』

남자와 여자의 성적 반응

우리나라 여성들 중에는 평생 동안 오르가슴을 한 번도 느껴보지 못하고 죽는 사람이 많다고 한다. 그만큼 우리나라 사람들의 인간의 성 반응에 대한 이해가 부족하다는 것이다. 그런 점에서 마스터스 & 존슨의 인간의 성 반응에 대한 연구서는 우리나라 사람들에게 꼭 필요한 책이다. 실제로 이 책의 내용은 국내외 각종의 성 연구서에서 여전히 자주 인용되고 있다.

1966년 미국의 산부인과 의사 윌리엄 마스터스(William Masters)와 임상심리학자 버지니아 존슨(Virginia Johnson)은 무려 11년 동안 인간의 성 구조를 자세히 연구하여 『인간의 성반응』(진봉천 역, 호문사, 1966)이란 기념비적인 성 임상실험 보고서를 세상에 내놓았다. 이 책은 성적 흥분에 대한 해부학적 및 생리학적 반응을 직접 관찰하고 인터뷰를 통해 속사정까지 파악한 것으로, 남자와 여자가 만족스러운 성적 자극에 반응하여 어떤 행동을 일으키며, 왜 그런 행동을 하는지 아주 자세히 나와 있다. 연구 대상도 사회의 각계각층을 총망라해서 모집했는데, 여자 328명과 남자 312명이었다. 평균 학력은 고등학교 이상 대학원까지였으며, 흑인과 노년층도 포함되어 있었다.

이 책은 의학에 문외한이라도 쉽게 이해할 수 있도록 최대한 쉬운 표현으로 설명해나가고 있는데, 그래서인지 당시 미국을 비롯한 세계 각국에서 베스트셀러가 되었다. 우리나라에서도 바로 그해인 1966년 진봉천이 번역하고 호문사에서 출간하여 일약 베스트셀러가 되었다. 하지만 현재 이 책은 시중에서 거의 찾아볼 수 없고, 몇몇 대학도서관에 희귀본처럼 소장되어 있다. 필자도 처음엔 이 책이 국내에 번역되지 않은 것으로 생각했으나, 우연히 연세대와 서강대 도서관에 소장되어 있는 것을 알고는 어렵게 대출하여 읽게 되었다. 이 책은 성 연구에서 매우 중요한 자료이므로 주요 내용을 가능한 아주 자세히 소개하고자 한다. 부디 출판계에서 이 책에 관심을 갖고 재출간해주었으면 싶다.

인간의 성 반응 주기

우선 두 저자는 인간의 성 반응의 주기를 1)흥분단계, 2)흥분상승단계, 3)오르가슴 단계, 4)흥분하강단계 등 4단계로 나누어 보았는데, 이는 남자와 여자 모두에게 나타난다고 했다.

남자의 성 반응 주기는 단순한 편이다. 남자의 성 반응 주기는 흥분단계-흥분상승단계-오르가슴 단계-흥분하강단계-신경 무반응기로 나눌 수 있다. 여자의 성 반응주기는 좀더 복잡한데, 흥분단계-흥분상승단계-오르가슴 단계-흥분하강단계로 나뉜다.

인간은 육체나 정신의 어느 한편에서 자극을 받으면 성적 반응의 첫번째인 흥분이 시작된다. 그리고 총 4단계의 성 반응 주기에서 제1단계인 흥분단계가 가장 많은 시간을 차지한다. 성적 자극이 효과적으로 계속되면 흥분이 상승되는 두 번째 단계로 올라가게 되는데, 이 단계에 들어가면 성적 자극이 클라이맥스를 향해 치솟을 준비를 하게 된다. 세 번째 오르가슴을 느끼는 단계는 불과 몇 초라는 짧은 시간인데, 성적 흥분단계가 극대화되면 저절로 오르가슴의 절정에 도달하게 된다. 이때 여자의 경우는 오르가슴이 골반에 집중되며, 특히 음핵(클리토리스)과 질, 자궁에서 느껴진다. 남자는 음경, 전립선, 그리고 정낭에서 느껴지게 된다.

남자들은 별 차이가 없이 대개 비슷한 형태로 사정을 하는데 반해, 여자들은 오르가슴을 느끼는 데 있어서 그 강도는 시간에 있어서 많은 차이가 있다. 남자나 여자나 오르가슴을 느끼면 마지막 단계인 흥분하강단계로 들어간다. 그러나 여자의 경우에는 효과적인 지속을 계속 받기만 하면, 흥분하강단계에서 거듭 오르가슴을 느낄 수도 있다. 그러나 남자는 흥분하강단계에서는 어떤 성적 자극에도 심리적으로나 생리적으로 무감각한, 즉 무반응기로 들어간다. 물론 이런 성적 자극에 대한 모든 생리적 반응의 강도와 시간의 지속성은 사람마다 매우 다르다는 것을 기억해두어야 할 것이다.

여자의 성적 반응
몸의 변화상
성적 흥분을 일으키는 여자의 생리적 반응은 생식기에만 한정된 것이 아니다. 여자는 주요 생식기관들 외에도 다음과 같이 몸의 여러 곳에서 성적 긴장을 느끼게 된다.

유방: 흥분단계에서 흥분이 차츰 높아가면 유방은 반응을 일으킨다. 젖꼭지가 발기하여 평상시보다 길이가 0.5~1㎝까지 넓어진다. 흥분상승단계에 이르면 유방의 앞과 옆, 마지막엔 밑에까지 겉보기에도 뚜렷한 분홍색이 나타나 가슴을 덮는다. 오르가슴 단계에 도달하면 여자의 유방에서 아무런 특별한 반응이 없이 계속 유지된다. 이어서 흥분이 가라앉을 때는 유방 피부의 홍조가 빨리 사라지고, 흥분으로 팽창했던 유방륜이 갑자기 수축된다.

충혈반응: 성적 흥분이 효과적으로 나타나는 충혈반응은 맨 먼저 여자의 윗배에서 나타난다. 그런 다음 유방의 앞과 위에서 바깥으로 번지기 시작하여 가슴 팍에까지 활짝 퍼져서 재빨리 유방을 온통 뒤덮는다. 마침내 오르가슴에 다다르면 유방 표면 깊숙이 스며든다. 또 흥분상승단계에서 여자의 온몸은 거의 전부가 이러한 표면적인 충혈반응을 보인다.

근육긴장: 여자는 오르가슴에 이르기 바로 직전에 손과 발의 근육에 경련과 수축 작용이 일어난다.

요도와 방광: 여자가 오르가슴을 경험하는 동안 요도구는 자동적으로 벌어진다. 또 성교를 하는 동안이나 끝난 바로 뒤에 배뇨하려는 충동을 강하게 느낀다.

직장: 오르가슴에 도달하게 되면 직장의 괄약근이 저절로 수축작용을 일으킨다.

호흡: 흥분상승단계가 지난 뒤에 여자의 호흡은 점점 거칠어져, 오르가슴을 겪는 동안 줄곧 가쁜 숨을 쉬다가, 흥분하강단계가 시작되면 가라앉는다. 오르가슴이 최고조에 달할 때 여

자의 호흡은 1분에 40회 이상으로 빨라진다.

맥박: 여자는 흥분상승단계가 끝날 무렵과 오르가슴을 경험하는 동안 심장이 1분에 175회를 뛴다. 여자가 남자보다 맥박 수가 더 많은데, 이는 여자가 남자보다 오르가슴을 더 강하게 느낀다는 것을 반영한 것이다.

혈압: 여자는 흥분상승단계가 끝날 무렵에서 오르가슴을 경험하는 동안 심장이 수축되는 압력은 30~80mmHg까지 올라간다.

발한작용: 여자는 성교 중에 어느 정도의 몸 운동을 했던 흥분이 가라앉는 동안 저절로 땀이 흐르게 된다. 또 여자는 오르가슴을 느낀 직후 주위 환경에 대한 의식을 회복할 때 등과 허벅다리, 가슴팍에 땀기를 느끼게 된다.

생식기 변화상

여자의 생식기는 대음순, 소음순, 음핵으로 이루어져 있는데, 성적 흥분이 일어나면 다음과 같이 변하게 된다.

대음순: 성적 흥분을 일으키지 않을 때의 대음순은 양쪽이 맞붙어서 소음순, 질구, 요도구의 보호 구실을 한다. 성적 흥분에 대한 대음순의 반응 형태는 분만(출산) 경력에 따라 현저하게 영향을 받는다. 아이를 낳지 않은 여자의 경우 흥분이 높아감에 따라 대음순은 회음과 더불어 쫙 퍼지면서 얇아진다. 그리고 질구에서 바깥쪽을 향해 위로 약간 올라가기도 한다. 이는 소음순이 갑자기 노출되고, 질강 바깥쪽의 1/3 가량이 충혈로 부어오르기 때문에 일어난 현상이다. 또 남자

의 음경을 받아들이는데 있어서 외부적인 장애물이 되지 않도록 하기 위해서이다. 그러나 출산 경험이 있는 여자는 다르게 나타난다. 그러한 여자의 대음순은 흥분할 때 회음과 똑같이 쫙 퍼지지 않고, 위로 치켜 올라가지도 않으며, 정맥에 흐르는 피 때문에 아주 뚜렷하게 팽창한다. 때로는 흥분상승단계가 오래 계속되는 동안 대음순의 직경은 2~3배로 커진다.

소음순: 성적 반응을 일으키는 동안 여자의 생식기에서 가장 뚜렷한 변화가 나타나는 곳은 소음순이다. 흥분단계에 들어가면 소음순은 그 직경이 뚜렷하게 늘어난다. 흥분상승단계에 도달할 때에 소음순은 적어도 2배 가량 커진다. 또 흥분상승단계에 들어가면 팽팽하게 부풀어오른 소음순에선 뚜렷하게 색깔의 변화가 일어난다. 아이를 낳지 않은 여자의 경우에는 핑크색 내지 주홍색으로 변한다. 아이를 낳은 여자의 경우는 진한 적색으로부터 검붉은 색에 이르기까지 여러 가지 색깔로 변한다. 흥분상승단계에 이르러 소음순의 색깔이 변한 다음에 오르가슴을 느끼곤 했다. 소음순은 여자가 성적 긴장을 경험했는가를 임상적으로 증명해주는 바로미터가 된다. 다시 말해 소음순의 색깔이 변한 다음에야 비로소 오르가슴을 경험하게 되는 것이다.

바돌린선: 바돌린선은 양쪽 소음순 속에 들어있는 외음선들이다. 이 바돌린선들은 질구에 바짝 붙은 소음순의 안쪽 표면에 분비구들을 가지고 있다. 바돌린선들이 분비하는 점액은 남자의 음경이 여자의 질에 고통을 주지 않고 미끄러져 들어

갈 수 있는 윤활제 구실을 한다. 흥미로운 것은 아이를 낳지 않은 여자의 바돌린선은 분비구마다 점액을 한방울 이상 내는 사례가 별로 없다는 것이다. 그러나 아이를 많이 낳은 여자는 때로 두 방울 혹은 세 방울까지 점액이 흘러나온다. 바돌린선으로부터 나오는 점액은 질구를 미끈거리게 할 만큼 충분하지 못하다. 질을 미끈거리게 하는 물질은 질벽 전체에서 흘러나오는 분비액이다. 이 윤활 물질은 성적 흥분이 어떤 식으로 시작되든 간에 관계없이 불과 몇 초 사이에 나타난다. 이 윤활 물질은 질강과 질구가 재빨리 그리고 충분히 미끈거릴 수 있도록 많은 양이 분비된다.

음핵의 변화상

음핵(클리토리스)은 인체 해부학상 가장 오묘한 기관 중의 하나이다. 여자의 몸에는 오직 성적 흥분을 일으키고 높여주는 기능만을 가진 야릇한 기관이 있는데, 그것이 바로 음핵이다. 이런 기관은 남자에게는 없다.

음핵은 원래 섬유 조직으로 되어 있으며, 밀도 높은 껍질로 둘러싸인 두 개의 해면체로 구성되어 있다. 이 막은 탄성 섬유와 평활근으로 구성되어 있다. 음핵의 혈액 순환작용은 남자의 음경 혈액 순환작용과 비슷하다. 그러나 음핵의 혈관은 음경의 혈관만큼 크지 않기 때문에 혈액은 조금밖에 공급되지 못한다. 음핵 귀두는 가로세로 똑같이 평균 4㎜ 내지 5㎜로 측정되었다.

성적으로 흥분하지 않았을 때 음핵 귀두의 겉껍질은 주름살이 진 채 내부 조직 위를 마음대로 밀려다닌다. 그러다가 성적 긴장이 일어나면 음핵 귀두는 주름살이 펴지면서 마음껏 팽창하게 된다. 음핵 귀두가 겨우 알아볼 정도로부터 2배까지 커진다. 대개 음핵은 소음순이 충혈되면서 부풀어 오를 때에 함께 늘어난다.

흥분상승단계에서 음핵의 몸과 머리는 정상적인 외음부가 쑥 튀어나오면서 뒤로 움츠러든다. 음핵이 오므라드는 작용은 오르가슴 단계가 곧 다가온다는 일종의 암시이다.

오르가슴 단계에 이르면 음핵의 특별한 반응은 일어나지 않는다. 사실은 음핵이 소음순 밑에 파묻혀버려서 몹시 오므라들기 때문에, 여자가 오르가슴을 겪을 때 음핵 귀두는 직접 관찰할 수 없는 것이다.

끝으로 자위를 자주 하면 음핵 귀두의 직경이 상당히 커진다. 여자들이 자위할 때는 음핵 귀두를 직접 자극하는 경우는 드물고, 주로 음핵의 몸을 건드린다. 여자는 음핵에 집중적으로 자극을 주는 것보다 국부 전체에 자극을 주는 것을 좋아한다.

질의 변화상

성 자극에 대한 여자의 반응으로서 맨 먼저 나타나는 생리 현상은 질 속에서 질액이 분비된다는 것이다. 질강의 팽창과 질액 분비는 남자의 음경을 받아들이려는 생리적 암시이다. 이 미끈미끈한 질액은 효과적인 성 자극을 받은 지 10초 내지 30초 가량 뒤에 질벽에서 나타난다. 땀방울이 스며나오는 듯하는 이 분비액의 방울들이 두툴두툴한 질벽 전체에 죽 깔려서 나타나 질 속을 부드럽고 윤기나게 한다. 여자가 성적 자극을 받지 않을 경우 앞뒤의 질벽은 완전히 맞붙어 있다. 이는 여자의 질이 무한정 늘어날 수 있음을 보여주는 것이다.

흥분단계에서 질벽은 6㎝ 7㎜ 내지 7㎝ 2.5㎜까지 늘어나고, 질의 깊이는 평균 11 cm 내지 12㎝로 팽창한다. 이와 같은 실험 결과로 질은 그 넓이와 깊이가 더 팽창할 수 있다는 사실이 밝혀졌다.

흥분단계를 거치는 동안 질벽은 뚜렷한 색깔의 변화도 일으킨다. 정상적인 자극을 받았을 때의 질의 자줏빛 색깔은 서서히 더 어두운 색으로 변해서, 충혈반응에서 생기는 검붉은 빛깔로 변한다. 이는 흥분단계가 막 시작되고 나서 일어나며 군데군데가 검붉은색으로 변한다.

흥분상승단계에서는 질강 안쪽 2/3가 저절로 팽창하고, 1/3의 바깥에는 국부적인 충혈반응이 일어난다. 흥분단계에서는 질의 윤활액이 한껏 분비되지만, 흥분상승단계에서는 사실상 질액이 많이 분비되지 않는다.

질은 오르가슴을 겪는 동안 규칙적으로 심한 수축작용을 되풀이한다. 이 수축작용은 0.8초 간격으로 시작하며, 여자에 따라서 최소한 3~5번, 그리고 최대한 10~15번 정도 일어난다. 근육경련은 0.8초 간격으로 수축작용을 규칙적으로 일으킨다.

흥분하강단계에 이르면 질강 바깥쪽 1/3의 질벽에서부터 먼저 기운이 빠지기 시작한다.

자궁의 변화상

흥분상승단계로 들어갈 때 자궁은 소골반으로부터 올라가 대골반 속으로 들어간다. 자궁경부는 성적 긴장이 증가하여 질벽이 늘어나면서 후면과 상면 위치로부터 천천히 물러난다.

한편, 월경 중에 성교하는 것을 종교나 미적 이유로 반대한 사람들이 있다. 하지만 월경 중의 성교나 자위행위를 하지 말라는 어떠한 근거도 없다. 실제로 많은 여자들이 월경기의 성교에 흥미를 느끼고, 성욕이 일어난다고 한다.

나아가 여자의 성욕은 임신으로 인해 저하되거나 줄어들 수 있다고 생각했으나, 그것은 극단적인 편견에 지나지 않는다. 또 실험 결과 많은 여자들이 출산 후 2주에서 3주 이내에 임신하지 않았던 때의 성적 긴장 수준으로 급속히 회복되었다.

오르가슴 과정

여자의 오르가슴은 정신과 생리의 양면에서 겪는 강렬한 경험이다. 생리적으로 그것은 성적 자극을 받아 혈관이 충혈되고 근육이 긴장된 상태로부터 신체의 긴장이 풀려나오는 하나의 짤막한 과정이다. 또한 심리적으로 그것은 성적 자극을 받아 몸의 반응이 절정에 이르는 것을 스스로 느끼는 것이다.

남자와 여자의 오르가슴 표현 사이에는 사정 말고도 생리적으로 중요한 두 가지 차이가 있다. 남자는 사정이 닥쳐오는 것을 미리 느끼며, 이미 그것을 어찌할 수 없게 된다. 하지만 여자는 한번 오르가슴을 느낀 다음에도 성적 긴장이 흥분상승단계 아래로 떨어지기 전에 다시 흥분을 시키면 오르가슴에 급속히 되돌아갈 수 있다. 또한 여자는 남자와 달리 한 번의 오르가슴을 비교적 오랜 시간 동안 느낄 수 있다.

여자의 오르가슴 과정은 대개 3단계로 나뉘어 진행된다. 1단계에선 무엇이 계속되다가 멈춰지고, 그쳐버리는 느낌과 더불어 시작된다. 단지 일순간만 지속되는 느낌과 동시에 일어나거나, 강렬한 관능적 감각이 그 뒤를 이어 일어나는 현상은 동떨어진 음핵으로부터 시작하여 위쪽 골반 안으로 퍼지는 것을 느끼게 된다. 여러 여자들이 음핵과 골반에서 느끼는 예민한 감각을 뭔가 내려 눌리거나 떠밀려 나가는 듯한 느낌과 함께 일어난다고 했다. 또 일부 여자들은 액체가 흐르거나 정말 사출되는 듯한 생각이 든다고 했다. 2단계에선 화끈한 온기가 가득한 듯한 느낌이 퍼졌다가,

온몸으로 차차 번져나가는 기분을 가지게 된다. 3단계에선 질이나 골반 아래쪽의 한 곳을 초점으로 하여 저절로 오므라드는 작용이 일어나고 있다는 느낌을 갖게 된다.

노년 여성의 성 반응

끝으로 폐경기에 접어든 여자나 그 후 여자들의 성적 능력, 그리고 성행위에 대한 해부학과 생리학적 특성을 살펴보기로 하자.

나이가 많아짐에 따라 여자의 유방에선 탄력성이 줄어들어 가슴이 평평해진다. 또 나이 많은 여자에게는 성적 긴장이 높아갈 때 피부의 충혈반응이 일어나지 않는다. 젊은 여자에게는 홍조가 몸 곳곳에 번져나가는 것과 달리, 나이든 여자에게는 가슴팍의 전면, 목, 얼굴, 이마 등에서만 볼 수 있다. 성적 자극에 대한 반응으로 일어나는 근육 긴장도 여자의 나이가 많아짐에 따라 줄어든다.

폐경기가 지나 호르몬의 양이 줄어들면 음순, 질, 자궁 등에도 변화가 일어난다. 대음순의 세포조직이 줄어들면서 탄력성이 약해지는데, 바돌린선의 분비 활동도 저하되어 질의 윤활액이 한두 방울 정도만 분비된다. 질강의 벽도 퇴화하기 시작하여 종이장 같이 엷어진다. 그에 따라 오르가슴의 강도도 약해진다. 자궁 또한 크기가 줄어들고, 자궁의 몸체는 약간 위로 올라가게 된다.

그럼에도 불구하고 나이든 여자들도 오르가슴에 이르는 성교를 충분히 할 수 있다. 특히 정기적으로 성적 자극을 받아왔다면 그런 능력을 계속 지니게 된다. 폐경기 이후 성교통의 원인은 질막이 얇아지기 때문인데, 정기적으로 성생활을 한다면 얼마든지 이겨낼 수 있다.

남자의 성적 반응

신체적 변화

남자의 성적 긴장에 따른 육체적 반응도 여자와 마찬가지로 온몸에서 나타난다.

유방: 성적 자극에 대한 남자 유방의 해부학적 반응은 일정하지 않다. 그러나 젖꼭지의 발기 현상과 팽창 반응을 흔히 볼 수 있다. 흥분상승단계에서 남자의 젖꼭지는 빳빳하게 일어선다. 원래 젖꼭지는 남자의 유방에 있는 성감대로서, 이성간의 성행위보다 동성간의 성행위를 할 때 유방 자극이 큰 비중을 차지한다.

성적 홍조: 남자도 여자와 같이 성적 홍조가 일어난다. 남자에게서 홍조가 생길 때는 상복부에서 시작하여 앞 가슴팍으로 퍼져 나가 목, 얼굴, 이마에도 착실하게 번진다. 특히 오르가슴을 향해 들어갈 때는 급속히 퍼져나간다. 그리고 흥분하강단계에서는 몹시 급속히 사라진다.

근육 긴장: 근육의 긴장 증가는 흥분단계가 끝날 무렵과 흥분상승단계가 계속되는 동안에 완연해진다. 흔히 남자가 위에서 하는 성교 자세에서는 남자 수족의 근육 경련은 보기 드물다. 하지만 남자가 반듯하게 누워 성교할 대는 수족 경련이 흔하게 일어난다. 또 성교할 때보다 자위하는 동안 더 자주 발견된다.

직장: 흥분단계와 흥분상승단계에서 외직장 괄약근은 불규칙적으로 수축작용을 일으킨다. 이 괄약근의 수축작용은 0.8초 간격으로 규칙적인 형태로 반복된다.

호흡: 흥분상승단계와 오르가슴 단계에서 숨이 거칠어지는 것은 정상적인 현상이다. 오르가슴을 겪는 동안에 호흡은 1분간 40회까지 빨라진다.

맥박: 성적으로 흥분된 남자의 심장 고동은 성적 긴장이 높아가는 데 따라 함께 증가한다. 매분 100~175회로 올라간다.

혈압: 남자가 성교를 하거나 자위를 하는 동안에 기록된 혈압 상승은 40~100mmHg이었다.

발한(땀) 작용: 많은 남자들이 사정을 한 직후에는 어쩔 수 없이 발한 반응을 보인다. 이러한 발한 반응은 성교를 하는 동안에 육체적으로 힘이 들었거나 안 들었거나 상관없이 일어난다.

음경의 변화상

음경은 3개의 원주형으로 된 발기성 조직으로 구성되어 있다. 2개의 다공성 해면체와 다른 하나의 발기성 해면체는 각각 섬유질의 피막 하나로 둘러싸여 있다.

음경의 발기는 혈액이 음경 속으로 흘러 들어가 공동에 채워지면서 음경이 커지는 것이다. 남자의 생식기 가운데 음경, 음낭, 직장 등은 성적 자극에 매우 민감하며, 전립선과 정낭, 수정관 등은 관능적인 감각이 적거나 전혀 없다. 남자는 잠을 자는 동안에도 반복적으로 음경을 발기한다. 잠을 자기 전에 사정을 했음에도 불구하고 규칙적으로 꿈속에서 음경을 발기한다.

남자가 성적 자극에 대해 맨처음 일으키는 생리적 반응은 음경이 발기하는 것이다. 이 반응은 여자의 질에서 윤활액이 흘러나오는 현상과 같은 신경생리적 작용이다. 성적 긴장만 있으면 음경은 계속 가라앉았다가 다시 발기하기를 여러 번 되풀이한다. 다시 말해 음경이 거듭해서 커졌다 작아졌다 하는 것이다.

흥분단계에서 완전히 발기한 음경은 오르가슴 단계가 다가오면서 약간 더 굵어진다. 음경이 흥분상승단계에서 더 커지는 것은 주로 귀두 부분에 한정된다. 흥분상승단계가 거의 끝날 무렵에 음경의 귀두는 붉으스레한 자줏빛 색깔로 변한다.

오르가슴 단계에서 음경이 사정할 때는 요도괄약근, 회음 등 안팎의 횡근이 수축작용을 반복해서 한다. 사정을 하는 수축작용에는 음경의 요도가 모두 관계되며, 정액을 전립선과 요도막 부분으로부터 요도구까지 떠밀고 나온다. 정액은 저절로, 그러나 서로 협력을 이룬 심한 압력을 받으며, 음경 요도의 전 코스를 통해 사출된다. 이때 모처럼 성교하면 쾌감을 더 많이 느끼게 된다. 오르가슴을 거듭해서 경험할 때보다 상당 기간 금욕한 뒤에 사정하면 더 큰 쾌감을 느끼게 되는 것이다.

흥분하강단계에서 음경은 뚜렷이 구분될 정도로 오므라든다. 약 50% 이하로 음경이 작아진다. 이 단계에서의 음경 수축은 급속히 진행되는 것이 보통이다. 물론 대부분의 남자들은 상대방 여자가 성적 만족을 느낄 때까지 사정하는 것을 억제하거나 지연시키려 한다. 여자쪽에 만족을 주려면 음경의 발기 상태를 오래도록 유지하면서 여자에게 성 반응 주기를 몇 번씩 거듭해서 겪도록 하는 데 있다.

널리 알려진 오해는 음경이 크면 클수록 성교 상대로서 더 효과가 있다는 것이다. 보통 작은 음경의 길이는 흥분상승단계에서 완전히 발기했을 때 평균 7.5~8㎝가 늘어난다. 평상시 크기의 2배가 커진 것이다. 반면에 큰 음경은 흥분상승단계에서 완전히 발기할 때 평균 7~7.5㎝가 더 커진다. 또한 음경의 크기는 전체적인 육체의 발달과 무관하고 일관성도 없다. 지금까지 골격이 크고 근육이 발달한 남자는 누구나 음경도 크다고 믿어왔다. 그러나 실험 결과에 따라 남자의 골격과 음경의 크기에는 아무런 관계가 없었다. 사실 여자의 질은 무한정하게 늘어난다는 속설이 있다. 음경이 크든 작든 관계없이 처음에 몇 번만 성교 동작이 이루어지면 그에 따라 질은 완전히 적응하기 마련인 것이다.

노년 남성의 성 반응

60세 이상의 나이든 남자들은 발기하는데 느릴 뿐 아니라 질구 삽입에도 느리고 사정하는 데에도 느리다. 그들은 매주 한 번 또는 두 번 사정하는 것으로 완전히 만족했다. 또 사정한 뒤 12~24시간 동안 음경을 다시 발기시킬 수 없었다. 젊은 남자들의 음경은 빨리 발기한다. 대개 3~5초 이내에 발기해서 일어난다. 하지만 50대를 지나 60대나 70대로 넘어가면 발기하는데 적어도 2배나 3배로 늘어난다.

아직도 노년 남자의 성욕은 사회적으로 거의 용납되지 않거나 전혀 받아들여지지 않는다. 그래서 나이가 들어감에 따라 성교 활동이 줄어들고 자위와 몽정의 횟수도 줄어든다. 하지만 이른 시기부터 높은 수준의 성적 활동이 계속되어 왔다면 70대나 80대가 넘어서라도 어떤 형태의 성적 활동을 계속해갈 수 있다.

나이든 남자들이 성행위를 하는데 흥미를 잃게 된 요인은 다음과 같다.

첫째, 성적 관계의 단조로움이다. 여자는 폐경기를 당해 자신의 매력을 가꾸려는 관심이 줄어들게 되는데, 이것이 남자로 하여금 여자에게 배척을 당하거나 지나치게 친숙하다고 느끼게 만든다.

둘째, 경제적 이익 추구이다. 남자의 관심이 가정 바깥으로 기울어짐으로써 부부관계에 쏟을 시간이 없어지는 것이다.

셋째, 정신적·육체적 피로이다. 피로는 남자의 성욕이 줄어드는 매우 중요한 요소이다. 특히 중년 남자들은 육체적 피로보다 정신적 피로가 성적 긴장에 대해 더욱 방해가 된다. 또한 급성이나 만성의 질병은 성적 긴장이 저하되거나 아주 없어지기도 한다.

넷째, 실패에 대한 두려움이다. 노년의 남자는 실패에 대한 두려움 때문에 자꾸 성행위로부터 움츠러든다. 많은 남자들이 한번 성적 불능의 경험을 가지면 차라리 자진해서 안 해 버리려고 하는 경향을 보인다. 그래서 상대에게 엉뚱한 분노를 터트리거나 반감을 보이는 수가 있다. 노년의 남자가 오랜 기간 동안 성적 자극을 받지 않는다면, 결국 그의 성적 반응력은 잃어버릴 지도 모른다.

❸

남자의 성 생리학 – 『몸의 일기』

내 몸에 관한 일기

50세 3개월   *1974년 1월 10일 목요일*

　만약 이 일기를 공개해야 한다면, 우선은 여자들에게 바치고 싶다. 그 대신 나도 여자들에게 자기 몸에 관해 쓴 일기를 읽어보고 싶다. 미스터리를 다소나마 벗겨보고 싶어서다. 무슨 미스터리냐고? 예를 들면 이런 것이다. 남자들은 여자들이 자기 젖가슴의 모양과 무게에 관해 어떤 느낌을 갖는지 전혀 모른다. 또 여자들은 남자들이 자기 성기의 발기에 관해 어떤 느낌을 갖는지 전혀 모른다.

남자와 여자는 서로의 몸에 관해 관심만 많을 뿐 의외로 너무 모른다. 남녀는 서로의 몸이 온통 미스터리일 뿐이다.

프랑스 작가 다니엘 페나크가 쓴 일기 형식의 소설 『몸의 일기』(조현실 옮김, 문학과 지성사, 2015)를 성의 명서로 꼽을 만한 이유도 바로 여기에 있다. 이 작품은 한 남자가 일생동안 자신의 몸의 변화를 적나라하게 일기로 써서 보여주는데, 남자의 성 생리학을 이해하는 데 이보다 좋은 작품은 없을 듯하다.

이 작품은 서두에서 세상을 떠난 아버지가 자신이 평생 동안 몰래 써 온 일기장을 사랑하는 딸 리종에게 사후 선물로 전해준다는 말로 시작한다. 또한 이것은 '내면일기'가 아닌, 자신의 몸에 관한 일기라고 강조한다. 그렇다고 매일매일의 일을 기록한 것이 아니라, 12살부터 87살 마지막 해까지 몸에 관한 놀라운 일이 생길 때마다 기록한 것이라고 한다. 그때그때 형편 되는 대로 최대한 꼼꼼하게 묘사해두었다고 덧붙인다.

실제로 이 작품에는 오줌, 방귀, 똥, 코후비기, 하품, 재채기, 목욕, 어지럼증, 치통, 이명, 백내장 등 몸에서 일어날 수 있는 온갖 종류의 상황들이 놀라우리만큼 솔직하게 묘사되어 있다. 뿐만 아니라 몽정, 자위행위, 첫경험, 성매매, 부부의 성생활, 동성애, 노년의 성관계 등 남자의 성 생리학이 그야말로 적나라하게 표현되어 있다. 그래서인지 이 작품은 2012년에 발표되자마자 독자들을 사로잡으며 화제작으로 떠올랐다.

몽정을 해도 겁먹지 말거라

이 작품은 한 남자의 평생에 걸친 성 경험을 시간의 흐름에 따라 자세히 얘기하고 있다. 우리도 그러한 시간의 흐름에 따라 남성의 성 생리학을 살펴보자.

13세 5개월. 저자는 첫 몽정을 경험한다. 이 내용은 처음 몽정을 하는 아이들에게 좋은 교육 방법일 듯하다.

그의 아버지는 몽정에 대해 미리 얘기해주었다. 하지만 아는 것과 실제로 일이 닥치는 건 전혀 다른 문제였다.

그는 잠에서 깨자마자 침대에서 뛰어내렸다. 잠옷 바지가 젖어 있었고, 두 손도 온통 끈적끈적했다. 사실상 온 사방에 묻어 있었다는 게 정확한 표현일 듯했다. 가슴이 쿵쾅쿵쾅 뛰었다. 바지를 벗으면서 그는 아버지가 얘기해줬던 것을 떠올렸다.

"그걸 사정(射精)이라고 해. 밤사이에 그 일이 일어나더라도 겁먹지 마라. 다시 오줌을 싸기 시작한 건 아니니까. 그건 새로운 미래가 시작된다는 신호야. 놀라지 말고 얼른 적응하는 편이 나아. 넌 앞으로 평생 정자를 만들어낼 테니까. 처음엔 뜻대로 조절이 잘 안 될거야. 성기를 만지작거리며 쾌감을 느끼는가 싶다가 어, 어느새 끝나버리지! 그러다 점차 익숙해지면 절제할 줄도 알게 되고, 결국엔 최선의 요령을 깨우치게 될 게다."

잠옷 바지가 풀칠한 종이처럼 엉덩이에 들러붙어 있었다. 욕실에서 씻는 동안 동생 도도도 옆에 붙어 있었다. 도도는 완전히 흥분해 있었다. 그는 동생에게 말해주었다.

"이건 아무 것도 아냐. 이걸 정자라고 하거든. 아기를 낳기 위해 필요한 거지. 절반은 남자들한테 있고, 다른 절반은 여자애들한테 있어!"

신부님의 자위행위

16살이 되자 저자는 천주교 신부님이 운영하는 기숙학교에 들어간다. 16세 4개월 27일, 자습시간에 있었던 일이다.

친구 에티엔이 '신부님이 자습 감독을 하면서 몰래 교탁 밑에서 자위행위를 한다'고 했다. 그건 정상이라고도 비정상이라고도 할 수 없었다. 그저 장소를 잘못 선택한 것일 뿐이었다. 물론 너무 자주 그러는 것 같기는 했지만 말이다. 공공장소에서 자위행위를 한다는 건 그로서는 상상할 수도 없는 일이었지만, 위험 요인이 클수록 쾌감도 더 짜릿해질 거라는 건 이해할 수 있는 바였다.

친구 에티엔은 또 신부님이 자기 가방에서 뭔가를 거내는데, 아무래도 사진 같다고 했다. 신부님은 문제의 그것을 들여다보며 몰래 자위를 한다고 했다. 사실인 것 같긴 한데, 확인할 순 없었다. 신부님은 늘 커다란 가방을 교탁 위에 얹어 놓는데, 그게 신부님과 그들 사이에 벽이 되었기 때문이다. 에티엔이 강조했다.

"맞아. 내 말이 틀림없다니까. 오른손으로, 저기 봐!"

그렇다면 신부님은 오른손잡이였다. 오른손잡이가 왼손으로 자위를 제대로 하기란 거의 불가능하기 때문이다.

이후 16세 6개월 9일 신부님이 자습 시간에 아주 대놓고 자위행위를 했다. 문제의 그 가방 속에 필요한 자료들이 들어있는 것도 사실이었다. 여자 누드가 그려진 엽서. 하지만 이젠 그것도 없어졌다. 세탁실에 물이 샌다면서(실은 그가 새게 해놓았다) 그가 신부님을 그곳으로 유인한 동안, 에티엔이 사진들을 훔쳐냈던 것이다. 또한 신부님은 도둑을 맞고서도 뭐라 대놓고 말할 수도 없고, 분노와 수치와 의심이 뒤섞인 채로 당황한 기색이 역력했다. 에티엔과 그는 엽서 속의 애인들을 자신들이 이용하기로 했다. 무려 125명이나 됐다! 신부님이 무슨 핑계를 대고 기숙사를 수색할 수도 있는 일이었기 때문에, 그들은 그걸 아무도 찾으러 오지 않을 성당에다 감춰놓았다. 가끔 그들은 그중에서 한명씩 골랐다. 그들 사랑의 유일한 대상을. 그러고는 각자 자기 애인을 사랑해주었다. 다음 애인을 만날 때까지. 그는 마음 속으로 생각했다.

'여자애들도 남자 사진을 갖고 그런 짓을 할까? 벌거벗은 채 극형을 받고 있는 예수나 성 세바스티아누스(초기 기독교 순교자)를 그린 그림을 보며 황홀함을 느낄까?'

그만의 자위행위 방법

16세 6개월 18일. 그는 자신만의 자위행위 방법에 대해 아주 자세히 묘사해둔다.

'자위행위를 할 때는 아주 절묘한 순간이 있다. 난 그걸 곡예의 단계라 부른다. 사정하기 바로 직전, 그러나 아직 사정을 하지는 않는 순간 말이다. 분출할 준비가 된 채 대기하고 있는 정액을 온 힘을 다해 억누르는 것이다. 귀두의 끝이 빨개지고, 귀두 자체가 엄청나게 부풀어서 금방이라도 터질 것 같을 때. 음경을 손에서 놓아버린다. 음경이 떨리는 걸 내려다보면서 온 힘을 다해 정액을 붙들고 있다. 주먹을 꽉 쥐고, 눈을 질끈 감고, 이를 악물고 있다 보면 내 몸도 함께 떨린다. 바로 이 순간이 곡예의 단계다.

감긴 눈꺼풀 뒤로 눈알이 뒤집히고, 숨이 가빠지는 그 순간, 자극적인 이미지들을—우리 여자 친구들의 젖가슴, 엉덩이, 넓적다리, 매끈한 피부—애써 쫓아내다 보면, 분화구 바로 앞까지 다다른 정액도 녹아내리고 있는 기둥 속에 그냥 멈춰 있다. 그렇다. 폭발 직전의 화산을 생각하면 된다. 그러나 용암이 도로 내려가버리도록 놔둬선 안 된다. 뭔가에 놀라게 되면, 가령 다마스 선생이 침실의 문을 연다든가 하면, 그땐 정말로 도로 내려가 버린다. 그래선 안 된다. 정액에게 U턴을 시키는 건 건강에 아주 나쁘다는 걸 난 거의 확신한다. 정액이 다시 내려간다는 느낌이 드는 순간, 바로 엄지와 검지로 귀두의 끝을 감싸고 정액이 계속 끓어오르는 상태를 유지하도록 기술을 발휘해야 한다.

아, 아주 신중하고 또 정확해야 한다. 1밀리미터도 채 안 되는 차이가 결과를 좌우한다. 음경 전체가 극도로 민감해져 있어, 귀두 위로 숨만 한 번 훅 쉬어도, 혹은 이불이 살짝 닿기만 해도 폭발할 수 있을 정도다. 아직도 한 번, 두 번은 더 참을 수 있다. 그리고 그건 매번 진정한 쾌감을 준다. 그러나 절대적 쾌감을 맛보는 건 바로 마지막으로 모든 걸 잃는 순간, 정액이 모두 솟아나와 손등 위로 뜨겁게 흘러내리는 순간이다. 아! 놀라운 승리! 그것 역시 묘사하기가 힘들다. 안에 들어 있는 모든 것이 바깥으로 나오고, 동시에 엄청난 쾌감이 우릴 삼켜버린다…… 이 분출은 동시에 삼키는 것이기도 하다! 용암이 불타고 있는 분화구 속으로 곡예사가 추락하는 것이다! 아! 그 어둠 속에서의 아찔한 눈부심! 에티엔은 그걸 '절정'이라 부른다.'

첫 경험의 실패담

저자는 첫 경험의 실패담도 아주 솔직히 기록해놓는다.

19세 2개월, 친구들이 그에게 춤의 세계로 인도하려고 애를 썼다. 하루는 친구의 여동생 비올렌이 그에게 춤을 가르치려고 했지만 끝내 실패했다. 하지만 그날 밤 그녀가 집으로 찾아와 첫경험을 갖고자 했는데, 결과는 더 한심했다.

늦은 밤, 집안 전체가 잠든 시간이었다. 그가 방에서 체크 게임 테이블에 앉아 서글픈 춤 이야기를 일기에 쓰고 있는데, 등 뒤에서 문이 열렸다. 어찌나 조심스러웠던지, 문이 다시 닫히는 순간에야 소리를 듣고 몸을 돌렸다. 비올렌이 모슬린 비슷한 하얀 천으로 된 잠옷을 입고 서 있었다. 그리스 옷을 입은 것처럼 한쪽 어깨는 드러나 있었다.

그녀는 아무 말도 하지 않고 미소도 짓지 않고 그에게 의미심장한 눈길을 보냈다. 그 역시 아무 말도 할 수가 없었다. 둥근 어깨에 긴 두 팔은 하얗고 가늘었다. 손은 엉덩이 옆에 늘어뜨리고 있었고, 맨발이었다. 호흡이 빨랐고, 봉긋이 선 젖가슴은 풍만했고, 잠옷은 젖꼭지에서부터 바닥까지 쭉 늘어뜨려져 있어 맨몸과 천 사이에 빈공간이 만들어져 있었다.

그녀는 침실로 가서 누웠다. 그녀는 오라는 신호를 보내지 않았다. 팔을 내밀지도 않고, 말도 하지 않고, 미소조차 짓지 않고, 그냥 그가 오길 기다렸다. 마침내 그는 그녀에게로 가서 그녀의 발 앞에 서 있었다. 그녀에게서 눈을 뗄 수가 없었다. 야, 너도 옷을 벗어야지. 그는 속으로 중얼거렸다. 네 차례야, 임마! 그는 실행에 옮겼다. 서투르게, 조심스럽게, 용기라고는 전혀 없이, 등을 돌리면서 침대 끝에 앉았다. 그러고 나서 그녀 곁에 슬그머니 누웠다.

아무 일도 일어나지 않았다. 그는 애무를 하지도 포옹을 하지도 않았다. 그 안의 무언가가 죽어 있었기 때문에. 그 심장이 몸 전체에 피를 다 보내주면서도, 정작 기다리고 있는 곳에는 보내주지 않았기 때문에. 그의 피는 뺨을 달구고, 머리로 솟구쳐 올라가 관자놀이에 격렬히 부딪히곤 했지만, 그의 다리 사이로는 한 방울도 흘러가지 않았다. 두 다리 사이에 아무런 느낌이 없었다. 그녀는 그를 도와주지 않았다. 그녀 역시 말 한마디도 없었고, 움직이지도 않더니, 갑자기 일어서서 나갔고, 그녀 뒤로 문이 닫혔다.

이틀 후 그는 거울 앞에 발가벗고 서서 자신의 몸을 점검하며 한없이 자책했다.

'비올렌의 옆에 누웠을 때 아무짝에도 쓸모없는 몸뚱어리에 지나지 않았잖아. 딱한 녀석! 넌 정말이지 아무 것과도 닮지 않았어. 늘어진 성기가 남자에게 남기는 이 찌질하다는 자괴감! 성기를 손에 쥐고 흔들어댄 게 얼마나 여러 번이었던가! 욕구가 성기를 부풀렸던 게 얼마나 여러 번이었던가! 그러게 말이다. 얼마나 여러 번이었지? 백 번? 천 번? 오로지 상상의 힘만으로도 피로 가득찼던 정맥의 잔가지들! 숫총각의 강렬한 욕망이 분출할 때, 몸속 깊숙한 곳에서부터 얼마나 많은 정액이 끌어올려졌던가? 그것도 한번 계산해봐야 한다. 몇 리터? 불쌍한 신부님에게서 훔친 엽서들 앞에서 남자 노릇을 하느라 몇 리터는 쏟아냈을 터인데. 그런데 결국 비올렌의 침대에선 이 몸이 죽어버렸으니. 춤 하나도 못 추고. 준비 단계는 우스꽝스러웠고, 실행 단계에선 찌질했다.'

파리시 전체가 우리 침대였다!

26세 5개월. 그는 첫눈에 반한 '모나'라는 여성과 열렬한 사랑을 나누고, 이후 결혼해서 아들 브뤼노, 딸 리종 등 1남 1녀를 낳는다.

모나를 파티에서 처음 보았을 때, 그는 바로 '내 여자!'라는 것을 알아차렸다. 그로부터 석달 간 모나와 그는 침대를 떠나지 않았다. 침대에 누운 채 두 사람은 서로를 바라보았다. 멀리서 또 가까이서, 잠시 또 영원히, 자개, 비단, 불꽃, 진주 같은 모나의 완벽한 음부! 그러나 이건 기본에 지나지 않았다. 그녀의 눈길에도 맛이 있고, 피부는 보드라운 벨벳이요, 젖가슴은 말랑말랑하면서도 무게감이 있고, 궁둥이는 유연하면서도 단단했다. 또 적당히 둥근 엉덩이와 어깨의 유려한 곡선, 그 모든 게 그의 손안에 들어오고, 그와 사이즈도 딱 맞고, 그의 체온에 콧구멍에, 미각에 맞춰져 있으니, 아! 모나의 맛! 이토록 완벽한 짝에게 향하는 문을 열어준 건 분명 신의 힘이었다!

그는 두 사람의 열렬히 사랑하는 모습까지도 자세히 묘사해놓았다.

'우리 두 몸이 결합하는 데는 몇 단계가 있다. 먼저 손과 입술이 서로를 알려주고, 다음엔 서로의 성기를 얼러주고, 매만져주고, 간질이고, 흔들고, 맞대고 나서, 비로소 상대의 성기 안으로 들어가 쾌감의 높낮이를 정교하게 조절해가며, 상하 운동을 통해 최고로 높은 정도로까지 올려놓는다. 막무가내로, 빠르면서도 능숙하게, 허락이고 뭐고 없이, 맹목적으로, 계단에서, 두 문 사이에서, 영화관에서, 골동품 가게의 지하에서, 극장의 옷 보관소에서, 광장의 관목 숲 아래에서, 에펠탑 꼭대기에서! 우리 침대라는 말을 썼지만 사실은 파리시 전체가 우리 침대이다. 파리 시와 교외, 센 강과 마른 강까지! 우린 성기를 원 없이 써먹었다.

일단 성기가 준비 태세를 갖추면 먼저 혀로 닦아주기 시작한다. 도시락 바닥을 핥듯, 숟가락 등을 핥듯, 우린 술꾼처럼 우직한 애정을 갖고 성기의 영광과 시듦을 지켜보며, 그 모든 걸 사랑과 미래와 후손이라는 단어들로 번역한다. 난 모나가 내 침실을 떠나지만 않는다면, 자식이 많이 늘어나길 원한다. 쾌감이 무뎌지지 않으면서 행복이라는 덤까지 얻을 수 있다면야 안 될 게 뭐 있나? 사랑의 결실인 아이들을 우리가 원하는 만큼 여럿 낳는 거다. 필요하다면 사랑 한 번 할 때마다 한 명씩, 그렇게 생겨난 사랑의 군대를 보호하기 위해 병영을 하나 빌릴 수도 있다. 자, 여기까지. 발가벗은 채로 침대에 가로누워 있는 저 여인이 소곤거리지만 않는다면 펜에 움직이는 대로 계속 놔둘 텐데. 지금은 기록할 시간이 아니라 사랑을 해야 할 시간이야. 지나간 시간을 우러를 게 아니라 지금 이 순간을 영광되게 해야 한다고.'

두 사람은 처음 몇 달 간은 하루에도 몇 번씩 사랑을 했다. 또 젊은 시절 내내(임신 말기의 몇 달만 빼고는) 매일 밤 사랑을 했다. 그렇게 적어도

20년간은 상대없이 혼자 잠을 잔다는 건 상상할 수 없을 만큼 열렬히 사랑을 나누었다. 그 대표적인 예로 26세 7개월 9일의 일기를 살펴보자.

'예수 승천일 목요일(부활절 40일 후 목요일)이었던 어제 오후, 모나와 난 여섯 번을 했다. 아니, 여섯 번 반. 그것도 점점 더 길게. 말 그대로 행복한 피로감. 마치 배터리가 빛을 밝힌 뒤 끝내 텅 비어버리듯이. 모나가 일어섰다가 침대 발치에서 힘없이 쓰러졌다. 그녀가 웃음을 터뜨렸다. 이젠 뼈도 못 추리겠네. 평소엔 다리에 힘이 풀렸다고 말하는데. 우린 신기록을 세운 것이다.'

손자의 동성애

저자의 손자 그레구아르는 동성애자였다. 어느덧 72세의 그는 아무리 마음을 넓게 쓰려 해도 인정할 수 없었다. 동성애에 관한 한 그의 상상력은 정말 둔하기 짝이 없었다. 머리로는 받아들인다 해도, 몸은 그런 욕망을 도저히 상상조차 할 수 없었다.

'그레구아르가 동성애자라, 좋다. 우리 그레구아르인데. 자기가 원하는 걸 해야지. 그의 취향에 대해 가타부타 잔소리하는 건 아니다.'

그러나 그레구아르의 몸이 남자의 몸에서 만족을 느낀다는 것. 이거야말로 자기 몸의 정서가 받아들이지 못하는 것이었다. 항문성교가 문제가 아니었다. 아내 모나와 그도 그걸 싫어하진 않았다. 모나가 그의 항문을 핥았을 때 얼마나 황홀했던가. 그럴 때 그녀는 귀여운 소년 같았다. 그렇다고 그녀가 소년은 아니지 않았잖는가.

이후로도 그는 손자의 동성애에 대해 계속 걱정한다. 그런데 하루는 손자가 할아버지와 팔짱을 끼고 정원을 한바퀴 돌고 있던 중이었다. 할아버지가 무슨 생각을 하는지 자기도 명확히 알고 있다고 했다.

"할아버지가 궁금해하시는 건 프레데리크와 나 중에 누가 남자 역할을 하고 누가 여자 역할을 하느냐는 거죠? 그건 너무 당연한 일이에요. 동성애에 관해선 누구나 그걸 궁금해하죠. 내가 할아버지를 사랑하는 것처럼 할아버지도 날 사랑하니까, 할아버지로선 당신 손자가 그 망할 놈의 에이즈에 걸리지 않도록 필요한 조처를 취하고 있는지 궁금하실 거예요."

실제로 그의 걱정들이 모두 결집하는 지점은 거기였다. 그래서 그는 질문들을 봇물처럼 쏟아냈다. 수많은 불쌍한 청년이 불안에 떨면서도 차마 누구에게 물어볼 용기를 내지 못한 질문들 말이다.

"침은 어때? 그게 전염의 요인이 되나? 그리고 구강성교는? 구강성교를 통해서 에이즈에 걸릴 수 있나? 치질은? 잇몸은? 이는 조심하고 있니? 그리고 주기는? 파트너의 다양성은? 적어도 정절은 지키겠지?"

"걱정마세요, 할아버지. 프레데리크는 자기 아내를 떠나기까지 했는데, 설마 다른 남자 때문에 절 배신하겠어요? 저 역시도 할아버지처럼 절대로 일부일처주의자예요. 항문성교는 말이죠. 이거 아니면 저거예요. 기분에 따라, 또 진행 과정에 따라 가끔은 서로 역할을 바꿔서 연속으로 하기도 하죠."

정원을 또 한 바퀴 돌면서 이번엔 좀더 기술적인 설명을 해주었다.

"왜 동성애냐를 아는 문제는 정말이지 방대한 질문이에요! 그러니까 그냥 덮어두자고요. 한마디로, 남자를 정말로 만족시킬 수 있는 건 남자밖에 없다고 해두죠. 예를 들어 구강성교에 관해서도 순전히 기술적인 관점에서 한번 얘기해보자고요. 구강성교를 잘하려면 스스로 거기서 어떤 즐거움을 느껴야 해요! 여자는 아무리 소질이 있다 해도, 절반밖에는 모를 걸요."

결국 그는 손자의 동성애를 인정할 수밖에 없었다.

74세 노인의 부활

그는 아내 모나를 만난 이후 단 한 번도 바람을 피운 적이 없었다. 솔직히 다른 여자에게 마음이 가지 않았다. 말 그대로 그들은 서로의 빈자리를 채워주었고, 그 상태가 죽 지속되어온 것이다.

그런데 74세 5개월 6일 벨렝에서의 콘퍼런스가 끝날 때였다. 통역을 맡았던 나자레가 그의 손위에 자기 손을 얹고 잠자코 있더니, 그의 셔츠 소매 끝으로 손가락 두 개를 집어넣어 손목을 어루만지며 말했다.

"오늘밤은 선생님과 함께 보내고 싶은데요. 괜찮으시다면 떠나시기 전 사흘밤 내내요."

그 제안을 얼마나 자연스럽게 하던지, 그도 거의 놀라지 않았다. 황송할 뿐 놀랍지는 않았다. 아니 감동까지 받았다는 게 정확한 얘기일 것이다.

나자레는 그를 도와 콘퍼런스의 홍보일을 함께 하고, 리셉션을 준비하고, 투사들을 결집하는 등 모든 영역에서 충실히 보완해주었다. 그녀는 현재 스물다섯 살이었다. 그런 나자레의 손이 자기 손 위에 얹혀있는 것이었다.

"정말 고마워요. 하지만 그래봤자 자네만 손해야. 난 그게 불가능해진 지 벌써 수십 년 됐어."

나자레는 그의 말을 받아들이지 않았다.

"그건 부활이라는 걸 안 믿는다는 소리로군요."

그는 안 되는 이유들을 열거했다. 자신은 거기에 메스를 댔고, 욕구도 사라졌고, 일부일처주의자이고, 나이는 세 배나 많고, 최근 몇 년간 한 번도 해본 적이 없어서 성에 관한 한 정체성을 잃었다고. 그들이 함께 침대에 눕는다 해도 그녀는 지루할 테고, 자신은 후회하게 될 것이라고. 하지만 그의 말이 설득력이 없었나. 문제점들을 채 다 열거하기도 전에 어느새 호텔방이 그들을 맞았다. 그녀가 그의 옷을 벗기면서 말했다.

"그냥 자연스럽게 하자고요."

이 말처럼 그는 정말로 자연스럽게 빠져들었다. 비단 같은 그녀의 살결 위로 그의 살결이, 벗은 그녀의 몸 위로 그의 벗은 몸이 느릿느릿 얼마나 섬세하게 스치던지, 시간에 대한 인식, 부담감, 두려움 같은 것들은 모두 사라져버렸다. "나자레."하고 그가 자신 없는 목소리로 부르자, "선생님."하고 그녀가 그의 목에 가벼운 입맞춤을 뿌려대면서 속삭였다.

"지금은 콘퍼런스를 하고 있는 게 아니에요. 점잔 빼실 필요 없어요."

그리고는 그의 가슴, 배를 지나 성기의 등에까지 가볍게 입을 갖다 댔으나, 그의 성기는 움쩍도 하지 않았다. 멍청한 것, 그래도 상관하지 않았다.

'우리와 함께 놀지 않는 것도 네 자유야, 늙은 것아.'

이번엔 넓적다리 사이로 입술이 옮겨갔다. 나자레는 혀로 다리 사이에 틈을 벌리고 얼굴을 집어넣었다. 그러는 한편 그녀의 손은 그의 장딴지 밑으로 미끄러져 들어갔다. 그는 윗몸을 일으켜 손가락으로 그녀의 풍만한 머리카락 속을 헤집었다. 그녀의 혀가 그를 자세히 음미하고 나서 입술로 그를 빨아들였고, 그는 그녀의 입안에 들어가 있었다. 그녀의 혀는 그를 천천히 어루만지고, 그녀의 입술은 조각가처럼 움직였다. 그는 황홀경에 빠졌다. 정말 그랬다. 조심스럽긴 했지만 그래도……. 그러면서 그는 딱딱해졌다. 세상에. 조금씩 그러나 제대로. 그는 그녀의 얼굴을 자신의 입술로 끌어당겼고, 그들은 부둥켜안고 굴렀다.

그는 자신의 집으로 돌아오듯 그녀 안으로 들어갔다. 좀 쑥스러웠다. 너무 오랜만이었기 때문에 처음엔 문 앞에서 머뭇거리고 있었다.

"오래 못 갈걸."

그가 중얼댔다.

"그런 말 하지 마세요."

나자레가 그의 귀에 대고 속삭였다.

"선생님, 사랑해요."

비로소 그는 완전히 들어갔다. 그녀에게로, 내집으로, 기원의 집으로, 축축하고 부드러운 열기 속으로 미끄러져 들어갔다. 점점 더 커지면서 자신 있게, 어느 정도 시간이 지나자 어렴풋이 폭발의 순간이 가까워졌다는 느낌이 들었다. 상승을 충분히 이용하고, 결정적 순간을 늦추고, 기대감을 즐기고, 스멀스멀 기운이 올라오는 걸 느끼고, 그러면서도 결정적으로 솟아오르기 전에 억제할 수 있었다.

"선생님, 됐잖아요."

나자레가 그를 품에 안으며 말했다. '그래, 내가 해냈다.' 그는 부활한 자처럼 즐겼다.

며칠 뒤인 74세 5개월 16일의 일기에다 그는 이렇게 써놓았다.

'부활한 자의 상태로 죽는 게 더 달콤할 것 같다.'

❹
성의 기원에 관한 문화인류학적 탐색 – 『작은 인간』

초기 인류의 역사와 문화

　우리들은 "짐승 같은 인간!"이라고 하면 매우 큰 욕설로 받아들인다. 다시 말해 현재 인류는 동물계에서 완전히 분리된 존재처럼 여기고 있다. 하지만 초창기엔 인간도 다른 동물 세계와 완전히 동떨어져 존재하지 않았다. 침팬지나 고릴라, 우랑우탄 등의 골격이나 생리 또는 행동을 살펴보면, 정말 기분 나쁘게도 자꾸만 사람의 모습이 떠오른다.

　실제로 오늘날의 고릴라, 침팬지, 그리고 사람은 불과 600만년 전만 해도 하나의 공통 조상이었다. 그러다가 11만 5천년~8만 5천년 사이에 현대 인류가 아프리카에서 처음 등장했다. 또 유럽과 아시아에서는 4만 5천년 전에 와서야 현대 사피엔스가 등장했다. 우리 인류가 석기시대에서 출발하여 수렵채집 사회와 농업사회, 산업사회를 거쳐 오늘날의 초산업사회로 건너오는 데에는 불과 10만여년 밖에 걸리지 않았다. 그렇다면 초창기 인류의 역사와 문화는 과연 어떠했을까?

　미국의 문화인류학자 마빈 해리스가 쓴 『작은 인간』(김찬호 옮김, 민음사, 1995)은 그러한 초기 인류의 역사와 문화에 관한 지적인 탐구를 하나의 장구한 파노라마로 엮어낸 것이다. 저자는 이 책의 제목을 『작은 인간』이라고 붙인 이유에 대해 '생물학적으로 나약하기 짝이 없는 작은 인간이 이 엄청난 문명을 건설하게 된 경위를 밝히는 것과 함께, 그 거대한 성과에도 불구하고 인간은 여전히 작다는 것을 말하고자 함이다'라고 했다.

　또한 저자는 이 책의 중간 부분에서 초기 인류의 성에 대한 갖가지 문화인류학적 탐색을 시도하고 있다. 예컨대 인간의 성욕을 비롯해서 성에 대한 무지, 성적 신호들, 가족의 기원, 다양한 짝짓기 방식, 동성애 전통, 혼외관계 등 성의 기원에 관해서도 다각적으로 밝혀놓았다. 이 책의 성의 기원에 관한 갖가지 문화인류학적 탐색은 여타의 성 연구서에서도 자주 인용될 정도로 아주 유명하다.

식욕보다 강한 성욕

　성도 배고픔과 마찬가지로 인간의 본능적인 충동이자 욕구이다. 본능이란 학습이나 경험에 의하지 않고 선천적으로 가지고 있는 동물의 행동양식을 말한다. 그 결과 성적으로 심하게 박탈된 상태에서 인간은 어떤 내적인 긴장을 해소하려는 필요성을 강하게 느끼게 된다. 물론 오랫동안 섹스를 하지 못할 때 오는 해악은 오래 굶을 때 오른 해악만큼은 심하지 않다. 성을 멀리하면 상대적으로 가벼운 불쾌감이 생기고, 거기에서 유발되는 탐욕은 쉽게 무시될 수도 있다. 성은 문화의 진화에서 배고픔만큼 강한 선택의 힘으로 작용하지 않는다는 것이다. 하지만 성욕은 식욕을 쉽게 물리쳐버린다. 사람들은 성적인 목표를 달성하기 위해서 싸우고 죽이고 강탈하며, 자신의 재산, 건강, 심지어 목숨까지도 무릅 쓴다. 또한 성욕은 임질, 매독, 에이즈 같은 것들도 무릅쓸 정도로 끈질기다.

예컨대 쥐와 고양이를 가지고 실험해본 결과 뇌의 일부가 쾌락의 센터로 기능하고 있으며, 동물들은 이 센터에 전달되는 부드러운 전류 자극을 받으려고 유난히 애를 쓴다는 사실이 밝혀졌다. 자기 뇌 속에 심어진 전극이 연결된 스위츠를 동물이 스스로 조작할 수 있도록 만들어 놓았더니, 그들은 몇 시간이고 계속 자극을 주는 것이었다. 쾌락 센터를 자극하는 버튼과 음식, 물이 나오는 버튼을 주어 선택하게 했는데도, 동물들은 식음을 전폐하고 죽을 때까지 쾌락 버튼만 눌러댔다.

성에 대해 가장 무지한 인간

아담과 이브가 에덴동산에서 추방된 이래 서양문화에서는 인간의 성을 죄악, 불결함, 그리고 동물과 연결시켰다. 그래서 우리의 머리는 엄청나게 똑똑해졌으면서도, 성에 관한 지식만은 여전히 불완전한 상태에 머물러 있다. 실제로 우리는 아직도 여성의 배란기가 정확히 언제인지 알지 못한다.

200여 종의 현존 영장류 가운데 어떤 것도 인간과 같은 허리 아랫부분을 지니지 않았고, 인간처럼 복잡하게 배란하고 수정하지 않는다. 창세기에 따르면 아담과 이브는 뱀의 유혹으로 선악과를 따먹은 이후로 성적인 순결을 잃어버렸다. 그러나 뱀은 그들에게 한가지 중요한 것을 말해주지 않았다. 아담은 사정을 하면서도 언제 이브가 배란을 하는지 알지 못했던 것이다.

여성의 난소에서는 28일마다 난관을 통해 작은 난자가 배출된다. 그

난자가 긴 난관을 다 내려가기 전에 정자가 수정되면, 그것은 자궁벽에 특별히 마련된 푹신하고 피가 담겨있는 부분에 자리를 잡는다. 만약 수정되지 않으면 그 부분이 떨어져 나가면서 월경이 생긴다. 이 주기에 관한 가장 놀라운 점은 정자 그리고 수정되지 않은 난자의 생명이 매우 짧다는 것이다. 24시간 내에 정자가 침투하지 않으면 난자는 수정할 능력을 잃는다. 배란과 동시에 또는 48시간 이전이나 24시간 이후에 이루어진 성교만이 수정을 일으킬 수 있다. 이렇게 본다면 성교가 임신으로 이어질 수 있는 것은 28일 중 3일밖에 안 된다. 평균적으로 보면 그 중요한 72시간은 월경 주기의 과정에서 중간쯤, 그러니까 월경 시작 이후 12~14일 사이가 된다.

동물들의 수정 전략

정자와 난자의 수정 기회가 비슷하게 짧은 대부분의 포유동물 세계에서는, 암컷이 신호를 보내거나 행동적인 수단을 통해 자신의 생생한 난자가 정자를 기다리고 있음을 알린다. 예를 들어 쥐의 경우 살아있는 정자가 들어올 때까지 난자가 배출되지 않는다. 개나 고양이의 경우는 암컷의 열이 교미와 배란의 시기를 맞추는 가장 일반적인 전략이다. 초조해진 암컷은 낑낑거리면서 강한 냄새를 발산해 가까이에 있는 수컷을 유인한다. 원숭이와 유인원도 배란기가 되면 반드시 어떤 신호를 보내 정자를 수정하도록 한다.

침팬지 같은 영장류는 상대를 가리지 않고 난교를 한다. 침팬지의 암컷은 배란기 때마다 최대한 많은 수컷을 유혹하기 위해 생생한 신호에 의지한다. 이러한 짝짓기는 암컷과 수컷들 사이에 친밀한 유대를 형성하면서 수컷들로 하여금 새끼들을 괴롭히지 않도록 한다. 침팬지 수컷들이 배란기에 있는 암컷에게 서로 먼저 접근하기 위해 싸우는 일도 아주 드물다. 한 마리의 암컷을 놓고 20마리나 되는 수컷들이 자기 차례를 기다린다.

보통 침팬지의 경우 회음부가 최대한 부어올랐을 때 성교의 절정에 달하는데 비해, 피그미 침팬지들은 배란 주기를 따라 일년 내내 교미를 한다. 그 주기가 지속되는 36~42일 가운데 15~18일 동안이나 극도로 부어오른다. 그 결과 수컷과 암컷은 거의 일년 내내 하루에도 몇 번씩 교미를 한다.

다른 유인원들과 비교해볼 때, 피그미 침팬지는 유일하게 성욕이 지나치다고 말할 수 있다. 수컷의 성기는 다른 어느 유인원의 것보다 더 크고 눈에 잘 띄며, 몸의 크기로 비율을 따져보면 사람보다 더 크다. 암컷도 그에 질세라 유인원 가운데 가장 커다란 음핵을 가지고 있다. 그것은 배란 주기 내내 눈에 확 띈다. 성적으로 흥분한 음핵은 두배로 커지는데, 음핵의 확장은 피그미 침팬지 특유한 형태의 암컷 동성애와 연관이 있다. 두 마리의 암컷은 얼굴을 마주한 채 껴안고 서로를 응시한다. 그리고 성기를 옆으로 빠르게 문질러댄다. 보통 한 마리는 문지르면서 상대의 허리를 다리로 감싼다. 때때로 한 파트너가 음핵을 발기시켜 수컷과 암컷이 성교할 때처럼 찌른다. 수컷도 암컷만큼 자주는 아니지만 동성애 비슷한 것을 즐긴다.

피그미 침팬지의 암컷과 수컷은 모두 표정과 목소리로 신호를 보낼 준비가 되어 있음을 알리기 전까지는 교미가 이루어지지 않는다. 그들은 성교하기 전 15분 동안 서로의 눈을 물끄러미 바라보고 성교하는 중에도 눈을 맞춘다. 인간을 제외한 다른 어떤 영장류보다도 피그미 침팬지들은 얼굴을 마주보는 자세를 많이 취한다.

인간은 섹스하는 동물이다

자연은 인간의 정자와 난자가 단 3일 동안 만나도록 하기 위해 단순하지만 사치스러운 방법 하나를 고안해냈다. 그것은 사람에게 매우 강한 성욕을 부여한 것이다. 즉, 배란기를 맞추기 위해서는 시도때도 없이 섹스를 해야 하는 것이다. 인간은 적어도 사춘기에서 중년에 이르기까지는 하루에 몇 번씩 섹스를 해도 생리적으로나 호르몬적으로 아무런 장벽이 없다. 이처럼 수정이 3일의 목표를 적중시키기 위해 그렇게 마구잡이로 수정을 가함으로써, 사람은 다른 동물 같으면 난자에 수정 가능한 날을 정확하게 조준해 가하는 사격을 대신하게 되었다.

사실 인간은 동물의 왕국에서 가장 섹스에 접합한 종 가운데 하나이다. 남자의 성기는 다른 어느 영장류보다도 길고 두껍다. 그 고환은 고릴라나 우랑우탄의 것보다도 더 무겁다. 사람은 다른 어느 영장류보다도 더 많은 시간을 구애하는데 보내며, 성교 시간 역시 더 길다. 여성이 오르가슴을 느낄 수 있는 능력은 인간에게 고유한 것은 아니지만 매우 고도로 발달되어 있다. 성교의 빈도도 침팬지만큼 높지는 않지만, 그 대신 사람은 성에 대한 사회적 제약을 가장 많이 받는다. 그 제약 때문에 남자들은 독특하게 몽정을 하게 되고, 남녀 모두 자위를 자주 하게 된다. 남자들이 성에 심리적으로 골몰하는 것은 다른 어떤 동물도 따라오지 못한다. 12살에서 19살에 이르는 미국의 사춘기 소년들은 깨어있는 동안 평균 5분에 한 번씩 섹스에 대해 생각한다고 대답했다. 심지어 50살된 어른들도 하루에 몇 번씩 섹스에 대해 생각한다고 한다.

음식과 성의 교환가치

어떻게 이런 특이한 성의 패턴을 갖게 되었을까? 우리는 그것을 피그미 침팬지들에게서 힌트를 얻을 수 있다.

피그미 침팬지들은 매우 긴밀하게 통합된 사회조직을 이루고 있다. 그들은 3/4 시간을 암컷 수컷 모든 세대가 어울려있는 집단에서 생활한다. 다시 말해 몇몇 수컷과 암컷, 그 새끼들이 대부분의 시간을 가까이 지내면서 함께 돌아다니고 먹고 털을 손질해주고 섹스를 하고 휴식을 취한다.

이것은 무엇보다 강렬한 성이 그들 사이의 결속을 강화하였기 때문이다. 피그미 침팬지들은 사실상 늘 성적으로 받아들일 태세가 되어 있기 때문에 어미와 새끼 입장에서는 수컷의 도움을 받기가 훨씬 유리하다. 피그미 침팬지의 수컷들은 사실 암컷 및 새끼들과 규칙적으로 음식을 나눈다. 특히 왕초 수컷은 보통 침팬지의 수컷보다 훨씬 자주 음식을 나누는 경향이 뚜렷하다. 암컷은 종종 그 왕초 수컷에게 다가가 음식을 얻거나 구걸한다. 새끼들도 자주 그렇게 한다. 왕초가 아닌 보통 수컷들은 그만큼 아량이 넓지가 않다. 그래서 파인애플 같은 과일을 뜻밖에 횡재하면 나무에 올라가 보이지 않는 곳에 숨는다.

피그미 침팬지 암컷들은 인간을 제외한 다른 동물에게서는 찾아보기 어려운 행동을 한다. 그들은 구걸하기 전에, 또는 아예 구걸을 생략하면서까지, 음식을 가진 상대와 섹스를 한다. 교토대학의 기로다 교수는 그 사례를 다음과 같이 제시하고 있다.

'어떤 어린 암컷이 사탕수수를 먹고 있던 수컷에게 다가갔다. 그들은 간단한 성교를 하고 나서 암컷은 수컷이 가지고 있던 줄기 두 개 중 한 개를 받아 가버렸다. 다른 경우에는 어린 암컷이 사탕수수를 가지고 있는 수컷을 끈질기게 쫓아다녔는데, 수컷은 처음에는 무시하다가 일단 성교를 하면 음식을 나누었다.'

이처럼 암컷들은 음식을 위해 수컷과 성교를 하는데 거침이 없다. 피그미 침팬지에 관한 이러한 정보들을 통해서 우리는 초기 인류가 채택했음직한 사회생활의 형태를 어느 정도 가늠할 수 있다.

풍만한 유방이 더 끌리는 이유

영장류의 경우 암컷은 오로지 수유하는 동안에만 젖가슴이 크다. 하지만 사람은 사춘기에 유방이 크게 발달하고, 그 모습은 수유를 하든 하지 않든 그대로 유지된다. 왜 인간 여성만이 영구적으로 유방이 커져있을까?

『털없는 원숭이』의 저자 데스몬드 모리스에 의하면, 부어오른 가슴은 성적인 신호가 엉덩이에서 몸의 앞쪽으로 위치를 옮긴 것이라고 한다. 여성들의 유방은 사실상 원숭이 조상의 성기와 항문이 부어오르는 것을 모방한 것이며, 그 가슴은 성적인 신호로서 효과가 뛰어나게 되었다고 한다. 뿐만 아니라 여성의 입술과 가슴은 하나의 구성단위를 형성하여 입술의 빨간 테두리는 원숭이 성기의 빨간 테두리를 대신하게 되었다고 주장한다.

풍만한 유방이 남성을 유인하는데 강한 힘을 갖게 된 까닭은 그것이 종족 번식과도 관련이 있기 때문이다. 큰 유방에 끌리는 남자는 그렇지 못한 남자보다 자식을 더 많이 낳았다. 풍만한 가슴이 출산에 유리한 것은 그것이 주로 저장된 지방으로 이루어진다는 사실에서 비롯된다. 여성들은 임신 중에는 하루에 250칼로리를, 그리고 수유기간에는 750칼로리를 더 사용한다. 가슴이 풍만한 여성은 가슴뿐만 아니라 몸의 나머지 부위들에도 지방을 많이 저장하고 있을 가능성이 크다. 그 지방질은 임신이나 수유 때문에 더 필요한 칼로리를 음식이 채워주지 못할 때 칼로리로 전환될 수 있다. 풍만한 가슴은 남성들에게 그 여성의 건강이 좋고 임신과 수유가 요구하는 가외의 부담을 생리적으로 감당할 준비가 되어 있다는 사실을 신호해주었을 것이다. 그래서 자연 선택은 일년 내내 가슴이 풍만한 여성을 선호했음과 동시에 그런 여성에게 성적인 매력을 느끼는 남성을 선호했을 것이다.

가족의 기원

교환은 인간 사회를 결속하는 접착제이다. 교환의 초기 형태는 바로 성적인 서비스를 주고받는 것, 즉 섹스와 섹스를 교환하는 것이었다. 앞에서처럼 피그미 침팬지의 암컷들은 먹이를 얻기 위해 몸을 내주었다. 그렇게 섹스와 음식을 점점 더 규칙적으로 교환하게 되면서 암컷들은 음식 공급의 상당 부분을 수컷 짝으로부터 얻을 수 있었을 것이다.

자기에게 필요하지만 갖고 있지 못한 어떤 것을 상대방으로부터 얻을 수 있으면서, 교환이 가져다주는 결속 효과는 점점 더 높아졌다. 아마도 여자들은 벌레와 식물 열매를, 남자들은 고기를 구해다가 바꾸어 먹었을 것이다. 교환하는 대상이 더욱 다양해지고 그 양도 늘어나면서 주고받는 남녀 사이에는 자연스럽게 파트너십이 형성되었을 것이다. 음식은 섹스보다 훨씬 제한되어 있었기 때문이다. 전체 무리보다 작은 두세 개의 소집단 내에서 음식 교환에 집중하여 형성된 파트너십은 '가족'의 원시문화적 단초가 되었을 것이다.

이처럼 교환은 우리 인류를 단순히 가장 강렬한 성적 동물에 머물지 않고, 가장 강렬한 사회적 동물로 만들어갔다.

다양한 짝짓기 방식은 인간의 본성이다

초기 인류에선 어떤 짝짓기 시스템과 가족 조직이 우세했을까? 현재 가장 대중적으로 지지를 받는 이론에 따르면, 최초의 사람들은 일부일처제였고 그런 짝과 자녀들로 구성된 핵가족들이 몇몇 모여 무리를 이루었으리라는 것이다. 이러한 견해의 바탕에는 인간의 성이란 본디 한 남자와 한 여자를 강력하게 묶는다는 논리가 깔려 있다.

음식과 섹스의 교환이 어떤 남녀들 사이에 더욱 강한 유대를 발전시켰으리라는 점에는 충분히 동의할 수 있다. 하지만 그것이 반드시 배타적인 유대였어야 했는지는 의문이다. 현대의 짝짓기 패턴은 일부일처제보다 일부다처제가 더욱 많은 사회에서 이상적인 것으로 받아들여진다. 게다가 높은 이혼율, 애인이나 내연의 처를 두는 것, 불륜의 관계 등으로, 비록 이데올로기적으로는 일부일처제적인 사회일지라도 실제 행위상으로는 일부다처제적 사회이다.

이처럼 현대의 가족집단이 어머니나 아버지의 배타적인 유대로 구성되지 않는 경우가 많다고 볼 때, 우리 조상들이 일부일처제적인 핵가족에서 양육되고 그런 유대가 더 자연스러웠다고 굳이 주장할 수 있겠는가? 다시 말해 짝짓기와 양육에서 단일한 방식만을 따르지 않았던 것은 우리 조상들도 현대인과 다를 바 없었다는 것이다.

강력한 성적 충동과 욕구를 갖는 것은 확실히 인간의 본성이고, 그것을 충족시키는 방법을 다양하게 만들어낸 것 또한 확실히 인간의 본성이다. 그러나 난혼, 일부일처제, 일부다처제, 일처다부제 가운데 어느 하나만을 배타적으로 채택하는 것은 인간 본성이 아니다.

근친상간을 금기한 이유는?

우리는 아버지와 딸, 어머니와 아들, 남매가 잠자리를 함께 한 것을 모두 희한하게 여기면서 역겨워하고 분노를 느낀다. 그런데 이런 근친상간의 금기도 역시 자연선택이기보다는 문화적 선택의 결과이다. 근친상간의 금기도 결국엔 교환원리의 또다른 표출에 지나지 않는 것이었다.

게다가 근친상간의 금기는 그렇게 보편적인 것도 아니었다. 예컨대 고대 왕국과 제국의 몇몇 지배자들은 자매 전체와 결혼할 수 있었다. 고대 페루에서 투파 잉카, 그의 아들 카팍, 또 카팍의 아들 후아스카는 모두 자매 전체와 결혼했다. 그와 비슷한 형제와 자매들의 결혼은 화와이 왕조, 고대 중국의 황제들, 그리고 몇몇 동아프리카 왕국에서 지배적이었다.

형제들과 자매들의 혼인은 왕족에 국한되지 않았다. 기원 후 3백년 동안 이집트의 평민들은 그런 혼인을 널리 행했다. 당시에 형제와 자매들간의 혼인은 완전히 정상적인 관계로 여겨졌다.

근친회피에 대한 유전적인 이론을 주장하는 이들은 근친교배의 경우 인구집단 내에 유전적인 다양성을 떨어뜨림으로써 새로운 질병이나 환경적 재난에 취약하게 만든다고 했다. 그래서 근친끼리 서로 꺼리는 개인들이 종족 번식률이 더 높았고, 그것은 근친끼리 서로 끌리는 개인들을 점차로 대체하게 되었다는 것이다.

그런데 이러한 주장에는 몇 가지 약점이 있다. 현대의 인구집단에서 근친혼은 사산이나 선천적인 질병 발생의 비율을 높이는 것은 사실이다. 그러나 농경 이전의 작은 사회에까지 똑같은 결과가 빚어진 것은 아니었다. 그런 사회에서 근친교배는 해로운 열성자를 점점 제거했다. 왜냐하면 거기에서는 선천적으로 장애나 질병이 있는 아이에 대해 관대하지 않았기 때문이다.

근친교배에 대한 금기는 자연선택보다는 문화적 선택의 결과이다. 예컨대 19세기 영국 인류학의 창시자 타일러에 의하면, 근친교배의 금기는 20~30명의 사람들이 무리를 이루어 제한된 동식물을 취해야 했던 수렵체취 시기에 발생했다고 한다. 이유는 그 집단이 너무 작아 이웃 집단과 평화적이고 협동적인 관계를 맺지 않고서는 스스로의 힘만으로는 생물학적, 심리적 욕구를 채우거나 위험을 제거하는데 한계가 있기 때문이었다.

집단 내에서만 결혼을 시키는 무리는 결국 적대적인 이웃과 대치하게 되어 작은 땅에 고립되고 만다. 그런데 가뭄이나 홍수 등의 기후변화가 몇 년 지속되면 그 땅은 너무나 작다는 것이 드러난다. 또한 그 집단은 구성원이 20~30명밖에 안 되기 때문에 자칫 아들만 연달아 낳으면 여자가 모자라 다음 세대를 잇지 못하는 위험도 무릅써야 한다. 그에 비해 집단끼리 서로 동맹을 맺고 있는 무리들은 사정이 다르다. 그들은 넓은 땅을 누비면서 먹이를 구할 수 있고, 더 커다란 인구를 번식시키는 데 참여할 수 있으며, 끈질기고 호전적인 다른 집단을 방어하는 데도 서로 지원해줄 수가 있다. 또 먹을 것이 부족할 때는 서로 나눌 수도 있다. 그러한 동맹은 과연 어떻게 생겨날 수 있었을까? 가장 귀중한 재산인 아들과 딸, 형제와 자매들을 집단끼리 서로 교환해서 상대방 집단의 한가운데서 살고 일하며 자식을 낳도록 하는 것이 가장 효과적이었던 것이다.

한편, 근친교배에 대한 혐오와 공포와 분노는 사람들 사이의 교환의 파기가 집단의 모든 구성원에게 가져올 위험을 반영한 것이었다. 그와 동시에 그것은 함께 자라난 남녀가 서로 성교하고 싶은 유혹을 차단하는 해독제로도 기능했다. 또한 모자간, 그리고 부녀간의 근친교배는 외적인 관계 유지를 위협할 뿐만 아니라, 가족 조직의 기본적인 유대마저도 위협하는 것이었다. 예컨대 모자간 근친교배는 결혼제도에 대한 하나의 특별한 위협이었다. 아내가 남편을 거슬러 이중의 교섭을 한 것만 아니라, 아들도 아버지를 거슬러 이중의 교섭을 했기 때문이다. 부녀간의 근친교배는 좀 더 일반적이었는데, 이는 남편이 아내에 비해 이중적인 기준을 즐기는 경우가 흔하고, 간통을 해도 처벌을 그렇게 심하게 받지 않았기 때문이다. 남매간의 짝짓는 상대적으로 높은 비율로 나타났는데, 그것은 부모와의 간통을 금하는 규칙과 모순되지 않았기 때문이다.

결국 근친교배에 대한 거대한 금기는 너무 과대평가되었다. 그것은 문화의 진화 과정에서 선택적으로 변화할 수밖에 없는 성교 및 짝짓의 선호와 회피들의 조합이었다. 하지만 성의 해방과 실험이 이루어지는 이 시대에 남매 결혼은 머잖아 사회에 무관심하며 기이한 성적인 선호를 가지고 있는 또 하나의 형태에 불과하게 될지 모른다. 그 남매들이 피임 도구를 사용하고 유전적인 상담을 구하기만 한다면 말이다. 실제로 스웨덴에서는 이미 그것이 더이상 범죄가 아니다. 부녀, 모자간의 근친교배는 좀 다른 이야기인데, 그 나이 차가 커서 꼭 명백한 강간이나 아동학대가 아니더라도 둘 사이에 동의가 이루어졌는지를 알 수가 없기 때문이다.

동성애는 일반적인 현상이었다

흔히 동성애를 가르켜 '자연스럽지 못하다'거나 '동성애자와 에이즈는 밀접히 관련되어 있다'고 비난하며 경멸하지만, 여전히 동성애는 널리 유행하고 있다. 대표적인 예로 미국 성인 남자 가운데 다른 남자와 성적인 접촉을 하여 오르가슴을 경험한 사람이 20.3%에 이르는 것으로 나타났다. 은밀하고 비제도화된 채 실행되는 것까지 포함시킨다면 동성애는 거의 모든 사회에서 어느 정도 벌어지고 있다고 해도 과언이 아니다.

그런데 근친교배에 대한 금기만큼이나 동성애에 대한 오해도 대단히 심각한 편이다. 어떤 사회에서는 대다수 남자들이 일생의 많은 기간 동안 동성애를 즐기면서도 여성에 대한 호감을 잃지 않는다. 그런가 하면 어느 사회에서나 일부 소수의 남성들은 동성애를 선호하도록 유전적으로 또는 호르몬적으로 나타난다는 증거 또한 많다. 다시 말해 어느 한쪽을 좋아한다고 해서 다른 쪽을 회피하는 것이 아니라는 것이다. 우리는 스테이크를 좋아하면서 또한 감자도 좋아할 수 있다.

또한 우리는 남자 동성애자들을 연약한 사람들이라고 보는 경향이 있다. 그러나 역사적으로 남성 동성애 관계가 제도화된 것은 미용사나 요리사가 아니라 군인으로 훈련받는 남자들 사이에서 가장 일반적이었다. 예를 들어 고대 그리스 병사들은 전쟁터에 나갈 때 반드시 어린 소년들을 데리고 가서 군사 기술을 가르쳐주는 대가로 섹스 파트너로 봉사하도록 했다. 또 남부 수단의 아잔데족은 젊은 독신 남녀들로 구성된 상비군을 보유하고 있었다. 그 젊은 병사들은 소년들과 결혼하여 성적 욕구를 해소하다가 재산을 충분히 모으면 여자에게 장가를 들었다. 그들이 즐기는 성교 형태는 연장자가 성기를 소년의 넓적다리 사이에 넣고, 소년은 자기 성기를 파트너의 배나 사타구니에 문질러 한껏 쾌감을 느끼는 것이었다.

고대 그리스에서는 군사적 지식보다 철학적 지식을 전수하기 위해 연장자와 연소자 사이의 도제적인 동성애 관계를 맺었다. 그리스의 유명한 철학자들은 거의 다 젊은 견습생과 동성애 관계를 맺고 있었다. 그들은 여자와 동침하면 육체를 낳지만 남자와 동침하면 마음의 생명을 낳는다고 믿었다. 소크라테스, 플라톤, 크세노폰, 아리스토텔레스도 모두 동성애를 했고, 아무도 그것을 부끄러워하지 않았다.

출산 옹호론자의 표적이 된 동성애

현대에 이르러 이성애를 하는 대다수 미국인들은 동성애를 표방하는 것을 비난하고, 불과 몇 년 전만 해도 단 한 번이라도 동성애를 한 혐의가 있는 사람을 징벌하는 형사법 제도가 있었다. 그래서 남성 동성애자인 게이들은 자신들에 대한 워낙 줄기찬 증오와 조롱 때문에 마치 소수 인종 집단처럼 따로 공동체를 만들었다.

대체 왜 이런 일들이 발생했을까? 근대 산업경제로 이행하면서 고용주들은 종족 번식의 실패가 광범위하게 나타날지 모른다는 노파심에서 모든 형태의 비출산적인 섹스를 비난하고 엄중하게 처벌하는 법령을 밀어부쳤다. 이 운동의 목표는 출산을 위해 성교하는 이들에게만 섹스를 하나의 특권으로 사회가 부여하도록 만드는 것이었다. 동성애는 비출산적인 섹스의 극명한 예로써 자위, 혼전성교, 피임, 임신중절과 함께 출산 옹호자들의 주요한 표적이 되었다.

여자 동성애는 지하로 내몰렸거나 눈에 띄지 않는 곳에서 제도화되지 않은 형태로 행해졌다. 특히 사춘기는 아마도 전세계적으로 동성애 실험이 상당히 이루어질 수 있는 기회였을 것이다. 예를 들어 칼라하리 쿵족의 어린 소녀들은 소년들과 성교를 맺기 전에 다른 소녀들과 성적인 놀이에 몰입했다.

레즈비언 관계가 꽃필 수 있는 또다른 조건은 일부다처제였다. 그런 관행은 서아프리카의 누프족, 하우사족, 다호메이족에서, 그리고 동아프리카의 아잔데족과 니야쿠사족에서 일반화되어 있었다. 중동의 하렘은 아내들끼리만 기거하는 일종의 규방인데, 거기에서 많은 여성들이 레즈비언 관계를 맺었다. 남성에게 도전하는 그런 행위가 발각되면 가혹한 처벌을 받을 위험을 무릅쓰면서도 말이다.

현대에도 남성 게이 공동체는 멤버도 더 많고 직업의 범위도 더 다양하며 정치적인 입김도 더 강력하다. 그에 비해 여자 레즈비언들은 바깥으로 나오는 것이 남자 게이들보다 훨씬 더 어려운 실정이다. 남자 게이들은 성적인 비정상으로 배척당하는 것에만 맞붙어 싸우면 되지만, 여성 레즈비언들은 거기에다 여성으로서 겪는 불리함이 또하나의 짐으로 얹혀져 있기 때문이다.

남자든 여자든 동성애를 한다는 것은 현대 가정의 기반에 도전하는 행위이다. 더 나아가 여성 레즈비언이 된다는 것은 이성애를 하는 남성들이 '여성을 남성만을 위한 성적 대상'으로 규정하는 것에 도전하는 행위이다.

여자들의 자유로운 성관계

오늘날 생물학 이론의 핵심은 남자와 여자가 서로 뚜렷이 다르고 경쟁적인 재생산 전략을 선천적으로 타고났다는 것이다. 그래서 여자는 난자의 전략을, 남자는 정자의 전략을 구사한다. 난자 전략은 여성들로 하여금 짝을 고르는 데 보다 까다롭게 굴도록 하고, 아이를 돌보는데 남자보다 더 많은 관심과 수고를 들이도록 한다. 정자의 전략은 남자로 하여금 많은 여자들과 닥치는 대로 짝을 짓고 아이를 기르는데 여자보다 소홀하도록 한다는 것이다.

하지만 우리와 가까운 영장류들을 보면 암컷이 성적으로 수줍어하는 천성을 타고났다는 증거가 전혀 없다. 침팬지, 특히 피그미 침팬지의 암컷은 성적인 만족을 추구하는 면에서 수컷만큼이나 드세다. 그들은 여러 수컷들과 돌아가면서 성교를 하고, 또한 암컷과도 다시 성교를 한다.

남자들이 여러 여자들과 섹스를 경험하는데 관심이 있듯이, 여자들 또한 다양한 남자들과 섹스를 즐길 수 있는 능력을 최소한 타고났다. 우리가 그동안 이러한 진실을 알지 못한 것은 여자들이 남자들처럼 여러 성적 파트너를 선택할 수 있는 자유를 갖지 못했기 때문이다. 그럼 여자들이 더 많은 짝을 선택할 수 있는 자유가 주어질 때는 과연 어떻게 될까?

첫째, 말리노프스키의 『원시인들의 성생활』에서는 말라네시아 트로브리안드 섬의 젊은 소녀들이 젊은 남자들만큼이나 여러 파트너들과 돌아가면서 성적인 장난을 즐기는 것으로 묘사되고 있다. 여자들의 혼전 성교에 대한 제재는 주로 짝을 구하는데 너무 뻔뻔스럽거나 드러내놓고 하는 것을 금하는 정도였다. 그렇게 성을 너무 밝히는 여자들이 꾸지람을 당하는 것은 너무 많은 파트너를 사귀는 것이 나빠서가 아니라, 뻔뻔스럽게 구애하면 에로틱한 매력이 떨어진다는 이유에서였다. 너무 색골인 남자들도 마찬가지 이유로 꾸지람을 받았다. 그러나 소녀들 가운데는 적당한 섹스로는 성이 차지 않고 매일 밤 여러 남자가 필요한 이들이 분명히 있었다고 한다.

둘째, 마가렛 미드에 따르면 사모아의 젊은 여자들도 여러 남자들과 번갈아가며 성교를 즐겼다. 누군가의 중매로 이루어지는 밀회는 야자나무 밑에서 또는 소녀의 오두막으로 야밤에 기어들어가서 이루어졌다. 미드는 '그런 정사는 보통 오래 지속되지 않고 소녀와 소년 모두 한꺼번에 여러 번 일을 치른다'고 하고 있다.

셋째, 남태평양의 망가이아 섬에서는 남녀 모두 사춘기 이전에 자유롭게 성이 실험되고 격렬한 혼전 성생활이 이루어진다. 소녀들은 부모의 집에서 구애자를 밤중에 맞이했고, 소년들은 오르가슴이 얼마나 많이 도달하는가를 놓고 서로 경쟁했다. 망가이아의 소녀들은 낭만적인 무드, 전희나 후희에 별 관심이 없었다. 그 소녀들은 남자들과의 애정이 싹튼 후 섹스를 하는 것이 아니었다. 거꾸로 먼저 성적으로 만족한 대접을 받으면 그 대가로 마음을 주었다.

여성의 혼전 성관계에 대한 인류학적 연구는 토마스 그레고어가 브라질 중앙의 작은 마을인 메히나쿠 인디언들을 대상으로 한 연구에서도 잘 나타나 있다. 그 마을에는 37명의 어른이 있었는데, 남자가 20명, 여자가 17명이었다. 그레고어가 머무는 동안 남자는 모두 적어도 한번 이상 혼외정사를 가진 반면, 여자는 14명이 엇비슷하게 연루되었다. 개인별로 횟수를 따져보면 여자는 5.1, 남자는 4.4로서 사실상 여자들이 남자들보다 평균적으로 더 많은 혼외정사를 가졌다. 그리고 연루된 사람들을 대상으로 따져본다면 한 여자당 평균 6.3회였다.

이러한 자료들이 남자 못지않게 여자도 본래 쾌락적인 관심을 가지고 있음을 보여준다.

❺ 수렵채집 사회의 개방적인 성풍습 - 『니사』

쿵족 여성 니사의 생애사

이제 수렵채집 사회는 거의 사라졌지만, 그것이야말로 인류가 지구상에 존재하던 시간의 거의 90%를 차지했다. 수렵채집 시대는 인류 역사에서 거의 300만 년에 달했다. 이는 1만년 가량 유지되어온 농업사회나 이제 겨우 200년밖에 안 된 산업사회에 비하면, 인류에게 훨씬 보편적인 사회 경험이었다. 그와 함께 수렵채집 사회에서의 성적 행동은 초기 인류의 성의 기원을 밝혀줄 중요한 단서를 제공해준다.

『니사』(마저리 쇼스탁 지음, 유나영 옮김, 삼인, 2008)는 그러한 수렵채집 사회에서의 개방적인 성 풍습을 잘 보여주는 책이다. 저자 마저리 쇼스탁(1945~1996)은 미국 뉴욕의 브루클린 대학에서 문학사 학위를 받고 인류학자 앨빈 코너를 만나 결혼했다, 두 사람은 1969년에서 1971년까지 남서아프리카 칼리하리 사막의 원시 부족인 쿵족과 더불어 살면서 인류학적 현지 조사를 했다.

이 책은 그러한 칼리하리 사막에 사는 쿵족 여성 '니사'라는 51살 여인이 들려준 이야기로, 555쪽에 달하는 꽤 방대한 책이다. 니사는 자기 경험을 풀어내는 남다른 소질을 가진 이야기꾼이었다. 또한 저자는 니사 이외에도 14살에서 70살에 걸친 8명의 여성과 인터뷰를 했다.

당시 쿵족은 수렵채집 사회에서 막 벗어나기 시작하던 참이었다. 그들은 평균 150㎝ 정도의 대체로 키가 작고 날씬하며 근육질이었다. 아프리카 사람치고는 피부색이 밝은 편이었으며, 광대뼈가 높고 다소 동양적인 눈매를 갖고 있었다. 여성은 평균 1주일에 3일 이상 식량을 구하러 다녔는데, 콩류, 견과류, 구근, 뿌리, 기타 채소와 과일류를 비롯한 105종의 야생식물로부터 식량을 채집했다. 남성은 주로 사냥한 고기를 제공함으로써 식량자원에 기여했는데, 이는 매우 높이 평가되었다. 사냥감을 가져오는 날이면 마을은 축제 분위기가 되고 춤판이 벌어지기도 했다. 남성들은 평균 1주일에 3일이 약간 못 미치는 시간을 사냥에 쏟았다. 그럼에도 쿵족의 식단은 양도 알맞고 영양도 풍부했다.

쿵족은 다른 농경사회나 유목사회보다 훨씬 높은 성평등을 이루고 있었다. 이는 남녀간의 역할 경계가 거의 없고, 서로의 차이를 인정하여 남자는 사냥, 여자는 채집의 역할만을 분담했을 뿐 서로를 착취하지 않고 상호보완적인 관계를 갖고 있었기 때문이다.

부모가 하는 것을 보고 따라 배우다

쿵족 아이들은 일찍부터 성에 눈을 떴다. 쿵족 사람들에게는 마을에서나 집안에서나 프라이버시가 거의 없었다. 부모와 자식들은 칸막이도 개인 공간도 없는 작은 단칸 오두막에서 한 이불을 덮고 함께 잤다. 부부들은 아이들과 자는 단칸방에서 밤중에 조심스레 성관계를 가졌는데, 이 것을 목격한 아이들이 성적인 장난을 흉내 내게 되는 것이었다. 처음에는 친구들과, 심지어는 형제자매들과 그런 식으로 장난을 하다가, 조금 크면 형재자매들과는 장난을 멈추고 이성 친구들하고만 그런 놀이를 했다. 다음은 니사가 그러한 쿵족 아이들의 성교육에 대해 있는 그대로 들려준 것이다.

"밤에 애가 지 엄마 곁에 마주보고 누우면, 아버지는 엄마 뒤에서 사랑을 나누는데 애는 그걸 보게 되지요. 아이가 어리니까 부모들은 아이에 대해서 별로 걱정하지 않고 일을 치르지. 왜냐하면 설사 아이가 그걸 보거나 밤일하는 소리를 듣더라도, 부모들이 뭘 하고 있는 건지 모르거든. 아직 어리고 분별이 없으니까. 보고도 거기에 대해서 무슨 생각을 하지는 못하지.

아마 아이들이 그런 식으로 부지불식중에 배우는 거겠지. 애들이 좀 머리가 크면 자기 엄마 아빠가 사랑을 나눈다는 걸 이해하게 되니까. 처음에는 '성기를 가지고 저렇게 하는구나.'하고 생각하다가, 남자애 같으면 어린 여자애나 자기 여동생을 데려다가 똑같은 짓을 해. 그렇게 스스로 가르쳐. 엄마 아빠가 하는 걸 본 대로 성행위를 흉내 내는 거지. 그렇게 일단 배우고 나면, 아무나 붙잡고 그런 식으로 놀려고 하지.

……

큰아이들은 더 그러지. 어린 여자애랑 같이 있게 될 때를 기다렸다가 기회를 봐서 같이 누우려고 하는 거야. 그러고는 침을 묻혀서 여자애의 성기를 문지르고, 반쯤 발기된 성기를 가지고 이리저리 찌르는 시늉을 하는데, 진짜로 하는 건 아니야. 그게 딱딱해질 수는 있어도 아직 여자애 몸속으로 정말로 들어가지는 못하거든. 아직 제대로 사정하는 법도 모르고. 남자애가 거의 청년이 다 되어서야 어른처럼 성관계를 맺기 시작해.

　여자애들은 처음에는 그런 놀이를 안 하려고 해. 마구 찔러 대는 게 아프다고. 하지만 여자애들도 좀 나이가 들면 그걸 차차 받아들이고 조만간에는 같이 즐기게 되지."

　이처럼 쿵족 아이들은 부모의 성행위를 보고 자연스럽게 성에 대해 배우곤 했다.

쿵족의 성 신화

　쿵족 아이들은 부모가 관계하는 것을 보고 따라 배우기도 했지만, 어른들로부터 직접 성교육을 받기도 했다. 니사도 어릴 적 할머니가 어머니한테 들려준 쿵족의 성 신화를 듣고서 어떻게 사랑을 나누는지 알게 되었다고 한다.

　"아주 아주 오랜 옛날에 한 남자가 여자들이 사는 마을을 발견했어. 남자들은 그 여자들을 훔쳐 올 마음을 먹고, 이튿날 아침 해가 아직 낮게 떴을 때 마을을 나섰어. 그런데 남자들이 도착했을 때 여자들은 식량과 열매를 구하러 나가고 마을에 없었어. 마침내 여자들이 집에 돌아와서 그날 채집한 걸 내려놓고 앉았는데, 그때 남자 둘이 와 있는 걸 보고는 여자 한 명이 말했어. '뭐지? 남자들이 여기 있다니. 우리가 잘못 왔나? 우리는 남자가 없는 데서 살고 있는 줄 알았는데. 여기 정말 남자들이 있었나?'

　여자들은 남자들한테 그걸 가르쳐 주기로 했어요. 하지만 아직 날이 일러서 일단은 그냥 앉아서 밥만 먹다가 날이 저물자 남자 하나가 이 여자한테 오고, 또 남자 하나가 저 여자한테로 가서, 두 쌍이 그렇게 오랫동안 누워 있었어. 그러다 남자 하나가 그걸 하고 싶어서, 일어나서 여자의 입에다 대고 하려고 했어. 여자가 '아니, 그게 아니야.' 했어. 다음에는 귀에다 대고 하려고 했어. '아니, 그것도 아니야.' 했어. 다음에는 콧구멍에다 대고 하려고 했어. '아니, 그것도 아니야. 사랑은 그렇게 나누는 게 아니야. 봐. 여기 내 다리 사이에 구멍이 있어. 입으로는 밥을 먹어. 눈으로는 보는 거야. 귀로는 들어. 그리고 코로는 숨을 쉬어. 여기 보지가 있는데 여기다 해야지. 내 얼굴에다 하려는 거야?' 그래서 남자는 자기 물건을 여자의 구멍에다 밀어 넣고 마침내 일을 치를 수 있었어. 그러고는 남은 밤이 새도록 사랑을 나누었어.

날이 밝자 두 남자는 다른 사람들을 찾아가서 이렇게 말하고 다녔어. '어젯밤에 우리는 사랑을 어떻게 나누는지 알았어요. 보지라고 하는 게 있고 거기다가 하면 돼요.' 사람들은 그 말을 듣고 저마다 그렇게 사랑을 나누기 시작했어."

아이들의 성적 장난

쿵족 아이들은 성에 대한 인지와 호기심을 아주 일찍부터 꽃피웠다. 우선 마을은 어린이들이 놀기에 안전하고 사회적으로 풍족한 환경이었다. 아이들의 놀이는 대부분 어른들의 활동을 모방한 것이었다. 사냥, 채집, 노래, 황홀경을 비롯하여 살림놀이, 엄마놀이를 하거나 결혼을 모방하기도 했다.

남자아이와 여자아이는 대부분 구분 없이 함께 어울려 놀았다. 어린이들은 성별에 따라 분리되지 않았고, 어떤 성도 순종적이거나 공격적으로 행동하도록 훈련받지 않았으며, 사람에게 타고난 감정표현을 억제하도록 강요받지도 않았다. 처녀성에 대한 특별한 가치를 부여받지도 않았고, 여성의 몸을 특별히 가리거나 숨겨야 한다고 요구하지도 않았기 때문에 여자아이들은 남자아이들과 마찬가지로 자유롭게 나다녔다.

아이들의 놀이 중에는 다양한 게임과 활동이 많이 있지만, 성인이 되어서까지 가장 생생하게 기억하는 것은 바로 성적 장난이었다. 어릴 때의 성적 장난은 처음에는 동성 친구끼리 시작했다가 대개는 남자아이들이 주로 점차 이성 친구들과 같이 하게 되었다. 좀더 큰 아이들은 성기 접촉을 수반할 때도 있지만, 실제 성행위를 하려면 몇 년이 더 흘러야 했다.

어른들은 아이나 청소년의 성적 장난을 용인하지는 않지만, 그렇다고 못하게 막으려고 일부러 나서지도 않았다. 자기들도 어렸을 때 그렇게 놀면서 자란 기억이 있기 때문이다. 만약 그 자리에서 들키면 "얌전히 놀아라."하고 꾸지람을 하지만 그게 전부였다. 그렇게 성적 장난을 하면서 나름대로 성지식을 갖추었다. 니사는 아이들의 성적 장난에 대해 이렇게 얘기해주었다.

"젖먹이는 사물을 제대로 파악하지 못하지. 아는 것이라곤 엄마 젖이 전부이고, 그걸 빼면 아무것도 분별하지 못해. 일어나 앉을 수 있게 돼도 아직 지능이 돌아오지 않아서 생각을 할 능력이 없어. 생각을 가져올 데가 어디 있겠어? 생각할 줄 아는 것이라곤 젖 빠는 것뿐이지.

그런데 아기가 자라서 걸어다니기 시작하면 많은 생각을 하게 되지. 앉아서 이런저런 생각을 하고 그 일-성적인 놀이에 대해서도 생각을 하기 시작해. 왜냐하면 아이들이 놀 때는 으레 그런 짓을 하거든. 어린 사내아이들은 그렇게 성적인 장난을 하면서 스스로 가르치지. 어린 수탉들이 스스로 가르치는 것처럼. 어린 여자애들도 같은 방식으로 서로 놀면서 배워.

처음에는 사내들끼리 장난을 시작해. 서로 뒤에다 대고 성기를 찌른다든가 하고 말이야. 그리고 여자애들은 여자애들끼리 그러고 놀아. 그러다 나중에 사내아이가 여자애 혼자 있는 걸 보면 데려다 '성행위'를 해. 그런 식으로 배우는 거야.

성적인 장난이 달콤하다는 건 사내애들이 먼저 알지. 그래서 놀 때 그런 장난을 하는 거고. 그래, 여자애들은 어릴 때는 성에 대해서 잘 몰라. 그런 걸 정말로 이해하지는 못해. 하지만 사내애는 고추가 달려 있고 모르긴 몰라도 엄마 뱃속에 있을 때부터 그걸 알고 있었을 거라고. 사내애들은 자기 성기를 가지고 노는 법을, 그걸 어떻게 위아래로 움직이는지를 안단 말이야. 어린 여자애들을 그냥 데려다가 눕히고 성행위를 한다고. 단순한 놀이에 불과하더라도 그 짓을 하는 건 분명해."

이렇게 쿵족 아이들은 어릴 때부터 성적인 장난을 쳤다. 어릴 적에는 보통 동성 친구끼리 시작했다가 후에는 이성 친구들과 같이 장난을 쳤다.

남자친구 티케이

나이가 들어가면서 니사에게도 '티케이'란 남자친구가 생기고, 비로소 성을 배우게 되었다. 티케이는 그녀에게 남자에 대해 가르쳐주었다. 한번 그걸 알고 난 다음부터 그녀는 매일 그걸 하면서 놀았다. 작은 오두막을 짓고 거기에서 성적 놀이를 했다. 이제야 그녀는 성적 놀이의 재미에 눈을 떴다.

'이렇게 좋은 걸 왜 안 하겠다고 버텼을까? 다른 애들은 벌써 다 알고 있었는데 나만 뭘 몰랐네. 이제야 배웠잖아.'

하지만 니사는 아직 성의 진정한 맛은 알지 못했다. 그저 티케이랑 노는 걸 좋아할 뿐이었다.

물론 두 사람이 사귀기 전에는 티케이가 그녀의 앞치마를 찢어서 나무 위로 던져버리는 등 심한 갈등을 겪기도 했다. 티케이는 성적 놀이를 하고 싶었으나 그녀는 하기 싫어했기 때문이다. 근데 티케이가 그녀를 덮치려고 해서 서로 치고받고 싸웠다. 티케이가 그녀의 가슴은 말할 것도 없고 온몸을 막 움켜쥐었다. 그때는 아직 가슴이 자라지도 않았을 때인데 가슴을 붙잡고 매달렸다. 그녀가 말했다.

"내 보지로 그걸 한다고? 내 건 아직 자랄 기미도 안 보이는데, 너는 물건이 있지만 나는 할 게 없는데. 너한테는 자지가 달렸지만 나한테는 보지가 없어. 하느님이 너한테는 자지를 달아주고 나한테는 보지를 안 달아 줬거든. 사타구니가 비었다고. 근데 아무것도 없는 데다 어떻게 그 짓을 하겠다는 거야?"

그러자 티케이가 대꾸했다.

"어쨌든 너랑 할 거야! 거짓말 마. 우리는 동갑내기 친구잖아? 너나 나나 어리긴 마찬가진데 그게 무슨 뚱딴지같은 소리야?"

그러면서 다가와서 그녀를 낚아챘다. 그녀는 싫다고 도리질을 하면서 울기 시작했다. 그랬더니 티케이가 그녀의 앞치마를 찢어서 나무 위로 던져버렸다. 그녀는 "상관없어! 기분 나빠!" "너랑 안 할거야!"하고 막 소리를 질렀다. 앞이 휑하니 비어서 샅을 손으로 가리고 그 자리에 서서 울다가, 다른 아이들을 뒤로 하고 혼자 마을로 돌아와 버렸다. 마을로 가다가 어머니가 앞치마를 가져다주어서, 그걸 입고 다시 아이들한테 가서 놀았다.

여자애들의 동성애

어떨 때 니사는 남자애들이랑 놀지 않고 여자애들끼리만 놀기도 했다. 그녀는 '나이'라는 여자애랑 결혼하기도 했다. 니사는 그녀를 참 좋아했다. 그 애는 정말 예뻤기 때문이다.

또다른 때는 '쿤라'라는 여자애랑 결혼해서 함께 놀기도 했다. 가끔은 다른 여자애들하고는 놀지 않고 쿤라랑 둘이서만 놀기도 했다. 야한 놀이를 하기도 하고, 다른 놀이를 하기도 했다. 그들은 아기를 낳았다고 하고 돌아가면서 아기 역할을 하면서 놀았다. 그렇게 둘이서 놀다보면 남자애들이 몰래 따라와서 그들을 갈라놓았다. 그러면 각자 자기 '남편들'을 따라가서 계속 재미있게 놀았다.

니사의 여러 남편들

쿵족 여성들은 10대 후반에 이르러 월경을 시작하고, 결혼해서 출산을 앞두기 전까지는 진정한 성인으로 여겨지지 않았다. 이와 달리 남성들은 보통 10세에서 30세 사이는 되어야 결혼 상대로 적당하다고 여겨졌다. 따라서 남편은 대개 아내보다 10살 이상 나이가 많았다.

첫 번째 결혼은 부모와 가까운 친척들이 중매하며, 선택 범위를 되도록 넓히기 위해 넓은 지역에서 배우자감을 수소문했다. 결혼 후에 남편은 보통 처가쪽 마을에서 살림을 차렸는데, 이는 신부가 아직 어리기 때문에 부모 곁을 떠나기가 힘들다고 보았기 때문이다. 남자들은 3년에서 7년씩 장기간 처가에 머물러 살곤 했으며, 평생 동안 같이 사는 사람도 있었다.

여성이 남편에게 아무 애정도 못 느낀다고 판단하면 결혼생활을 끝내자고 요구할 수 있었다. 쿵족 사람들은 대개 일생 동안 두 번 이상 결혼했으며, 이혼으로 결혼이 깨지는 일은 매우 흔했다. 이혼은 보통 결혼한 지 얼마 되지 않은 사이 아이가 생기기 이전에 여자쪽의 주도로 이루어지는 경우가 많았다.

니사에게는 일생 동안 여러 남편들이 있었다. 보, 차, 타셰이, 베사, 또 다른 보 등이 그녀와 결혼한 남자들이었다. 첫 번째 남편 보는 신혼 첫날 밤부터 누카라는 나이든 아주머니와 부정행위를 저질렀다. 그 아주머니는 보와 니사 사이에 누웠는데, 니사가 잠들기 무섭게 둘이서 관계를 가졌다. 니사는 "남편을 둘이서 나눠 가질 수 없어"라고 하면서 이혼했다.

두 번째 남편인 차와 결혼할 때는 니사도 비로소 가슴이 솟기 시작했다. 두 사람은 상당히 오랫동안 같이 살았다. 그런데 차가 자꾸만 니사를 놔두고 엄마한테만 가서 잤다. 그것 때문에 결국 두 사람의 결혼생활은 끝나게 되었다.

이후 칸틀라와 결혼하려다 그만두었는데, 두 사람은 이전부터 서로 마음에 두고 있었다. 하지만 그와 결혼할 생각은 없었다. 칸틀라는 그때 벌써 '베이'라는 여자와 결혼해서 같이 살고 있었기 때문이다. 칸틀라는 둘 다 아내로 삼고 싶어했지만, 니사는 거절했다. 그러자 베이가 칸틀라에게 "니사는 내 친구이고 나도 걔가 좋아요. 우리 둘이 같이 걔랑 결혼하면 되죠."라고 말했다. 또 니사에게도 "칸틀라 저 사람이 우리 둘을 키워줄 거야. 왜 내가 싫은 거야?", "우리 다 같이 한 자리에 눕자."라고 말했다. 하지만 니사는 "나는 결혼하기 싫은데 왜 자꾸 그래?"라고 하면서 끝까지 거절했다.

부부의 성과 사랑

니사는 다시 타셰이와 결혼했다. 그는 무척 잘 생긴 남자였다. 처음에 니사는 '나는 아직 아이인데, 왜 또 남편을 맞아야 하나?'라고 생각하면서 결혼을 거부하고 도망 다녔다. 그녀의 오빠가 "왜 남편이 싫으니? 남편은 아버지와 같은 사람 아니니? 너 사는 걸 도와주고 너한테 식량을 가져다주는 사람이야. 네가 결혼하기 싫다면 어디서 먹을 걸 구할 작정이니?"라고 야단치면서 거의 억지로 결혼시켰다. 타셰이는 결혼한 지 얼마 안 되어 니사를 데리고 자기 부모님 마을로 갔다.

타셰이가 그녀의 성기를 만진 것은 함께 산 지 한참이 지나서였다. 그때는 그녀의 가슴도 벌써 커져 있었다. 얼마 후 니사는 타셰이와 처음으로 관계를 가졌는데, 이튿날 아침에 일어나니 밑이 쓰라렸다. 그녀는 밑이 아프다는 이유로 남편과 더 이상 관계하려고 하지 않았다. 하지만 밤이 되자 타셰이는 또다시 오두막으로 들어와서 그녀와 나란히 누웠다. 그는 아내에게 달려들어 양다리를 꽉 붙들고 일을 치루었다. 니사도 이번에는 몸에 힘을 빼서인지 그렇게 많이 아프지는 않았다. 이후로 두 사람은 서로 사랑하면서 잘 지내게 되었다. 니사는 자신들의 부부생활을 이렇게 들려주었다.

"이후로 우리는 계속 살았어. 나는 그 사람을 좋아하게 됐고, 그 사람은 날 더는 귀찮게 하지 않았어. 관계를 갖자고 조르지도 않았어. 여러 날이 흘러 우기가 지나고, 겨울이 지나고, 뜨거운 여름이 지나도록 그 사람은 날 그냥 내버려 두었지. 그동안 나는 자라서 남녀간의 이치를 좀 이해하기 시작했지. 그전까지는 남자에 대해서 정말로 알지 못했어.

그러다 차차 깨우쳐 갔지. 사람들이 그래. '남자는 원래 여자와 성관계를 하게 되어 있다. 남자가 구슬 목걸이마냥 그냥 두고 보려고 여자랑 결혼한 게 아니다. 사랑을 나누려고 결혼 거다.'라고. '남자가 여자 얼굴 보고 결혼한 것도 아니고, 예쁜 거 보고 결혼한 것도 아니다. 같이 자려고 결혼하는 거다.'라고."

이처럼 쿵족 사람들은 부부생활에서 성을 매우 중시했다.

일부다처혼의 장·단점

쿵족 여성들은 초경을 치르고 몇 년간 결혼생활을 하면 부부 사이가 더욱 즐겁고 평등해진다고 했다. 의사 교환도 자유롭게 하며 모든 주제에 대해 터놓고 의견을 나누었다. 그럼에도 불구하고 대개는 남성들이 조금 더 우월한 위치에 있었다. 이를테면 아내에게 둘째아내를 받아들이도록 압력을 행사하는 것도 남성의 지배적인 위치를 반영한 것이었다. 사실 많은 남성들이 일부다처혼을 원하지만 그들 가운데 한번이라도 아내를 둘 이상 거느려보는 사람은 5% 정도에 불과했다.

일부다처혼으로 남성이 누리는 이점은 명백했다. 우선 새로운 성적 파트너를 얻고, 자식을 더 많이 가질 수 있으며, 가족이 먹을 식량을 채집할 사람이 하나 더 늘어나게 되었다. 그러므로 남성이 훌륭한 사냥꾼 자질이 있고 지금껏 자신과 가족들이 운 좋게 잘 지내왔다면 두 번째 아내를 들이는 것을 진지하게 고려하곤 했다. 만약 첫째 아내에게 아직 미혼인 젊은 여동생이 있다면 그녀가 선택될 확률이 높았다. 여자들 입장에서도 자매가 한 남편과 결혼해 같이 살게 되면 여러 가지 이점이 있다. 서로 친구처럼 지낼 수 있었고, 가사와 자녀 양육을 나눠할 수 있었으며, 아프거나 불구가 되었을 때 일을 대신해주고, 남편과 다툴 때 서로 편을 들어줄 수도 있었다. 부인들이 서로 화목하게 지내고 같이 협력해 나가면, 매우 강력하고도 충실한 유대관계가 맺어질 수도 있었다.

그러나 여성들 대부분은 그런 관계로 엮이는 것을 그리 달가워하지 않았다. 남편이 둘째 아내를 얻을 마음을 내비치면 많은 여성들은 화를 내게 마련이었다. 여성들은 성적 질투심, 경쟁심, 미묘한 편애, 가사와 여타 집안일을 둘러싼 갈등 때문에 일부다처 결혼이 매우 불쾌하다고 말했다. 부인들은 한 오두막을 같이 쓰기도 하고 불과 1~2미터 떨어진 거리에 따라 오두막을 짓고 지내기도 했는데, 어떤 경우든 한 여성은 다른 여성과 남편의 부부생활을 옆에서 빠짐없이 지켜보게 되었다. 둘째 아내가 가까운 친척도 친구도 아닌 경우에는, 이렇게 억지로 가까이 붙어서 지내는 것이 오히려 더 참기 힘들었다.

니사도 한 남자가 두 아내를 둔 집에는 절대 평화가 없다고 말하였다.

"한 여자와 결혼한 남자가 또 다른 여자와 결혼해서 첫째 아내를 옆에 두잖아. 밤에 셋이 함께 있으면, 남편은 이쪽 여자한테 갔다가 다음엔 또 저쪽 여자한테 갔다가 그러지. 먼저 나이 든 쪽이랑 자고, 다음에는 어린 쪽이랑 자고. 그런데 남편이 어린 여자한테 가면 나이 든 여자는 질투가 나서 남편을 움켜잡고 물어뜯어. 그럼 두 여자가 막 싸우고 물고 뜯기 시작하지. 나이 든 여자가 "첫째 아내인 내가 여기 뻔히 누워 있는데, 너더러 가서 딴 여자랑 자라고 한 놈이 누구야? 나는 보지가 없나? 그럼 왜 그걸 놔두고 날 내버려 가며 저 젊은 년이랑 놀아나는 건데!" 악을 쓰면서 모닥불에서 붙타는 장작을 집어 던지지. 어떤 때는 그렇게 동 틀까지 밤새도록 싸우기도 해. 남자 하나에 아내가 여럿인 결혼은 정말 끔찍한 거야!"

일부다처의 결혼생활은 결코 쉽지 않은 일이었다.

아내의 애인, 샛서방

쿵족 사람들은 남자들의 일부다처제가 시행되고 있었지만, 여자들의 혼외관계, 곧 혼외정사도 흔한 일이었다. 대표적으로 니사는 남편이 있음에도 여러 명의 애인인 샛서방(섹스 파트너)을 두고 있었고, 첫 아이도 남편이 아닌 그러한 애인과의 사이에서 낳았다.

니사의 첫 번째 애인은 과거 결혼하려다 그만두었던 칸틀라였다. 그는 맨 먼저 그녀에게 애인 사귀는 걸 가르쳐줬다. 그는 타셰이가 집을 나가고 없을 때만 찾아왔기 때문에 남편은 그에 대해 알지 못했다. 칸틀라는 분별 있는 남자였다.

두 번째 애인은 타셰이의 동생, 그러니까 니사의 시동생인 트위였다. 그런데 트위는 전혀 분별이 없는 남자였다.

"트위는 도대체 아무 생각이 없었어. 내가 그와 사귀기 시작할 때쯤엔 이미 다 큰 여자가 되어서 남자에 대해 좀 알았지. 그런데 트위는 내가 오두막 안에 있을 때도 그냥 막 들어와서 나랑 있고 그랬어. 타셰이가 집에 오면 우리 둘이 같이 앉아 있는 걸 볼 거 아냐. 그런데 그 남자가 생각이란 게 있다고 할 수 있겠어? 전혀 아니지.

트위는 타셰이가 외출하길 기다렸다가 그가 돌아오기 전에 찾아와서 나랑 자고 가곤 했지. 하룻밤은 내가 '당신 형이 오늘 밤 돌아올 거야. 그러니 잠시만 있다가 빨리 당신 오두막으로 돌아가.' 그랬어. 그래서 그 사람은 나랑 자고 바로 돌아갔지. 나는 동이 틀 때까지 혼자 누워 있었지만 남편은 돌아오지 않았어.

이튿날 아침에 트위가 그래. '우리 형이 돌아올 거라고 하지 않았어요? 왜 형이랑 같이 있지 않는 거예요? 그냥 날 쫓아 버리려고 그런 거죠?' '아니, 무서워서 그랬어. 당신 형이 무서워서. 남편이 우릴 붙잡으면 날 죽일 거야. 당신은 그 사람과 한 부모에게서 난 사이니 죽이지 않겠지만, 나는 바깥 사람이니 분명히 죽일 것야.' '말도 안 돼요. 형은 당신을 안 죽여요. 최악의 경우라도 그냥 때리고 말 거예요.' '아니, 그 사람은 이미 그러겠다고 얘기했는걸.'"

그날 저녁 두 사람이 오두막 안에 있는데, 타셰이가 돌아와 두 사람을 보고 말했다.

"내가 며칠 나갔다 돌아오면, 왜 그때마다 당신이랑 트위가 오두막 안에 같이 있는 거지? 늘 둘이서 앉아 쉬고 있는데, 둘이 같이 무슨 작당

하나?"

"트위랑 내가 무슨 작당을 한다는 거야. 그 사람은 내 시동생 아냐. 내가 어린애예요? 그 사람이 나랑 무슨 특별한 일을 하겠어? 당신이 여기 없으면 그냥 같이 앉아서 잡담이나 하는 거지, 그 사람이 나한테 무슨 짓이라도 하는 줄 알아요?"

하지만 그녀는 트위와 계속해서 몰래 만났다. 결국 트위는 그녀를 임신시키고 말았다. 타셰이는 그녀가 임신한 것을 눈치채고는 "당신 눈이 애 밴 여자처럼 하얘. 임신한 거 맞지. 어떤 녀석이 그랬는지 말해. 그놈, 어디 있어?"라고 추궁했다. 니사는 처음에 "아니, 임신 안 했어요"라거나, 나중엔 "이건 당신 아이예요"라고 극구 부인했다. 결국 니사는 혼자서 아이를 낳았다.

그런데 아이가 클수록 남편은 안 닮고 트위를 닮아가는 것이었다. 얼굴과 입이 딱 트위의 모습이었다. 타셰이도 아이를 보고 트위의 딸이라고 하면서 말했다.

"분명히 내 동생이 저 애를 뱄어. 그러니 저 앨 키우는 건 그놈이 알아서 도와주겠지."

질투가 난 타셰이는 나뭇가지를 들고 니사를 때렸는데, 아이가 업힌 등 부근까지 때렸다. 아이는 울음을 터트렸고, 겁에 질려 온몸을 달달 떨었다. 얼마 안 있어 결국 아이는 죽게 되었다. 아이를 잃은 뒤 니사는 타셰이한테 악을 쓰고 소리를 지르면서 화살로 찔러 죽이겠다고 했다.

"당신이 내 아이를 죽였어. 이 아이를 자기가 낳지 않았다고 하면서……."

두 사람은 이내 다시 화해하고 아이를 가졌다. 하지만 타셰이가 또다시 집을 비우는 바람에 니사는 다시 트위랑 사귀게 되었다. 이번에도 타셰이는 그걸 가지고 지치지도 않고 니사를 괴롭혔다. 아침저 녁으로 틈난 나면 그 얘길 꺼내고, 어디 잠깐 다녀오면 기다렸다는 듯이 이렇게 말했다.

"내가 간 사이에 또 그놈이랑 정을 통했지? 당신 임신시킨 놈, 그놈 누구야?"

그러자 이번에는 니사도 지지않고 대꾸했다.

"나는 뭐 당신이랑 당신 형수 사이 모를까 봐? 형만 있으면 무서워서 나랑 둘이 오두막 안에 얌전히 있다가, 형이 담요 싸들고 사냥 나가면 형수한테 가서 눕는 거 모를까 봐? 내가 자는 줄 알았지? 일어나 보면 온데간데없어도 나는 입도 뻥긋 안 했어. 따라가 보지도 않고. 몰래 쫓아가서 보고 오지도 않았어. 내가 무서워서 그런 줄 알아? 하나도 안 무서워. 그냥 둘이 그러게 내버려 둔 거야. 그러고 오면 아침에 말 한마디 않고 밥 해 갖다 바쳤어. 이제 와서 당신 동생이 날 임신시켰다고 그러는데, 그런 건 바로 당신이야. 남자가 여자와 동침했는데 아기가 안 생길 줄 알아? 이제 그런 소리 내 귀에 들리지 않게 해!"

타셰이도 지금까지 계속 형수와 연애하고 있었던 것이다.

하지만 아이를 낳은 지 얼마 안 되어 타셰이는 갑자기 가슴에 병이 들어 죽고 말았다. 남편이 죽자 니사는 이제 집도 가족도 없어졌다. 게다가 타셰이의 친척들이 그녀가 남편을 죽였다고 떠들고 다녔다. 결국 니사는 아이를 데리고 친정 부모님한테 가서 살았다.

다자간 연애의 위험성

쿵족 사람들은 성욕을 억누르기보다 겉으로 표현하며 살았다. 어린 아내도 성적 불만이 있으면 그것을 자유롭게 발산하곤 했다. 심지어 나이든 성인 여자들도 자유로운 섹스가 필요하다고 생각했는데, 여자가 섹스를 하지 못하면 마음이 황폐해져서 늘 화가 나 있게 된다고 말했다.

니사가 남편과 사별하고 친정으로 돌아오자 여기저기서 계속 청혼이 들어왔다. 하지만 니사는 그들과 재혼하지 않고 자유롭게 연애만 했다. 쿵족 여인들은 결혼하지 않으면 애인을 여러 명 두어도 상관없었기 때문이다.

첫 번째로 사촌 언니가 자기 남편의 둘째 아내로 니사를 맞이하고 싶다고 했다. 하지만 니사는 그 남자가 싫어서 단번에 거절했다.

두 번째는 베사란 미혼 남자가 "이제 당신과 사랑하고 동침하고 결혼하고 싶어요."라고 하면서 청혼해왔다. 그러나 니사는 "난 그 사람 싫어요. 배도 너무 많이 나왔고 궁둥이도 너무 커요."라고 하면서 거절했다. 대신 자기 오두막으로 들어오게 해서 잠자리를 같이 하는 애인으로 삼았다.

세 번째로 청혼한 칸틀라는 앞에서처럼 그녀에게 처음으로 애인 사귀는 걸 가르쳐준 남자였는데, 역시 결혼하지 않고 계속 애인으로만 남았다.

니사는 베사, 칸틀라와 날마다 번갈아가며 잠을 잤다. 그때 니사에게는 '차'라는 또다른 애인이 있었는데, 그 때문에 베사와 칸틀라가 질투해서 그녀를 때리기도 했다. 보다 못한 마을의 수장이 그녀가 베사와 결혼해야 한다고 주장했다. 결국 니사는 베사와 결혼했는데, 그들은 주로 잠자리 문제로 많이 싸웠다. 베사가 거의 애들처럼 매일같이 잠자리를 해달라고 졸라댔기 때문이다. 오죽하면 니사가 "나랑 한번 했으면 나가서 다른 사람이랑도 한번 하고 좀 그러면 안 돼요?"라고 말할 정도였다.

니사는 베사랑 살면서도 애인들을 계속 사귀었다. 물론 베사도 그 나름대로 애인들을 사귀었다. 그때 니사는 '차', '나나우'와 사귀고 있었는데, 하루는 차하고 사랑을 나누고 다른 날은 나나우와 사랑을 나누곤 했다. 두 사람 다 질투가 많았다. 한번은 차가 베사한테 가서 나나우랑 니사가 애인 사이라고 일러바쳤더니 베사가 그랬다. "나보고 어쩌라고?"

어느 날은 니사가 나나우랑 일을 치르고 나무 그늘에서 가까이 붙어 앉아 있었는데, 베사가 나타나 두 사람 앞에 서서 말했다.

"당신, 애인 더 안 사귀겠다고 말하지 않았어?" "그래, 그랬지."

"그런데 지금 누구랑 같이 앉아 있는 거야?" "나나우."

"지금 둘이 뭐하고 있는 거야?" "사랑을 나누고 있었어."

왜냐하면 도저히 부인할 길이 없었고, 더 이상 무서울 것도 없었기 때문이다. 이러니저러니 해도 죽을 목숨이라는 걸 알았으니까.

"마을로 돌아가자."

베사는 그녀를 데리고 마을로 돌아가 수장(首長)한테 "방금 전에 니사와 나나우가 정을 통했습니다."라고 말하고서 니사를 때리기 시작했다.

"내 흠씬 두들겨 패서 그 반반한 얼굴 못쓰게 만들어 줄 테다. 얼굴값 한다 이거지. 저는 미인이고 나는 추남이라는 건가 본데, 오늘 그 반반한 얼굴 아주 작살을 내줄 테다."

니사도 지지 않고 말했다.

"상관없어. 안 무서워."

베사는 니사의 팔을 잡고 때리기 시작했는데 등이고 몸이고 가리지 않았다. 하도 맞아서 허리가 한껏 부어오를 정도였다. 수장이 다가와 "이제 됐어! 마누라를 잡는군!"하고 만류해서야 겨우 멈추었다.

그리고도 니사는 다시 차와 잠자리를 가졌다. 그녀는 마음속으로 이렇게 말했다.

'나도 참 징하다! 이 짓 때문에 그렇게 두들겨 맞았는데 관두지 않고

또 이러고 있으니!'

오쟁이를 진 남자

베사는 자기 아내가 다른 남자와 바람을 피우는 걸 그저 지켜볼 수밖에 없는 이른바 '오쟁이를 진 남자'였다. 이때 니사는 칸틀라와도 계속 잠자리를 가졌는데, 그럼에도 남편 베사는 아무 말도 하지 못했다. 베사는 제정신이 아닐 정도로 칸틀라를 무서워했다. 칸틀라는 한번 화나면 정말 무서운 사람이었기 때문이다.

니사가 베사와 결혼한 지 얼마 안 되었을 때였다. 베사와 칸틀라가 다른 마을에서 같이 일한 적이 있었다. 일이 끝나고 둘이 돌아와서, 베사가 니사가 있는 오두막으로 들어가려는데, 칸틀라가 가로막고 말했다.

"안 돼. 자넨 저기 누워있어. 내가 들어가겠네."

"뭐? 당신 지금 내가 청혼해서 결혼한 내 마누라를 취하겠단 소리야? 당신이 들어가서 저 사람이랑 누워 있는 동안 나는 저기 바깥에 누워 있으라고? 그걸 말이라고 해? 미안하지만 절대 그럴 일은 없을 거야."

하지만 칸틀라는 그 말을 간단히 무시하고 오두막 안으로 들어가 니사 곁에 누웠다. 베사는 바깥에서 불 옆에 누워 있어야 했다.

그때 니사한테 또 한명의 남자가 있었다. '뎀'이라고, 칸틀라의 남동생이었다. 그가 니사에게 수작을 걸기에 결국 그녀도 응해주었.

한번은 니사가 뎀이랑 우물에서 몸을 씻고 있는데, 칸틀라가 와서 두 형제가 서로 소리를 지르면서 싸우기 시작했다. 칸틀라는 니사가 자기 동생이랑 같이 잤다고 난리를 쳤다. 질투 때문에 제정신이 아니었다. 그는 동생 뎀에게 "너는 분별없는 어린애라서 형 여자를 자기 애인으로 삼을 수 없다는 걸 모르는 모양인데, 지금 날 망신시키는 거냐?"라고 하면서 꾸짖었다. 그러니까 뎀도 "니사는 형 여자가 아냐. 형 마누라도 아니잖아. 어차피 우리 둘 다 이 여자를 훔쳐 온 건 마찬가지잖아. 형도 바람피우는 거고, 나도 바람피우는 거야. 이 사람과 결혼한 사람은 베사니까 형은 남편 행세하지 말라고." 하면서 반박했다.

베사는 누군가 귀띔해주어서야 그 사실을 알고 니사에게 말했다.

"그래, 칸틀라만 가진 게 아니라 그 자의 동생이랑도 놀아났다고?"

"뎀은 내 애인이 아니야. 칸틀라, 그 사람에 대해서는 우리가 결혼할 때부터 알고 있었잖아."

베사는 화가 안 풀렸다.

"아니, 당신은 여자가 아니야. 아무래도 그런 거 같아. 하는 짓이 꼭 남자처럼 애인을 계속 갈아치우는 게. 도대체 어찌 된 여자이기에 처신을 그렇게 해? 미친 거 아냐?"

"베사, 잘 들어. 그건 내 맘이 당신을 거부하기 때문이야. 나는 당신을 원치 않아. 내가 당신과 결혼한 것도, 주위 사람들 모두 우리가 결혼해야 된다고 그래서 한 거야. ...... 지금도 당신한테 가 있는 마음은 아주 조금뿐이야. 맘이 온통 쏠려 있는 게 아니라고. 그러니 그냥 애인들이랑 사귀게 날 내버려둬. 누가 내 애인인 것 같다는 생각이 들면, 그냥 그런가 보다 하고 있어. 알면 어쩔 거야?"

그러고는 니사가 다시 말했다.

"그건 그렇고, 당신도 트와하고 벌써 몇 년이나 사귀었잖아. 트와랑 사이에 자식까지 뒀어. 하지만 나는 아무 말도 안 하고, 질투하지도 않았어. 그런데 당신 왜 나보고 뭐라고 해? 어차피 당신은 당신 애인들한테 마음 쓰고 나는 내 애인들한테 마음 쓰는 거잖아. 그래도 당신은 늘 질투를 부리지만 난 안 그래."

그 말에 베사는 화가 머리끝까지 나서 소리를 질렀다.

"너는 여자가 아니야. 날 존중하는 마음이 눈꼽만큼도 없어. 너는 내 눈앞에서 무슨 짓이든지 다 하지. 내가 거치적거리는 물건조차도 못되는 것처럼 행동하잖아! 하지만 난 널 때리지 않아."

니사도 소리쳤다.

"해 봐! 때려 봐! 그런다고 달라질 것 있나."

결국 두 사람은 치고받고 싸우기까지 했다.

쿵족 여인들의 혼외 연애법

쿵족 사람들은 성(性)을 신들이 사람들에게 내려준 멋진 선물이라고 생각했다. 그들은 섹스를 자주 음식에 비유하곤 했다. 먹지 않고는 살지 못하는 것처럼, 그들은 사람이 섹스에 굶주려 죽을 수도 있다고 말했다.

쿵족 사람들의 결혼생활은 대개 사랑으로 맺어져 있으며, 부부는 이를 여러 방식으로 표현했다. 채집이나 사냥을 며칠씩이고 단둘이서만 나가기도 하고, 선물을 주고받거나 서로 잔일을 도와주기도 했다. 그럼에도 불구하고 많은 여성들이 신혼 때부터 애인을 사귀기 시작했다. 연애는 몇 달에서 몇 년 동안 오래 이어지며 때로는 평생 동안 지속되기도 했다.

불륜은 남의 눈에 띄지 않는 안전한 시간과 장소를 택해 조심스레 하는 것이 상책이었다. 물론 사람들은 불륜을 알고도 모르는 척 침묵하는 편을 택했다. 불륜을 밀고한 사람은 그로 인해 벌어지는 싸움에서 중심인물이 되었으며, 그 결과에 부분적인 책임이 있다고까지 여겨졌다.

애인과의 관계에서는 감정을 자제하는 것이 중요한 일이었다. 연애가 아무리 낭만적이고 짜릿하다 해도 언제나 배우자가 우선이었다. 부정을 암시하는 아주 작은 표시만으로도 쉽게 배우자의 의심과 질투를 불러

일으킬 수 있었다. 또한 드문 일이지만, 애인 사이의 감정이 아주 강렬할 때는 그로 인해 오랫동안 유지해온 결혼이 끝장나기도 했다.

혼외관계에 성공하고 거기서 이득을 얻기 위해서는, 남편에 대한 감정과 애인에 대한 감정이 완전히 별개라는 사실을 받아들여야 했다. 남편과 나누는 감정은 값지고 따뜻하며 확고하다. 애인과 나누는 감정은 덧없고 믿을 수 없지만 열정적이고 짜릿하다. 어떤 쿵족 여성(또는 남성)들은 둘 다를 갖는 것이 이상적이라고 생각했다. 연애의 매력은 단순히 성적인 것만이 아니었다. 비밀스런 눈짓, 훔친 키스, 밀회는 한층 복잡 미묘한 유혹을 불렀다. 이러한 관계를 맺는 일은 짜릿한 모험이며, 여성들끼리 모였을 때 입에 자주 오르는 화제 가운데 하나였다.

니사의 연애철학

니사는 "연애는 하느님이 내려주신 거야!"라고 하면서 결혼 후 남편 이외에 애인을 두는 것의 중요성에 대해 이렇게 말했다.

"지금껏 내 애인들 얘기를 했지만 다 털어놓은 게 아니야. 그 수가 내 손가락 발가락을 다 합친 것만큼이나 많았거든. 그중에는 이미 죽은 이들도 있고 아직 살아있는 이들도 있지. 나는 나쁜 년이야. 애인 하나 없는 자네와는 다르지. 여자가 되었으면 말이지. 아무것도 안 하고 가만있기보다는 애인을 사귀게 마련이거든. 오두막 안에 한 남자하고만 마냥 앉아 있지 않아. 한 남자가 해줄 수 있는 건 별로 없어. 한 남자는 한가지 음식밖에 못 주잖아. 하지만 애인들이 있으면, 한 사람은 이런 걸 가져다주고 또 한 사람은 또 다른 걸 가져다주고 하잖아. 한 사람이 밤에 고기를 들고 오면 또 다른 사람은 돈을 가져오고 다른 사람은 구슬을 가져오고 그런단 말이야. 게다가 남편도 뭘 가져와서 주고.

그런데도 한 남자하고만 있겠다고? 우린 그렇게 안 해. 자네가 보기에는 남자 하나로 충분할 것 같아?

여자는 여러 가지 일을 해야 하니, 어딜 가든 애인을 두어야 해. 여자가 어디 딴 데 가서 혼자 있으면 누가 구슬이나 고기나 다른 음식들을 가져다준대? 그러다 자기 마을로 돌아오면 또 이러저리 도와줄 사람도 필요하잖아."

니사 어머니의 연애담

니사의 어머니도 남편 외에 애인들을 사귀었다. 니사는 그걸 목격하고도 차마 아버지한테 일러바칠 수 없었다.

"우리 어머니도 애인들을 사귀었어. 어머니가 애인을 만날 때 나도 따라가 봐서 알아. 하지만 아버지한테도 애인이 있었는지는 나도 확실히 모르겠어. 아버지는 날 데리고 다니지 않았거든. 나는 여자들만 따라다녔지. 그래서 아버지한테 애인이 있었을지 몰라도 나는 아무것도 보지 못했어. 하지만 여자들은...... 내가 어려서도 여자들 애인은 누구누군지 다 알았어. 어머니 애인, 이모 애인까지 말이야.

내가 아직 조그마할 때 어머니가 어떤 남자랑 있는 걸 본 기억이나. 그 남자가 엄마를 만나서 취하고 사랑을 나누는 동안 나는 근처에서 혼자 앉아 기다리고 있었어. 엄마가 장작을 가지고 돌아오는 걸 보고 속으로 '일러야지!' 그러다가 또 '아빠한테 말해야 하나, 말아야 하나?' 망설였지. 하지만 마을에 돌아가서도 나는 아무 말도 하지 않았어. 만약 이르면 아빠가 엄마를 죽일 것 같았거든."

나중에 어머니는 그 애인과 함께 떠났다가, 그가 죽자 다시 집으로 돌아왔다.

이상적인 섹스 방법

쿵족 여성들은 자신의 성욕을 숨기거나 감추지 않았다. 여자들은 애인을 만나고 와서 "어젯밤에 그 사람, 우리 애인 왔었어."라고 자랑스럽게 말하곤 했다. 친구가 "그 사람이 와서 같이 잤어?"라고 물으면, 그 여자는 "응. 같이 누워서 동이 트도록 실컷 하고 갔어."라고 말해주었다.

여자들은 애인도 저마다 각양각색이라고 했다. 물건이 작은 남자도 있고 큰 남자도 있고. 그런데 물건이 너무 크면 별로 좋아하지 않았다. 그런 남자를 만나면 여자의 살이 아프니까. 오히려 물건이 작은 남자가 제일 가는 남자라고 했는데, 여자를 아프게 하지 않기 때문이었다.

여자들은 발기불능의 남자를 만날 때도 "우리가 사랑해도 자기 물건이 제구실을 못하니 소용이 없네. 우리 이제 헤어지는 게 좋겠어. 당신 때문에 기분이 언짢아졌어."라고 솔직하게 말했다. 또 여자들은 강한 남자를 물건이 단단하고 꼿꼿하게 서는 사람이라고 했다. 그런 남자를 보면 여자는 속으로 생각했다. '저 사람 물건이 저 사람 마음을 그대로 말하고 있구나. 저 사람이 가진 걸 함께 했으면 좋겠다.'

두 사람이 사랑을 나눌 때는 여자도 움직이고 남자도 움직여야 한다고 생각했다. 둘 다 서로를 간절히 원하고 열심히 노력하면, 그때 두 사람이 함께 쾌락을 느끼기 때문이었다. 하지만 여자는 가만히 있고 남자 혼자만 애쓰면 서로 거의 즐기지 못했다.

어떤 때는 여자가 먼저 끝내고 남자가 나중에 끝낼 때도 있었다. 아니면 둘 다 같이 끝낼 때도 있었다. 그건 다 괜찮은 섹스였다. 나쁜 건 여자가 아직 안 끝났는데, 남자가 끝내는 것이었다. 남자가 난생 처음 여자랑 잘 때 종종 그러했다.

여자들은 애인이 있으면 마음이 애인한테도 가고 남편한테도 간다고 했다. 두 남자한테 똑같이 크게 마음이 쓰인다는 것이다. 니사도 이렇게 말했다.

"여자는 남편이랑 애인을 똑같이 사랑해야 돼. 그게 좋은 거야."

남자를 살리는 건 여자의 성기다

쿵족 사람들은 세상에서 가장 강하고 중요한 게 여자라고 했다. 남자들은 여자를 추장이요 부자, 현자라고 했고, 여자들은 자신들이 남자들을 살리는 것을 가지고 있는데 그게 바로 성기라고 했다. 니사는 이렇게 말했다.

"여자는 거의 다 죽은 남자한테도 생명을 줄 수 있어. 남자한테 성을 주어서 다시 살릴 수 있어. 여자가 그걸 주길 거부하면 남자는 죽는 거지! 세상에 여자가 없으면 남자들은 그 씨물 때문에 죽을 거야. 그거 알아? 세상에 남자들만 있으면 다 죽어. 여자가 남자들을 다 살리는 거지. 여자한테는 아주 좋은 것이 있어서 남자가 그걸 취해. 그 안으로 들어가면, 절정에 올라 거기서 계속 머물게 되는 거야."

노년에도 식지 않는 성욕

쿵족 노인들은 매우 존경받으며, 집안에서 영향력을 행사하는 경우가 많고, 어떤 면에서는 젊은이들이 맛볼 수 없는 특권을 누렸다. 쿵족 사람들에게는 나이 드는 것 자체가 호사일지도 몰랐다. 태어나서 60세까지 사는 사람의 비율이 채 20%를 넘지 못했기 때문이다. 그들에게 죽음은 모든 연령대의 사람들에게 언제든지 쉽게 닥칠 수 있는 일이었다.

여성들에게 어김없이 닥치는 노화의 징후는 폐경이었다. 이는 대개 40대 후반에 일어나는 듯했지만, 적어도 50세까지는 월경이 완전히 멎는다고 했다. 쿵족 여성들 가운데 가장 나이 든 산모는 46세였다.

니사는 비록 늙었지만 아직도 기력이 있고, 남자랑 관계하는 것도 재미있다고 했다.

"나는 늙은 여자지만 아직은 기력이 있어. 아직도 남자랑 살 섞는 게 재있어. 하지만 기력이 예전 같지는 않고, 내 마음이 그래서 그런가? 모르겠네. 내 마음이 벌써 죽었나? 그럴지도. 남자 생각이 간절한 건 아니거든. 애인이 아쉽지가 않아. 그냥 뻔히 앉아서 하루하루를 보내지. 어느 날은 맘이 달아올라서 좀 생각이 날 때도 있어. '먹을 것'이-잠시 곁에 둘 남자가 아쉬운 날이 있긴 해."

남자들도 여전히 니사를 원했는데, 그녀가 늙었다고 마다하지 않았다. 실제로 아직까지 그녀의 마음에 두고 있는 남자들, 즉 애인들이 몇 명 있었다. 데베도 있고, 어렸을 적부터 함께 했던 칸틀라도 있었다. 그중에서 지금 그녀의 마음에 가장 깊이 자리 잡은 사람은 데베였고, 니사는 그를 정말 좋아했다. 얼마 전에도 데베가 찾아와 말을 걸었는데, 그 사람도 마음으로 니사를 정말 좋아하는 듯했다. 물론 칸틀라한테도 여전히 마음을 두고 있었다. 그는 아직까지도 니사의 인생에서 중요한 남자였다. 현재 니사는 '또다른 보'와 결혼해서 부부로 살고 있었지만, 남편이 멀리 외출하면 칸틀라가 와서 같이 눕곤 했다.

그럼에도 니사는 아직까지 남편이 있어야 한다고 생각했다. 원래 보는 애인으로 사귀다가 베사가 죽은 뒤 남편으로 맞아들인 사람이었다. 보는 정말 호색한이었는데, 함께 밤을 보내면 동이 틀 때까지 관계를 했다.

"보랑 내가 아직 결혼 전에 사귀는 사이였을 때는 그 사람도 하룻밤에 몇 번씩 관계를 가지고 그랬어. 결혼하고 나서도 그랬지. 나에 대해 성욕이 식지 않았어. 그이는 마음도 따뜻하고 나를 사랑하는 마음도 아주 굳건했지. 동침도 자주 하고 할 때마다 만족스럽고, 불과 몇 달 전까지만 해도 그랬거든."

니사는 아무리 나이가 들었어도 결혼해서 부부가 되면 성관계가 매우 중요하다고 생각했다.

"부부관계가 전혀 없으면 마음이 죽지! 잠자리가 멀어지면 마음도 따라 멀어져. 이해해? 남편이 밤일을 안 해주면 마음이 심란해져. 욕구 때문에 맘이 헝클어지잖아. 그럴 땐 한 이불 속에서 일을 치러야 사이가 순탄해지지."

니사는 아무리 나이가 들었어도 성관계를 계속해야 한다고 주장했다.

그녀의 성은 어릴 때부터 늙어 죽을 때까지 계속 이어졌고, 남자친구와 남편, 애인 등 수많은 사람들과 끊임없이 이루어졌다. 어쩌면 그녀의 삶의 중심은 성이라고 해도 과언이 아니었다. 이것이 인류 역사의 90%를 차지하는 수렵채집 사회의 성풍습이었다.

❻
유아 성욕의 정신분석학적 해석
-『성에 관한 세 편의 해석』

프로이트의 성에 관한 세 편의 논문 모음집

얼마 전에 5세 여아가 또래 남아에게 성추행을 당했다는 의혹이 제기되어 사회적으로 큰 파문이 일어난 적이 있었다. 어린이집에 같이 다니는 동갑내기 남아가 친구들이 보는 앞에서 여아의 바지를 벗기고 항문과 성기에 손가락을 집어넣었다는 것이다. 5세는 리비도가 남근으로 집중되는 시기로 성적 호기심이 급증한다. 당시 여론은 법적으로만 접근하여 처벌 여부에 관심을 집중했다. 우리는 과연 그 남아의 성적 행동을 어떻게 해석해야 할까?

프로이트의『성에 관한 세 편의 해석』(지그문트 프로이트 지음, 오현숙 옮김, 을유문화사, 2007)은 그러한 유아 성애를 정신분석학적으로 이해할 수 있는 아주 중요한 책이다. 이 책은 제목에서 말해주듯이 성에 관한 3편의 논문으로 구성되어 있다. 제1편 '성적 이탈', 제2편 '유아 성애', 제3편 '사춘기의 재구성' 등이 그것이다. 제1편 '성적 이탈'은 성도착을 시작으로 성적 이탈, 그리고 신경증과의 연관성을 설명하는 내용이다. 제2편 '유아 성애'는 유아 시기의 성적 욕망의 표출과 억제를 설명하는 부분이다. 제3편 '사춘기의 재구성'은 성적 흥분의 문제, 남성과 여성의 차이점, 그리고 성을 느끼는 대상의 발견에 대한 내용을 서술한다.

이 책은 1905년 출간되자마자 신랄한 혹평을 받았다. 특히 모든 인간적인 것이 성적인 것에서 출발된 것인 양 설명한다는 범성애론적 입장에 대해 많은 비판을 받았다. 이 책이 출간될 때만 해도 정신분석은 학문으로서 뿐만 아니라 치료 기법으로서도 겨우 걸음마를 떼기 시작할 단계였기 때문이다. 다시 말해 새로운 학문과 그 혁명적인 방법을 믿는 확고한 동료집단이 전혀 형성되지 못했던 것이다. 하지만 현재는 무의식이나 성 이론 같은 정신분석의 이론들은 이러한 프로이트의 해석에서 출발한다고 해도 과언이 아니라는 평가를 받고 있다.

리비도

프로이트의 『성에 관한 세 편의 해석』에서 가장 강조하는 단어는 리비도이다. 리비도(Libido)는 프로이트 정신분석의 기초 개념이며, 사람이 내재적으로 갖고 있는 성욕 또는 성충동을 뜻한다.

지금까지 이러한 성충동은 아동기에는 존재하지 않고, 사춘기의 성숙 과정에서 처음 나타난다고 보았다. 그러나 프로이트는 어린아이에게도 성충동이 있으며, 그 대표적인 성적 표현이 빠는 행위라고 했다. 이렇게 우리는 태어나면서부터 성적인 존재이며, 아이들 역시 자신의 몸을 탐색하며 성에 대한 호기심을 충족시킨다는 것을 알 수 있다. 그렇기에 아이들이 성적인 행동을 한다고 해서 놀라기보다 그들이 성에 대해 알아가고 있다는 것을 인지해야 한다.

성도착

일반적으로 성충동은 남자와 여자 둘로 나뉘어져 있고, 그 둘의 사랑을 이상적으로 생각한다. 하지만 남자가 남자를 성충동의 대상으로 삼거나, 여자가 여자를 성충동의 대상으로 삼는 경우가 있다. 이런 사람들을 성이탈자 혹은 성도착자라 부르고, 이런 행위를 성도착이라고 한다. 다시 말해 프로이트는 동성애를 성이탈 혹은 성도착이라 보았던 것이다.

성도착자의 행동도 여러 방향으로 나타난다. 첫째, 완벽하게 도착된 사람들로, 이들의 성적 대상은 오로지 동성일 수밖에 없다. 둘째, 양성적으로 도착된 사람들로, 이들의 성적 대상은 동성일 수도 있고 이성일 수도 있다. 셋째, 상황에 따라 우발적으로 도착되는 사람들이 있다.

성도착은 매우 이른 시기이거나 사춘기에 나타나기도 한다. 또한 성도착이 평생 지속되거나 일시적으로 사라지기도 하고, 보통의 성생활이 진행된 이후 뒤늦은 시기에 나타나기도 한다.

성적 대상 도착에 대한 초기의 견해는 성적 대상 도착이 신경증적인 변태에 의한 선천적 증후라고 했다. 그와 반대로 성적 대상 도착이 후천적으로 획득된 성충동의 특징이라는 견해도 있다. 하지만 프로이트는 인간은 원래 양성적 소질을 지니고 있는 것으로 보았다. 또 우리의 여러 형태의 성도착은 심리적 양성 구비의 표현이라는 것이다. 성적 대상 도착자의 성적 대상은 정상적인 사람과는 반대된다. 남성 도착자는 스스로 여성처럼 느끼며 남성을 찾는다. 여성의 경우는 그 관계가 더욱 분명히 나타난다. 특히 능동적인 여성 도착자의 대부분은 신체적으로나 정신적으로 남성적인 특징을 지니고 있고, 자신의 성적 대상에게 여성성을 요구한다.

페티시즘

일반 사람들의 정상적인 성 목표는 '성교'라 불려지는 성기가 결합하는 것을 말한다. 이 행위가 마치 배고픔을 해결하는 것처럼 성적 긴장을 해소시키고 성 충동을 사라지게 한다. 그러나 정상적인 성행위 과정 속에서도 '도착'이라 말할 수 있는 이탈의 조짐들을 파악할 수 있다. 즉, 애무 또는 알몸이나 성기를 바라보는 것과 같은 것들이다. 애무는 한편으론 즐거움 자체와 연관되어 있고, 다른 한편으론 최종적인 성 목표에 도달할 때까지 흥분을 상승시키는 역할을 한다. 이런 접촉 중의 하나인 쌍방의 입술 점막 접촉은 많은 민족에게 '입맞춤'이라 불리며 높은 성적 가치를 부여받는다.

이처럼 두 사람이 입술 점막을 접촉할 때는 도착이 아니다. 이것은 정상적인 것에 가깝다. 하지만 항문을 성 목표로 삼는 경우는 확실히 도착이라 할 수 있다. 항문이란 신체 부위는 배설의 기능을 담당하며, 그 자체가 혐오스러운 배설물과 접촉하기 때문이다.

정상적인 성 목표가 불가능할 때 아주 부적절한 것으로 대체되는 사례들이 있다. 성적 목표를 위해 매우 부적절한 신체 부위(발, 머리칼)나 무기물(의복 조각이나 흰 속옷)로 대체하는 것으로, 프로이트는 이를 '페티시즘'이라 했다. 이런 페티시즘은 정상적인 사랑에서도, 특히 사랑에 빠진 첫단계에서 정상적으로 성 목표에 도달할 수 없거나 성 목표에의 접근이 불가능할 때 자주 나타난다.

사디즘과 마조히즘

성적 대상에게 고통을 주려는 경향과 그와는 반대로 고통을 받으려고 경향은 모든 성도착 중 가장 빈번하게 일어나고 중요한 의미를 지닌다. 크라프트-에빙은 이러한 경향을 '사디즘'과 '마조히즘'이라 불렀다. 사디즘은 정상인에게서도 쉽게 찾아볼 수 있다. 사디즘은 성 대상에 대해 능동적인, 그래서 무력적인 태도를 보이기도 하고, 오로지 굴종과 학대를 통해 충족감을 느끼기도 한다. 사디즘의 가장 극단적인 경우는 성적 대상으로부터 신체적 또는 정신적 고통을 경험하는 조건에서만 만족을 느끼는 형태로 나타난다.

반면에 마조히즘은 성적 대상과 성생활에 대한 모든 수동적인 자세를 말한다. 도착 성향으로서의 마조히즘은 그 반대 현상인 사디즘보다 훨씬 더 정상적인 성 목표로부터 거리가 멀다. 마조히즘적인 도착의 극단적 사례는 본래의 수동적인 성적 태도가 과장되고 고착된 것과 같은 여러 가지 문제들이 함께 작용한 것임을 알 수 있다. 이때 고통은 혐오감이나 수치심과 마찬가지로 리비도에 대한 저항으로서 나타나며 도착을 통해 초월한다.

그런데 주목할 점은 이 도착의 능동적이고 수동적인 형태가 해당 인물에게 항상 동시에 존재한다는 것이다. 성적 관계에서 타인에게 고통을 주는 것으로 쾌감을 느끼는 사람은 스스로도 성적 관계에서 생길 수 있는 고통을 쾌감으로 즐길 수 있는 힘을 지닌다. 다시 말해 사디스트는 항상 마조히스트인 것이다.

신경증 환자의 성충동

심리적 신경증 환자들, 예컨대 히스테리, 강박신경증, 정신분열증, 편집증 등은 모두 성적인 충동의 힘에서 기인한다. 신경증에 있어 성충동은 유일하게 지속되며 가장 좋고 중요한 에너지 자원이다.

히스테리는 일련의 정서로서, 지배당한 정신적 과정, 소망, 노력들에 대한 대체이며, 특정 심리적 과정(억압)으로 인해 어떤 문제를 의식적인 심리적 활동을 통해 해결하는 것이 어렵게 되는 것을 뜻한다. 이렇게 무의식적인 상태에서 억압된 생각은 정서적 수준에 따라 방출되고자 노력하는데 이것이 바로 히스테리 증상이다.

히스테리적 성격은 정상적 수준을 훨씬 넘어서는 성적 억압이 작용한 것이다. 여기서 성적 억압이란 수치심, 혐오감, 도덕과 같은 것으로 성충동에 대한 저항이 상승된 것이다.

신경증 환자의 성충동에서는 정상적인 것의 변형으로써 모든 이탈들이 확연히 드러난다. 예컨대 모든 신경증 환자에게서는 성도착의 흥분과 동성애에 대한 리비도적 고착이 발견된다. 또한 이들 중에는 자주 구강과 항문 점막을 성기로 삼는 사람들이 있다.

신경증 환자는 성도착자에 매우 가깝다. 이런 환자의 체질적인 조건은 극도의 성억압과 동시에 압도적으로 큰 성충동을 가지고 있다. 신경증 환자의 질병은 사춘기 이후 처음으로 정상적인 성생활의 욕구가 있을 때 나타나는데, 이들에게서는 우선적으로 억압이 발동되는 것이다. 그 이후의 질병은 리비도가 정상적인 방법으로 충족되는 것이 불가능해질 때 발생한다. 아마도 자유의 제한, 정상적인 성적 대상에게로의 접근 불가능성, 정상적인 성행위의 위험성 등과 같은 외부적 조건이 개인에게 성도착을 일으키는 원인으로 작용했을 것이다. 이런 조건들이 없었다면 그들은 정상적인 채로 살았을지도 모른다. 특히 신경증 환자는 유아적 성애 상태를 유지하고 있거나 아니면 그 상태로 되돌아간 것이라 추론할 수 있는데, 그러므로 우리는 유아 성애에 대해 관심을 기울일 필요가 있다.

유아 성애

앞에서처럼 성충동에 대한 일반적 통념은 아동기에는 성충동이 없다는 것이다. 그리고 사춘기라고 부르는 시기에 처음으로 눈을 뜬다고 생각한다. 하지만 프로이트는 그것이 잘못된 생각이라고 말한다. 우리는 여러 저술에서 종종 발기, 자위, 심지어 성교와 비슷한 유아의 조기 성적 행위들에 대한 기록을 발견하게 된다는 것이다.

대부분의 사람들은 만 6세나 8세까지의 초기 아동기를 잊어버리는 독특한 기억상실을 지니고 있다. 하지만 이 시기에도 마음이 심하게 흔들릴만한 사랑과 질투, 그 밖의 연정들을 보이고 있었다. 우리가 잊어버리고 있던 인상들은 우리의 정신적 삶에 깊은 흔적으로 남기고, 이후의 모든 발달 과정 속에서 결정적으로 작용한다. 말하자면 유아기 때에 만들어진 인상들은 실제로 사라진 것이 아니라, 다만 의식으로부터 차단, 억압되어 있었던 것이다.

확실히 신생아는 성적 흥분의 싹을 처음부터 지니고 있고, 한동안 계속 발달하다 점점 확대되는 억제의 힘에 의해 지배되는 것으로 보인다. 유아의 성생활은 대부분 만 3세나 4세경에 관찰될 수 있는 형태로 나타난다. 물론 유아기의 성적 흥분은 한편으론 사용될 수 없는 것이다. 왜냐하면 아직까지 생식 기능이 자연 상태에 있기 때문이다. 다른 한편으론 유아의 성적 흥분은 그 자체로 도착적이다. 다시 말해 이것은 성감대에서 시작되지만 단지 불쾌감만 유발할 수 있는 성충동으로 진행될 뿐이다.

유아의 성적 표현들

유아기 성적 표현의 대표적인 것으로는 '빨기'를 들 수 있다. 이것은 다음과 같은 동기에서 비롯된다. 빨기의 행위는 음식물 섭취에 목적이 있는 게 아니고, 입(입술)으로 리듬감 있게 반복해서 빠는 접촉으로 이루어진다. 이렇게 즐겁게 빠는 행위는 점점 주의력을 떨어뜨려서 잠이 들게 하거나 오르가슴 형태의 근육 반응조차 일어나게 한다. 이런 방법으로 유아의 빨기는 수음(자위행위)으로까지 발전한다. 놀이방에서 유아가 물건을 빠는 행위도 조기에 성적 변태 현상을 나타내는 것으로 간주할 수 있다.

이런 성충동은 자신의 신체에서 해소되므로 다분히 자기성애적이다. 하지만 끊임없이 빨기를 하는 유아의 행위가 즐거움을 찾는 행위인 것은 분명하다. 아이는 엄마 젖을 빠는 것을 통해 이미 이러한 즐거움에 친숙해졌을 것이다. 이런 아이들은 성인이 되었을 때 키스의 달인이 되거나 도착적 키스를 즐길 것이고, 남자라면 음주와 흡연의 강한 동기를 갖게 될 것이다. 그러나 빨기가 억압된다면 이들은 음식에 대해 구역질을 잘 느끼고 히스테리성 구토를 잘 일으킬 것이다. 실제로 섭식장애, 히스테리, 목조임, 구토 등의 증상을 호소하는 많은 여성 환자들은 유아기에 열정적으로 빨기를 하던 사람들이었다.

모든 신체 부위는 특별한 방식으로 성감을 일으키는 특성을 갖고 있다. 빨기를 좋아하는 아이는 자신의 신체 이곳저곳을 찾아 즐겁게 빨 수 있는 어떤 부위를 선택한다. 그밖의 임의의 다른 신체 부위도 성기와 같은 흥분을 갖고 있어서 하나의 성감대의 의미를 가질 수 있다. 또한 유아 성충동의 목표는 다양한 방식으로 선택된 성감대를 적절히 자극함으로써 만족을 얻는데 있다. 다만 유아가 만족을 얻기 위해서는 이런 만족이 이전에 체험했던 것이어야 한다.

유아의 성적 표현을 차례대로 지적하면 다음과 같다.

수음(자위행위): 항문은 입술의 경우처럼 성적인 신체 부위다. 이 신체 부위가 지닌 성감대적 의미는 대단히 크다. 아동기에 빈번히 발생하는 대장의 장애는 이 부위에 자주 집중적인 흥분이 일어나도록 한다. 민감한 나이의 대장 경직은 '신경질적'이 되게 만든다.

항문의 성적 자극성을 이용하는 아이들은 배변 양이 점점 더 쌓여 심한 근육 수축이 일어날 때까지, 그리고 이렇게 쌓인 배변이 항문을 통과할 때 강한 자극이 항문의 점막에 일어날 수 있을 때까지 배변을 참는 것을 볼 수 있다. 이때 고통이 수반되는 것 외에도 기분 좋은 즐거움이 일어날 것이다. 변의 보유는 항문을 수음과 같은 자극으로 이용하기 위해서, 처음에는 의도적으로 일어난다. 훗날 이것은 신경증 환자에게서 매우 빈번하게 나타나는 변비의 시초이기도 하다.

성기: 아동의 성감대 중에서 가장 중요한 역할을 하는 것은 성기의 귀두와 클리토리스이다. 사내아이의 귀두는 점막낭에 휩싸여 있어서 쉽게 자극을 받는다. 이 신체 부위에서 일어날 수 있는 즐거움과 이 즐거움을 반복하고자 하는 욕구를 벌써 영아 나이의 아이에게서도 관찰할 수 있다.

부분 충동들: 유아의 성생활도 어떤 경우는 성감대의 지배가 우세하며, 처음부터 다른 사람을 성적 대상으로 고려하는 요소들을 보이기도 한다. 그 형태는 성감대와 무관하게 보이는 엿보기, 노출 쾌락, 잔학성의 충동이다. 유아들은 무엇보다도 부끄러움이 없고, 초기의 어린 나이에는 성기를 드러내거나 신체를 노출하는 데서 즐거움을 느낀다. 또 이러한 경향과 반대되는 행위는 다른 사람의 성기를 보고 싶어 하는

호기심이다.

그밖에 성감대를 드러내는 성적 행위와는 크게 상관없이 독립적으로 발달하는 것이 성충동의 가학성(사디즘)이다. 동물이나 놀이 친구에게 특별히 잔학성을 보이는 아이들에게는 때이른 성감대적 성행위가 있었을 것이라고 의심해볼 만하다. 그와 동시에 그런 아이들에게서는 성충동의 조숙성도 공존한다.

유아들의 성적 탐구

아이의 성생활이 개화기에 도달하는 첫 번째 시기는 만 3세에서 5세까지이다. 이 시기에 아이들에게는 알기 또는 탐구 충동이라 말할 수 있는 활동이 시작된다. 아이들의 알기 충동은 상상한 것보다 더 빨리, 그리고 기대했던 것보다 훨씬 더 강력한 형태로 성적 문제에 이끌린다.

아이가 열중하게 되는 첫 번째 질문은 성차에 관한 질문이 아니다. 오히려 '아기는 어디에서 오는가?'라는 수수께끼이다. 많은 사람들이 사춘기가 되기 전에 아이가 어디서 오는지에 대하여 집중적인 관심을 갖고 있었다는 것을 분명히 기억한다.

보통 사내아이는 자신이 아는 모든 사람들은 자신과 동일한 성기를 가졌다고 생각한다. 하지만 이것은 최초의 심한 내적 갈등, 즉 거세 콤플렉스에 의해 좌절된다. 또한 여자아이는 사내아이가 자신의 것과 다르게 생긴 성기가 있다는 것을 보더라도 거부반응을 보이지 않는다. 여자아이는 당장에 사실을 인정하고 페니스를 선망하게 된다. 이 페니스에 대한 선망은 정점에 달해서 사내아이가 되고 싶다는 소망을 갖게 된다. 이른바 '오이디푸스 콤플렉스'가 바로 그것이다.

나아가 아이가 성인들 사이의 성교를 목격하게 된다면, 성인들은 그 아이가 아직 성적인 것을 이해하지 못할 것이라고 확신한다. 하지만 오히려 아이는 목격을 통해 성행위를 일종의 학대나 정복, 즉 사디즘적인 것으로 이해하게 된다. 그밖에도 아이들은 성교라는 것이 어떻게 발생하는지 지속적으로 열중한다.

성 체제의 발달단계

유아의 성 체제의 발달단계는 다음과 같다. 성인의 성생활은 이러한 유아 성생활의 발달과정을 통해 형성된다.

성기 영역이 아직 우선적인 역할을 하지 못하는 성생활 체제를 '전 생식기'라 부른다. 첫 번째 전 생식기 체제는 구강적이다. 구강기에는 빠는 행위로 리비도를 충족한다. 이 단계에서의 성 활동은 아직 음식물 섭취와 구별되지 않는다. 두 번째 전 생식기 단계는 가학성-항문기적 체계의 단계이다. 앞에서처럼 항문기는 배변으로 리비도를 충족한다. 프로이트는 변이 성적으로 민감한 점막 부위에 자극제로써 작용하기 때문에 아이는 이를 조절하면서 쾌락을 느낀다고 했다. 그리고 항문에서 남근으로 리비도가 이동하면서 남근기가 시작된다. 이 시기엔 아동의 수음을 많이 발견하게 된다. 하지만 아동은 일반적으로 생각하는 쾌락적 성욕과 달리 안정감을 동반한다.

성적 대상 선택의 전형적인 형태는 두 시기로 나뉘어 일어난다. 첫 번째 시기는 만 2세에서 5세에 시작되어 잠복기에 휴지상태가 되거나 퇴행하게 된다. 잠복기는 리비도가 신체의 특정 부위에 집중되지 않는다. 이 시기에 나타나는 특징은 성 목표에 대한 유아적 성격이다. 두 번째 시기는 사춘기와 함께 시작되고, 그와 더불어 최종적인 성생활의 형태가 결정된다. 이에 대해서는 아래에서 자세히 살펴보도록 하자.

사춘기의 재구성

사춘기에 들어서면 미성숙한 성생활은 최종적이고 정상적인 단계로 이행되어야 하므로 커다란 변화가 일어난다. 이제까지의 성충동은 자기성애가 우세했으나 이제는 성적 대상을 찾는다. 지금까지는 특정 쾌감(즐거움)이 서로 별개의 것으로서 개별적인 성 목표가 되었으나, 이제는 새로운 성 목표가 주어진다. 그리고 성 목표에 도달하기 위해 모든 부분 충동이 동시에 작용한다. 그러면서 성감대는 성기 영역의 우위권 아래에 종속된다.

사춘기 과정에서 가장 주목할만한 점은 아동기의 잠복기에서는 비교적 성장의 지연을 보였던 외성기가 뚜렷하게 성장했다는 점이다. 동시에 내성기의 발달이 매우 폭넓게 진척되어, 남성의 경우 성의 산물(정자)을 제공하고 여성의 경우 새로운 생명을 만들기 위해 그것을 받아들일 수 있게 된다.

이런 장치는 크게 세 가지 자극을 통해 움직인다. 외부로부터 주어지는 성감대의 흥분을 통해서, 그리고 내부 기관으로부터, 마지막으로 정신세계를 통해서 작동한다. 이 세 가지의 모든 경로를 통해 우리가 '성적인 흥분'이라고 말하는 상태가 일어난다. 또 성적인 흥분은 두 가지 징후, 즉 심적인 징후와 신체적인 징후를 통해 발생한다. 심적인 징후는 강제적인 특성의 독특한 긴장감으로 나타난다. 신체적인 징후로는 무엇보다 성행위의 준비와 준비 완료의 의미를 나타내는, 남성 성기의 발기와 여성 질의 습윤 같은 성기에 있어서의 일련의 변화를 들 수 있다.

이때 성감대의 역할은 분명하다. 성감대는 적절한 마찰을 통해 특정한 양의 즐거움을 제공하고, 성적 긴장감을 고조시키는 데 사용된다. 주도적인 성감대는 남성의 성기에선 귀두, 그리고 여성의 성기에선 클리토리스를 들 수 있다.

남성적, 여성적 성격의 구분도 사춘기와 함께 처음으로 형성된다. 이 남녀의 대립성이 인간 삶의 구성에 가장 결정적인 영향을 준다. 남녀의 성향은 물론 아동기에 이미 잘 구분된다. 수치심, 혐오감, 동정심 등 성 억제의 발달은 소년보다 소녀에게서 더 일찍 나타나며, 성 억제에 대한 저항이 훨씬 적다. 성 억압의 경향은 소녀에게서 절대적으로 크다. 성애의 부분 충동이 나타나는 곳에서 이들은 수동적 형태를 선호한다. 그러나 성감대의 자기 성애적인 활동은 두 성에서 모두 동일하게 일어난다.

프로이트는 이성을 진정으로 사랑하기 위해서는 근친상간적인 유아적 환상을 극복하고 포기함과 동시에 부모의 권위로부터 분리해야 한다고 했다. 하지만 소녀들은 부모의 권위를 극복하지 못하거나, 부모를 기쁘게 하기 위해 사춘기의 오랜 시간 동안 완전히 유아적 사랑에 머물게 된다. 이런 소녀들은 훗날 결혼생활에서 남편에게 주어야 할 것을 줄 수 있는 힘이 부족하다. 그들은 냉정한 아내가 되며 성적으로는 불감증이 된다. 부모와의 아동기적 관계의 장애가 성숙한 뒤의 성생활에도 심각한 결과를 가져오는 것이다. 부모 사이의 불화나 불행한 결혼생활도 아이의 잘못된 성적 발달이나 신경증적 질병의 심각한 결정 요인이 된다.

성적 조숙

성적 조숙도 최소한 신경병의 원인이 된다. 성적 조숙이 일어나게 되면 유아적 성 잠복기가 중단, 단축되거나 소멸된다. 그리고 성적 표현이 촉진되면서 많은 장애가 발생한다. 어떤 경우에든 성적 조숙은 훗날 바람직한 성 충동의 통제를 어렵게 하고, 강박적 성격을 강화한다. 그러나 성적 조숙은 흔히 조숙한 정신적 발달을 수반하기도 한다. 이런 사실은 매우 유명한 사람이나 뛰어난 사람의 아동기 이력에서 발견할 수 있다.

권력과 성의 관계에 대한 철학적 사유 - ≪성의 역사≫

푸코의 권력과 성의 계보학적 연구

≪성의 역사≫는 프랑스의 대표적 사상가인 미셸 푸코(1926~1984)의 말년의 역작이다. 고대 그리스·로마 시대로부터 기독교 초기까지 권력과 성의 관계에 대한 계보학적 연구서이다.

푸코에 의하면 성은 그 자체로만 독립적으로 존재하는 것이 아니라 사회나 권력과 밀접한 관련을 맺고 서로 영향을 주고받으며 변모해왔다고 한다. 특히 권력은 성을 금지하는 것이 아니라 오히려 이용해왔다는 것이다. 실제로 그와 같은 사례를 우리나라에서도 찾아볼 수 있는데, 1980년대 우리나라에서 시행되었던 '3S 정책'이 그것이다. 3S 정책이란 섹스(sex), 스포츠(sports), 스크린(screen)에 의한 우민화 정책을 말한다. 12·12 군사반란, 5·17 쿠테타, 5·18 광주 민주화 운동을 무력으로 진압하고 집권한 전두환 정권이 3S 정책으로 국민들의 정치적 관심을 다른 데로 돌렸던 것이다. 푸코의 ≪성의 역사≫는 이처럼 권력과 성의 관계를 색다른 관점에서 생각해 보게 하는 아주 중요한 명서이다.

푸코의 저작은 쉽게 읽히지 않는 걸로 유명하다. 거기엔 여러 가지 이유가 있는데, 그중에서도 글쓰기 스타일과 내용 자체의 어려움을 꼽을 수 있다. 푸코의 문장은 장황스러우니만치 문법적으로 매우 복잡한 구조를 지니고 있다. 특히 그의 글은 논점이나 스타일이 불분명하다는 비판이 많다. 또 서양사와 철학사에 대한 기본적인 지식이 없이는 이해하기가 무척 어렵다. 하지만 푸코의 분석은 지금까지 믿어온 성의 역사에 대한 통찰력을 제공해주기에, 한번쯤은 도전해볼 만한 가치가 있다.

『앎의 의지』

≪성의 역사≫ 시리즈는 총 4권으로 구성되어 있는데, 1권 『앎의 의지』는 1976년, 2권 『쾌락의 활용』과 3권 『자기 배려』는 사망 직전인 1984년, 4권 『육체의 고백』은 사후인 2008년에 출간되었다. 먼저 그것들의 개요를 간략히 살펴보면 다음과 같다.

1권 『앎의 의지』(이규현 옮김, 나남, 2004)는 푸코가 지금까지 생각해왔던 성적 담론에 대한 새로운 가설을 제시한 것이다. 푸코는 성이 억압되었다거나 성과 억압이 해방되어야 한다고 하지 않고, 억압이 심할수록 역설적으로 성적 담론이 늘어났다고 조심스럽게 얘기했다. 다시 말해 푸코가 말하는 성의 역사는 억압, 처벌, 감시가 아니라, 선동과 증대의 역사인 것이다. 이에 대해서는 뒤에서 자세히 살펴볼 것이다.

『쾌락의 활용』

푸코는 1권 『앎의 의지』를 출간한 이후 8년간의 긴 침묵 끝에 2권 『쾌락의 활용』과 3권 『자기 배려』를 함께 펴냈다. 먼저 2권 『쾌락의 활용』(문경자·신은영 옮김, 나남, 2004)에선 그리스·로마의 성윤리를 다루었다. 푸코는 기독교 정신 및 고백의 교리 안에서 성담론의 진원지를 찾으려 했다. 하지만 오랜 시간에 걸친 연구 끝에 원시 기독교 시대를 성찰하기 위해서는 그 이전 시대의 이교(異敎) 문화에 대한 연구가 반드시 필요하다는 인식에 다다르게 된다. 성에 대한 보다 엄격하고 금욕적인 삶의 방식이 기독교와 함께 자리 잡은 것이 아니라는 사실을 발견했기 때문이다. 지금까지 이교 문화는 기독교 문화와 대비되는 자유롭고 관용적인 성모럴을 지닌 것으로 간주되어 왔지만, 사실상 서구 고대의 성윤리는 우리의 통념보다 훨씬 덜 허용적이었을 뿐만 아니라 금욕에 대한 기독교적 주제들을 광범위하게 함축하고 있었던 것이다. 특히 고대의 이교 문화에서 중요한 문제는 기독교 문화와 달리 금욕의 엄격한 규칙이 아니라 '자기도야'와 '자기통제의 기술'이었다. 이로써 성의 역사는 자기통제 기술의 역사가 되었던 것이다.

『자기 배려』

푸코는 2권 『쾌락의 활용』에서 그리스·로마의 성윤리를 다루었다면, 3권 『자기 배려』(이혜숙·이영목 옮김, 나남, 2004)에서는 그것의 보완에 해당하는 고대 이교도의 자아의 테크닉에 대한 제반 양상들을 다루었다. 그런데 푸코는 왜 그리스·로마의 성윤리를 다룰 때 그 시대의 자아의 테크닉에 대해 연구했을까? 그에 따르면 자아의 테크닉과 관련시키지 않고서는 그 시대의 성윤리에 대한 이해가 불가능하기 때문이라고 한다. 즉, 성은 이제 더 이상 권력과 연관지어 동의할 수 있는 문제가 아니라 일종의 '존재의 기술' 혹은 '자아의 테크닉'이라 할 수 있는 개인의 윤리 문제가 되었다는 것이다. 물론 엄밀한 의미에서 보면 그리스와 로마에서의 성에 대한 시각은 조금 달랐다. 그리스의 성윤리에서 문제가 되었던 것은 자아의 테크닉이 아닌 삶의 테크닉이었다. 반면에 로마시대, 특히 스토아학파에 오면 다른 사람보다 자아의 문제에 초점을 맞추는 '자아의 테크닉'으로 변모하게 되었다. 스토아학파는 그중에서도 '자기 배려'를 통한 '자제'의 원칙에 초점을 맞추었다.

『육체의 고백』

4권 『육체의 고백』(오생근 옮김, 나남, 2010)은 푸코의 사후 34년 만에 출간되었다. 본래 이 책은 《성의 역사》 시리즈의 제2권 『육체와 신비』라는 제목으로 기획되어 1982년 가을에 거의 완성되었다. 그런데 푸코는 이 원고를 갈리마르 출판사에 맡기고 본격적인 출판작업에 들어가기 직전에 이 책의 출간을 보류하고, 《성의 역사》 시리즈를 처음에 기획할 때는 포함되지 않았던 제2권 『쾌락의 활용』과 제3권 『자기 배려』를 서둘러 탈고했다. 그는 왜 처음의 기획과는 다른 작업을 이처럼 무리하게 추진했던 것일까? 《성의 역사》 시리즈의 제2권을 준비하는 과정에서 초기 기독교 교부들의 사상에 많은 영향을 끼친 고대철학과 그리스인들의 성생활에 관한 연구서가 먼저 나와야 할 필요성을 절감했던 듯하다. 푸코는 『쾌락의 활용』과 『자기 배려』의 원고를 출판사에 넘긴 후 그동안 중지했던 『육체와 신비』, 즉 『육체의 고백』 원고를 보충하고 수정하는 작업을 재개한다. 그러나 이 무렵에 병세가 급격히 악화된 그는 입원한 지 한 달도 지나지 않은 1984년 6월 25일 패혈증으로 숨을 거두고 만다. 또 죽기 전에 그는 자신이 쓴 모든 글의 사후 출판을 원하지 않는다는 유언을 남겼다고 한다.

4권 『육체의 고백』은 기독교 교리의 형성과정과 육체에 대한 기독교 규범을 논의한다. 여기서 그가 이용하는 자료들은 대부분 교훈적 내용의 문헌들이었다. 이 책의 목적은 기독교 윤리가 서양인의 삶과 생활방식, 삶의 태도와 주체의 형성에 어떤 영향을 미쳤는지를 근원적 관점에서 분석하는 데 있다. 고대의 이교도인들이 성을 긍정적으로 수용하고 쾌락의 사용법을 즐겼다면, 기독교 시대의 성은 규제의 대상으로 부정적 의미를 갖게 되었다. 또한 기독교는 일부일처의 결혼에 대해서만 부부관계를 용인하고, 부부관계는 생식을 목표로 해야 한다는 원칙을 세웠고 동성애를 금지시켰으며, 영원한 순결과 동정에 높은 가치를 부여했다. 이러한 과정에서 무엇보다 세례가 주체 형성의 중요한 의식으로 간주되었다. 우리는 그 중에서도 특히 ≪성의 역사≫ 시리즈에서 서론의 구실을 하는 1권 『앎의 의지』을 중심으로 푸코의 성지식을 살펴보도록 하자.

17세기 성 담론의 폭발

《성의 역사》 1권 『앎의 의지』는 17세기에서 19세기 성의 역사를 다루고 있다. 여기에서 푸코는 성이 억압받았을 때 성에 대한 담론은 오히려 증가했고, 권력은 성을 이용했다고 주장하고 있다.

17세기 초까지만 해도 서양에선 성에 대한 솔직한 태도가 널리 퍼져 있었다. 성적 실행은 은밀하지 않았고, 말은 지나친 망설임 없이 행해졌으며, 부정(不貞)은 관용적이고 무람없는 방식으로 다루어졌다. 상스러운 것, 음란한 것, 추잡한 것에 관한 규범도 매우 느슨했다.

하지만 19세기 빅토리아 여왕 시대엔 단조로운 밤이 다가왔다. 그때 성은 은밀하게 유폐되었다. 부부 중심의 가족이 성을 몰수했고, 성을 진지한 생식 기능으로 완전히 흡수해버렸다. 합법적이고 생식력 있는 부부가 지배자처럼 군림했다. 나머지는 희미해지기만 할 뿐이고, 예절에 맞는 태도로 인해 육체는 따돌림의 대상이 되었다. 생식 기능에 부합하지 않는 성은 더 이상 발붙일 곳이 없어졌다. 내몰리고 거부되며 침묵으로 귀착했다.

이처럼 근대에 이르러 성이 억압되었다는 담론은 지금까지도 계속되고 있다. 푸코는 그것을 취급하기 쉽기 때문이라고 했다. 우리는 지난 수십년 전부터 성에 관해 이야기할 때 거의 언제나 기존 질서에 도전한다는 의식, 현대의 악을 몰아내고 미래의 빛을 앞당기는데 이바지하고 있다고 믿으면서 미래를 불러들이는 열정을 내보였다. 반항이나 자유 같은 말이 성의 억압에 대한 담론으로 쉽게 넘어갔다. 그러면서 미래에는 성이 유용하게 되리라는 것이다.

왜 우리는 그토록 커다란 열정과 원한을 품고서 스스로 억압받고 있다고 말할까? 성의 억압은 정말로 역사적 사실일까? 푸코는 17세기 이래 근대 사회의 내부에서 성에 관해 행해진 담론의 전반적 구조에 대해 억압의 가설을 다시 위치시킬 필요가 있다고 했다. 도대체 그들은 왜 성을 말했을까? 성에 관해 무엇을 말했을까? 성에 관해 말한 것에 의해 유발된 권력 효과는 무엇이었을까? 그러한 담론, 그러한 권력 효과, 그것들에 의해 둘러싸인 쾌락 사이에 무슨 관계가 있었을까? 거기로부터 어떤 인식이 형성되었을까? 이로 인해 우리는 인간의 성에 관한 담론을 뒷받침하는 권력-앎-쾌락의 작동과 존재 이유를 알게 될 것이라고 했다.

푸코는 특히 권력과 앎의 관계를 주목했다. 어떤 형태로, 어떤 경로를 통해, 어떤 담론을 따라 권력이 가장 미묘하고 개인적인 행동에까지 이르렀는가? 어떤 노정을 통해 권력이 욕망의 희귀하거나 거의 감지할 수 없는 형태에 도달했는가? 어떻게 권력이 일상의 쾌락에 침투하여 일상의 쾌락을 통제했는가? 거부, 봉쇄, 자격 박탈뿐만 아니라 선동, 강화와 같은 모든 것들, 요컨대 권력의 다면적 기법을 아는 것이 중요하다고 보았다.

17세기는 '부르조아'라고 불리는 사회에 고유하고, 어쩌면 우리가 아직도 완전히 벗어나지 못했을 억압의 시대가 시작된 때였다. 성이 집약적인 노동력의 동원과 양립할 수 없었기 때문이다. 그때부터 성을 명명하는 것이 더 어렵고 비싸게 되었다는 것이다. 그런데 푸코는 지난 3세기의 연속된 변모를 살펴보면 상황은 매우 달랐다고 한다. 즉, 성에 관해 이루어진 담론의 완전한 폭발, 이것을 제대로 이해할 필요가 있다는 것이다. 이 시기엔 권력 자체가 행사되는 장에서 성에 관한 담론이 매우 증가했다. 성에 관해 점점 더 많이 말하도록 부추기는 제도적 선동, 권력의 집요한 권유가 있었다는 것이다.

그것은 먼저 가톨릭의 교서와 고해성사가 어떻게 변화했는지 살펴보면 쉽게 알 수 있다. 17세기의 고해 개론서를 보면 고백, 특히 육체적 욕구에 대한 고백의 범위가 끊임없이 넓어졌다. 고해성사에서도 생각, 욕망, 음탕한 상상, 열락 등 모든 것들이 조목조목 고해와 영성지도의 대상이 되었다. 또 성은 더 이상 조심성 없이 명명되어서는 안될 뿐만 아니라 성의 양상과 효력은 가장 세세한 부분까지 그야말로 모든 것이 이야기되어야 했다.

나아가 17세기는 성의 담론화를 모든 이에게 적용되는 규칙으로 만들었다. 그것은 법에 어긋난 행위를 고백할 뿐만 아니라, 자신의 욕망을 모조리 담론으로 늘어놓아야 했다. 고해신부는 모든 것, 즉 성을 실행한 행위뿐 아니라 호색적 접촉, 모든 불순한 눈길, 외설적 말을 고백하라고 되풀이했다. 19세기 말 익명의 저자가 쓴 『나의 은밀한 삶』을 보면 이렇게 말하고 있다.

"은밀한 삶은 어떤 생략도 없어야 한다. 거기에는 부러워할 것이 하나도 없다. …… 인간의 성은 아무리 알아도 지나치지 않다."

기독교의 교서 역시 욕망을 빠짐없이 줄기차게 담론화하는 것만으로 욕망에 대한 특수한 효과를 산출하려 애썼다. 다시 말해 지난 300년 전부터 서양인은 성에 관해 모든 것을 말하려는 노력에 매달렸다는 것, 이미 고전주의 시대부터 성에 관한 담론이 끊임없이 증가했고, 성에 대해 언제나 더 큰 가치가 부여되었다는 것이다.

18세기 국가의 성 관리와 규제

18세기에 이르면 성에 관해 말하라는 정치적, 경제적, 기술적 선동이 일어났다고 한다. 이제 성은 심판받을 뿐만 아니라 관리되기 시작했다. 성은 공권력의 소관이고, 관리의 절차를 요구하며, 분석적 담론에 의해 다루어져야 했다. 즉, 성의 지혜로운 규제를 통해 국가의 내적 역량을 굳건히 하고자 했다. 당연히 통치기구는 이러한 수단들을 전적으로 떠맡아서 그것들이 공공의 행복에 이바지하도록 했다. 성에 대한 통치, 다시 말해서 엄격한 금기가 아니라 유용하고 공적인 담론에 의해 성을 규제하고자 했던 것이다.

18세기 권력의 기법에서 찾아볼 수 있는 중요한 혁신 중 하나는 '인구'가 경제적이고 정치적인 문제로 등장했다는 점이다. 그것은 부로서의 인구, 노동력이나 노동역량으로서의 인구, 인구증가에 의해 마련되는 자원으로서의 인구였다. 이제 인구가 통치의 대상이라는 것을 정부쪽에서 알아차리게 되었고, 성은 이러한 경제적이고 정치적인 문제의 핵심에 놓이게 되었다. 국가는 시민의 성과 그것을 이용하는 관례에 대해 알고 있어야 할뿐더러, 서민들도 제각기 성을 이용하는 습관을 통제할 수 있어야 했다. 국가와 개인 사이에서 성은 쟁점, 특히 공적인 쟁점이 되었고, 담론과 앎, 분석, 명령의 온전한 조직망으로 에워 쌓이게 되었다.

어린이의 성에 대해서도 사정은 마찬가지였다. 고전주의 시대엔 어린이의 성을 은폐했는데, 프로이트 이후 그러한 은폐로부터 빠져나왔다. 18세기엔 중학생의 성도 일반 청소년의 성보다 더 두드러지게 공적인 문제가 되었다. 선생은 학생에게 관심을 보이며 여러 가지 권고를 하며 학생을 위한 도덕적, 또는 의학적 본보기로 가득한 책들을 썼다. 그래서 중학생의 성에 관한 교훈, 의견, 관찰 결과, 의학적 충고, 임상 사례, 이상적 습관 등 온갖 문헌이 갑작스레 늘어났다. 이처럼 18세기부터 어린이와 청소년의 성은 수많은 제도적 장치와 담론적 전략의 정비를 불러일으킨 중요한 쟁점이 되었다.

나아가 18세기부터 성은 일반화된 담론의 격발을 끊임없이 유발했다. 그것도 권력의 밖이나 권력에 대항해서가 아니라, 권력이 행사되는 바로 거기에서 권력 행사의 수단으로서 성에 관한 담론이 늘어났다. 이제 성은 더 이상 엄폐되지 않게 되고 담론의 존재에 얽매이지 않을 수 없게 되었다. 경제학, 교육학, 의학, 사법 영역의 다양한 매커니즘까지, 성에 관한 다양한 담론이 도출되고 증식되었다. 아마 다른 어떤 유형의 사회도 성에 관해 이토록 많은 담론을 비교적 짧은 기간에 축적된 적은 없었을 것이다.

19세기 이후 결혼과 부부 중심의 성

푸코는 19세기와 우리 시대에 오히려 성의 증가, 이를테면 성이 확산되고 성의 잡다한 형태가 강화되며 다양한 '성적 도착'이 확립되던 시대라고 했다. 이제 우리 시대는 성의 이질성까지 끌어들였다는 것이다.

사실 18세기 말까지는 세 가지 커다란 규범, 즉 교회법, 기독교의 교서, 민법이 명시적으로 성적 질서를 지배했다. 그것들은 제각기 독특한 방식으로 합법적인 것과 비합법적인 것의 분할을 결정했다. 그것들은 모두 결혼에 따른 성관계에 집중되었는데, 부부의 성에는 온갖 규정과 권고가 따라 다녔다. 결혼의 성관계는 가장 강력한 속박의 발원지였고, 다른 어떤 것보다도 상세히 고백되어야 했다.

결혼의 성관계는 주된 감시의 대상이었다. 즉, 결혼의 성관계에 결함이 있을 경우 증인 앞에서 제시되고 증명되어야 했다. 결혼의 규범을 파기하거나 야릇한 쾌락을 추구하는 것은 마땅히 단죄되어야 했다. 그중 심각한 죄악의 목록에는 외도(결혼생활을 벗어난 성관계), 간통, 미성년자 유괴, 정신적 또는 육체적 근친상간, 남색 또는 여성의 동성애가 포함되었다.

하지만 18~19세기에 일어난 담론의 폭발은 이러한 합법적인 혼인 중심의 체제에 대해 두 가지 큰 변화를 가져다주었다. 우선 이성애적 일부일처제로부터 멀어져가려는 경향이다. 누구나 일부일처제의 비밀에 대한 추적을 단념하고, 누구도 일부일처제가 날마다 표명되기를 더 이상 요구하지 않았다. 검토되는 것은 반대로 어린이의 성, 광인과 범죄자의 성, 이성을 사랑하지 않는 사람의 쾌락과 몽상, 강박관념, 사소한 조광증이나 맹렬한 구분이었다. 예전에는 거의 감지되지 않던 이들 인물의 성이 이제는 전면으로 나서서 발언권을 얻고 자신의 진실을 힘겹게 고백하기에 이르렀다. 다시 말해 주변적 성이 출현했던 것이다.

어린이의 성에 대한 통제는 권력과 대상의 동시적 확산을 통해 목적에 도달하고자 했다. 교육자와 의사는 어린이의 수음을 누구나 근절시키고 싶어 하는 전염병이라고 공격했다. 19세기엔 동성애자도 중요한 인물이 되었다. 동성애자의 과거 내력과 유년기, 성격, 생활양식, 절제가 결여된 생체구조와 수수께끼 같은 생리, 그리고 체형이 세세히 조사되었던 것이다. 이제 동성애자는 과오를 반복하는 사람이 되었고, 하나의 종(種)이 되었다.

19세기 정신의학자들이 마치 곤충처럼 채집하여 기이한 세례명을 붙인 성적 도착자들 역시 또다른 종이 되기는 마찬가지였다. 가령 노출광이나 페티시즘(이성의 몸의 일부, 옷, 소지품 따위에서 성적 만족을 얻는 이상성욕자), 동물성애자, 자기성애자, 관음증, 노인애호자, 준동성애자, 성교 불쾌증 등이 새롭게 등장했다.

이러한 형태의 권력이 행사되기 위해서는 오랜 억압과 금지보다는 오히려 지속적이고 주의 깊으며 세심한 끈기가 요구되었다. 그 권력은 당연하게도 법의 형태도, 금기의 효력도 갖지 않았다. 그 권력은 반대로 특이하게 성의 확대로 나아갔다. 성의 경계를 정하지 않고, 무수히 많은 침투선을 따라 성의 다양한 형태를 추적하면서 동시에 영속화했다. 또한 성을 배제하지 않고, 오히려 성을 개인의 명시 방법으로 육체에 포함시켰다.

푸코는 본래 쾌락과 권력은 서로 상반되지도 서로 등을 돌리지도 않는다고 보았다. 쾌락과 권력은 서로 뒤쫓고, 서로 겹치며, 서로 재활성화한다는 것이다. 쾌락과 권력은 복잡하고 확실한 자극과 선동의 매커니즘에 따라 서로 연관되었다. 그러므로 푸코는 근대 산업사회가 성에 대해 한층 더 억압적인 시대를 열었다는 가설은 폐기되어야 한다고 보았다.

성의 과학

이상과 같이 성에 관한 담론은 3세기 전인 17세기부터 감소했다기보다는 오히려 더욱 증가했고, 금기와 단죄를 야기했다 해도 더 근본적으론 잡다한 성 전체의 공고화와 확립을 보장했다.

푸코는 과학도 성의 착란과 도착, 예외적 기묘함, 병리학적 감퇴, 병적 격화에 의거했으므로, 실제로는 공격을 살짝 피하는 행동에 불과하다고 했다. 또한 과학은 본질적으로 도덕의 절대적 요청에 종속되어 있었고, 도덕에 의한 분할을 의료 규범의 형태로 되풀이했다. 과학은 도처에서 진실을 말한다는 구실 아래 공포를 부추겼다. 이처럼 과학은 의료의 실천과 밀접하게 연관되었으며, 진실의 요구에 대해 순정적이기보다는 질서의 힘에 대해 굴종적인 것이었다.

또한 푸코는 성의 진실을 산출하는 데에는 역사적으로 두 가지 주요한 방식이 있었다고 했다. 먼저 동양에선 아르스 에로티카(성애술. 방중술)를 갖춘 사회가 많았다. 성애술에서 진실은 실천으로 간주되고, 경험으로 얻어지는 쾌락 자체로부터 추출되었다. 동양의 전통에 의하면 그것은 누설될 경우 실효성과 효력을 잃을 터이므로 가장 깊숙이 간직되어야 할 비밀로 남아 있어야 한다고 했다. 그러므로 비밀을 보유한 스승과의 관계가 중요하고, 스승만이 온전한 엄격함으로 제자의 수행을 지도하는 비밀적 방식으로 그것을 전수할 수 있었다.

반면에 서양에선 스키엔티아 섹수알리스(성의 과학)를 발전시켰다. 좀더 정확히 말해서 성의 진실을 말하기 위해 권력-앎의 형태에 의거하는 방식을 수세기에 걸쳐 발전시켰다. 그 방식이 바로 '고백'이었다.

서양에선 중세부터 고백을 진리의 산출이 기대되는 중요한 관례에 포함시켰다. 1215년 라테라노 공의회에서 고해성사를 정비한 이후, 고백은 세속 권력과 종교 권력의 영역에서 중심적 역할을 부여받았다. 고백은 서양에서 진실을 산출하기 위해 가장 높이 평가되는 기법의 하나가 되었다. 그때부터 서양은 고백이 유별나게 많이 행해지는 사회가 되었다. 고백의 효과는 사법, 의학, 교육, 가족관계, 애정관계, 가장 일상적인 영역에까지 멀리 퍼져나갔다.

그런데 기독교 고해성사부터 오늘날까지도 성은 고백의 특별한 소재였다. 고백은 성에 관한 참된 담론의 생산을 지배하는 일반적 모태였고, 오늘날에도 여전히 그러하다. 고백은 오랫동안 고행성사의 실천에 단단히 박혀 있었다. 그러나 개신교, 반종교개혁, 18세기의 교육학, 19세기의 의학이 출현하고부터 고백은 점차 사회의 모든 부분에서 이용되었다. 고백이 띠는 형태도 심문, 상담, 자전적 에세이, 편지 등으로 다양해졌다. 사회가 개인의 쾌락에 관한 속내 이야기를 들으려고 촉구한 것인데, 이는 아마 역사상 처음이었을 것이라고 했다. 따라서 성적 쾌락의 엄청난 기록들이 점차로 이루어졌다는 것이다.

권력과 성의 관계

성은 엄청난 앎의 청원에서 중심을 차지한 지가 벌써 수백 년이 되었다. 우리는 성의 사정을 알도록 끊임없이 강요당해왔다는 것이다.

포코는 권력과 성은 다음과 같은 5가지 특징을 가지고 있는 것으로 보았다.

첫째, 부정적 관계. 권력과 성의 관계는 거부, 배제, 거절, 차단, 은폐나 가면 등 부정적 방식으로만 형성될 뿐이라는 것이다. 권력은 성과 쾌락에 대해 아니라고 말하는 것 이외에 어떤 것도 할 수 없었다.

둘째, 규칙의 심판. 권력은 본질적으로 성에 대해 법을 강요하기 마련이었다. 이것은 성이 권력에 대해 이항 체계, 즉 합법과 비합법, 허용과 금지 아래 놓인다는 것을 의미했다.

셋째, 금기의 순환. 접근하지 말라, 만지지 말라, 낭비하지 말라, 쾌락을 맛보지 말라 등 성에 대해 권력은 다만 금지의 법만을 작용하게 할 뿐이었다. 권력의 목적은 성이 움츠러들게 만드는 것이었다.

넷째, 검열의 논리. 이러한 금지는 세 가지 형태를 띠는 것으로 추정되는데, 허용되어 있지 않다고 단언하고, 이야기되지 않도록 방해하며, 존재한다는 것을 부정했다. 성에 대한 권력의 논리는 비존재, 비표명, 침묵의 명령으로 표현될 수 있는 법의 역설적 논리였다.

다섯째, 장치의 단일성. 권력은 성에 대해 모든 층위에서 동일한 방식으로 행사되었다. 권력이 기대는 기구나 제도가 무엇이건, 권력은 균질한 덩어리처럼 획일적으로 작용하고, 법이나 금기, 검열 등의 무한히 재현되는 단순한 기구에 따라 작동했다. 즉, 국가에서 가족까지, 왕에서 아버지까지, 재판소에서 일상의 사소한 벌금까지, 규모만 서로 다를 뿐 권력의 일반적 형태가 발견되었다.

물론 근대 사회에서 권력은 법과 통치권의 방식으로 성을 규제하지 않았다. 금지의 효과는 훨씬 더 복잡하고, 훨씬 더 실증적인, 성의 진정한 기술 체계의 현존이 역사 분석에 의해 드러났다.

이처럼 푸코는 성을 억압이나 법의 관점에서가 아니라 권력의 관점에서 어떤 유형의 앎이 형성되었는지 그 과정을 분석하였다. 권력은 도처에 존재했다. 권력은 제도도 아니고, 구조도 아니며, 몇몇 사람이 부여받았다고 하는 어떤 강한 권력도 아니었다. 권력은 어느 주어진 사회의 복잡한 전략적 상황에 부여되는 명목이었다. 마찬가지 권력관계도 외재성의 위치에 있는 것이 아니라 다른 유형의 관계에 내재하고, 거기에서 생겨나는 분할, 불평등, 불균형의 직접적 결과이며, 역으로 그러한 차별화의 내부적 조건일 뿐이었다.

부르조아지의 성 통제

푸코는 성이 권력관계에서 가장 은밀한 요소가 아니라 가장 많은 활동에 이용될 수 있고, 가장 다양한 형태에 거점 또는 연결 지점의 구실을 한다는 점에서 오히려 가장 큰 도구성을 갖추고 있다고 보았다.

　물론 이러한 성의 통제는 경제적 특권층이나 정치적 지도층인 상류계급에서 가장 엄밀한 기법들이 집중적으로 실행되었다. 어린이나 청소년의 성이 우선적인 문제로 인식된 것도 바로 부르조아 가족이나 귀족 가족에서였고, 여성의 성이 의학으로 편입된 것도 부르조아 또는 귀족 가족에서였다. 특히 성의 장치에 의해 맨 먼저 에워싸인 계급 가운데 하나가 소위 '한가한 여자들'이었다. 그와 대조적으로 서민층은 오랫동안 성의 장치와 무관했다. 성의 장치는 생명을 최대화하기 위한 새로운 기법들로서, 피착취 계급의 성에 대한 억압의 문제라기보다는 오히려 지배계급의 육체, 활기, 자손, 가계의 문제였다. 부르조아지는 스스로 창안한 권력과 앎의 기술체계에 의해 자기 계급의 성을 에워쌈으로써, 지배 계급의 육체, 감각, 쾌락, 건강, 존속의 높은 정치적 가치를 내세웠던 것이다.

　이처럼 성은 다른 어느 계급보다 더 부르조아지를 불안하게 만들었다. 그들은 육체에 대한 불가사의하고 무한한 권력이 성에 있다고 여김으로써, 육체를 성과 동일시하거나 적어도 성을 육체에 종속시켰다. 또 성이 후손에게 불가피한 영향을 미친다고 추정함으로써 성의 미래를 투자했을 뿐만 아니라 성이 영혼의 가장 비밀스럽고 가장 결정적인 요소라고 주장함으로써 영혼을 성에 종속시켰다.

　특히 부르조아지의 지배는 육체의 도야에 달려 있었다. 이러한 점은 18세기 말에 육체의 건강법, 장수의 비법, 건강한 자녀를 낳고 가능한 한 오래 살아남기 위한 방법, 인간의 후손을 개량하기 위한 방식에 관한 책이 그토록 많이 출판되었다는 사실로도 확인할 수 있다.

　결국 푸코는 성이란 원래 역사적으로 부르조아적인 것이라고, 연속적 이동과 전환을 통해 특수한 계급적 효과를 유발한다고 단언했다.

8

중국 성애의 역사와 문화 - 『중국성문화사』

5천년 중국 성애의 세계

　중국은 성애의 역사가 매우 오래될 뿐만 아니라 그 문화도 대단히 발달하였다. 오늘날에도 중국의 성에 대한 관심은 대단히 높으며, 그 연구 성과도 상당히 풍부하게 축적되어 있다. 류다린의 『중국성문화사』(류다린 지음, 노승현 옮김, 심산, 2003)는 그러한 중국 성애의 역사와 문화를 한눈에 보여주는 대표적인 저서이다.

　류다린은 중국 상해대학 사회학과 교수이자 아시아 성학회의 부주석으로, 초기엔 주로 결혼과 가족 문제를 연구했으니 후에는 성과학과 성문화 쪽으로 연구 주제를 옮겼다. 그는 1989년에서 1990년에 이르는 2년 동안 중국 전역에서 2만 3천 건에 달하는 성 조사를 성공적으로 마침으로써 '중국의 킨제이 박사'라는 이름을 얻었다. 이를 바탕으로 중국 내외에서 수차례의 전시회를 가졌으며, 1999년에는 중국에서 개인으로는 처음으로 성박물관을 세웠다. 그결과 1999년 베를린 국제성학대회에서 아시아에서는 최초로 '히르쉬펠트 국제성학 대상'을 수상했다.

이 책은 5천년 중국 성애의 세계를 수많은 시각자료와 함께 파노라마처럼 장대하게 보여주고 있다. 이를 통해 우리는 다채롭고 풍부한 중국 성의 역사와 문화를 생생하게 확인할 수 있다.

성교 방식의 대변화: 후위에서 전위로

인류는 동물로부터 진화했다. 인류가 성욕을 지니는 것은 인간과 동물이 함께 갖고 있는 자연 본능이다. 그러나 인간의 성욕은 사회·경제적 발전 수준에 크게 영향을 받아왔다. 인간의 성행위는 일종의 문화현상인 것이다. 특히 인간은 성행위의 방식에 있어서 동물과 다른 중대한 변화를 겪어왔다.

인간은 원래 영장류 동물에 속하지만, 성교 방식은 여타 동물과 전혀 다르다. 다른 동물은 모두 후위의 방식을 취한다. 하지만 인간의 성행위 방식은 얼굴을 마주보는 성교, 즉 전위로 변화하여 발전하였다. 인류가 얼굴을 마주하고 성교할 수 있게 된 것은 손과 발의 역할이 구분되고 직립보행을 할 수 있게 되면서부터였다. 이러한 변화는 인간 성교의 질을 높였을 뿐만 아니라 일반 동물과 다른 아주 중요한 의미를 띠고 있다.

첫째, 전위는 성교 과정에서 상대방의 얼굴에 나타난 다양한 표정을 살필 수 있었는데, 그에 따라 성적 흥분을 더욱 불러일으켜 보다 만족스러운 성교의 결과를 얻을 수 있었다.

둘째, 손과 발의 분리는 남자와 여자로 하여금 성교 중에 애무 행위를 가능하게 만들었는데, 이는 남녀가 성적 감정을 교류하는 효과적인 방식이었다.

셋째, 손과 발이 자유로워짐으로써 여성의 반항이 가능해졌다. 따라서 여성은 자신이 원하지 않는 강제적인 성교를 거부하고 스스로 결정권을 가지고 성행위를 할 수 있게 되었다.

넷째, 얼굴을 마주보는 성행위를 통해 몸의 앞쪽, 예를 들면 입술, 생식기, 여성의 유방과 음핵 같이 성에 민감한 부분이 크게 확대 발전하였다. 이러한 성의 민감한 부분은 자극을 강화하고, 흥분을 고조시키고, 성교의 효과를 증대시키는 매우 중요한 작용을 했는데, 특히 여성이 더욱 그러했다.

결국 인류의 진화사에서 볼 때 후위에서 전위로의 발전은 남녀 쌍방이 함께 쾌락을 추구하고 즐기는 성생활을 위한 매우 중요하고도 결정적인 조건이었다.

월경과 발정기의 차이점

모든 동물에게 후손을 번창시키는 일은 매우 중요한 문제이다. 후손을 번창시키기 위해서는 교미를 해야 하고, 교미를 하기 위해서는 성적 자극이 필요하다. 이러한 측면에서 암컷의 월경과 발정기는 매우 중요한 문제이다.

월경은 영장류 동물에게 특별히 존재하는 것으로, 그밖의 포유동물에게는 없다. 영장류 동물은 청춘기 이후 규칙적으로 월경을 하는데, 대개 사람처럼 한 달을 주기로 한다.

이와 달리 발정기는 영장류 동물뿐만 아니라 모든 암컷 포유동물이 한다. 이러한 암컷 동물은 1년 중 한 때만 발정하여 성교를 한다. 예를 들어 침팬지나 원숭이는 발정기가 되면 암컷의 생식기 부위가 변화하게 된다. 피부가 부어오르기 시작하고, 발정기가 절정에 이르면 선홍색으로 변하여 빛나고 더욱 심하게 부어오른다. 이때 암컷은 강한 성욕을 드러내며 수컷을 짝으로 찾고, 수컷 또한 적극적으로 암컷과 교미를 한다. 그러나 발정기가 끝나면 이 모든 것이 완전히 사라지고, 암컷은 더 이상 성의 목표물이 되지 않는다.

하지만 사람에게는 고정된 발정기가 없어서 어느 때라도 성적 자극을 받아들이고, 발정하고, 성교할 수 있다. 이것도 성과 관계된 인류의 대단한 진보 가운데 하나이다.

그렇다면 왜 인간에게는 고정된 발정기가 없을까? 이것은 대뇌 발육의 결과이다. 즉, 장기적이고 반복적인 성교로 인해 일종의 훈련과 학습의 효과가 생겨나고, 대뇌 속에 성적 내용이 풍부해지면서 특정한 자극에 성적 반응을 할 수 있게 되는 것이다. 대뇌 속에 남은 성적 내용은 언제든 반응을 불러일으킬 수 있는 성적 신호로 변했을 뿐만 아니라 대대로 전해지는 유전 요소로 바뀌었다. 이러한 과정을 통해 여성의 발정기는 차츰 소멸하게 된 것이다.

발정기의 소멸로 인해 인간은 일년의 어느 때라도 성욕이 일어날 수 있게 되었다. 이것이 임신의 기회를 확대해서 인구의 신속한 팽창을 가져왔던 것이다.

원시인의 성기 숭배

원시인들은 남녀 양성의 가장 커다란 차이는 생식기에 있고, 그 다음은 발육된 여성의 유방에 있음을 발견했다. 그들은 이 남녀 생식기의 접촉을 통해 아주 커다란 즐거움을 얻었고, 동시에 여성 생식기로부터 갓난아기를 분만했다. 그 생식기가 인간의 성행위를 제어하고 결정하는 것인 만큼, 거기에는 영혼이 깃들어 있으며 사람들이 항거할 수 없는 마력을 지니고 있다고 믿었다. 이렇게 해서 생식기, 곧 성기숭배가 발생했던 것이다.

생식기 숭배의 형식은 매우 다양했다. 첫째, 어떤 생식기의 우상을 세우되, 인체와 분리하여 그것이 사람으로부터 독립된 것이고, 또 사람보다 뛰어난 것이라고 표시했다. 남성 생식기는 언제나 발기 상태를 본떠 만든 직립한 물체였고, 여성 생식기는 팽팽하고 느슨한 상태를 본떠 만들었다. 이처럼 남녀 생식기를 성스럽게 여긴 것은 고대 세계의 보편적인 현상이었다. 이를테면 인도의 수많은 사원에서 받들어 모신 '링가', 한국의 들판에 굳게 서있는 남근 숭배물, 일본의 여러 지역에서 아주 오랫동안 숭배된 남근 등은 이러한 생식기 숭배 문화가 여러 민족에서 나타나는 보편적 현상임을 알 수 있게 한다.

둘째, 남녀 생식기의 상징물은 그 종류가 다양하여 지역에 따라 서로 다른 상징물이 유행했다. 이에 대해서는 뒤에서 자세히 살펴볼 것이다.

셋째, 사람들은 남녀의 생식기와 인체의 결합을 돌출시키고 확대 과장해서 그것의 위력과 마력을 분명하게 드러내었다. 예를 들어 한나라 왕조의 고분 속에서 발견된 나무인형의 우뚝 솟아있는 생식기는 사악함을 억누르는 위력을 갖고 있는 것으로 생각했다. 사람들은 대단히 큰 남근이 귀신을 물리칠 수 있다고 생각했던 것이다.

그런데 원시인들에게는 인체 기관이 모두 자연적인 것이었지 외설적인 색채나 상징적인 의미를 띠고 있지는 않았다. 사실 성에 대한 수치심은 결코 자연스러운 것이 아니다. 오히려 원시인은 사당이나 묘지와 같은 신성한 장소에서 이것을 거룩한 상징물로 사용했으며, 어떤 사람이라도 이런 상징물을 감히 모독하지 않았다.

원시인의 생식기 숭배는 여성 생식기에 대한 것이 남성 생식기에 대한 것보다 훨씬 빨랐다. 처음에 그들은 성교와 생식이 연결된 것이라 생각하지 못했고, 단지 갓난아기가 여성의 생식기에서 나오기 때문에 우선적으로 여성의 생식기를 숭배했다. 그러나 이후 원시인은 점차 음경과 여성 생식기의 접촉이 임신과 생육의 결과를 가져온다는 것을 알게 되었다. 이에 따라 남성 생식기의 숭배, 즉 남근 숭배가 점차적으로 생겨나게 되었다. 또 모계사회가 부계사회로 전환되고 남성의 위치가 강화된 것도 남근 숭배의 발전을 촉진했다.

임신 숭배의 상징물

임신 숭배는 인류의 생존과 번영에 대한 관념이다. 인간은 끊임없이 번식하며 후손을 낳아 길러왔다. 원시시대의 생산력은 매우 낙후하여 인간이 바로 생산력이었으므로, 일정한 수의 인구가 없으면 비교적 규모가 큰 작업이었던 물고기잡이나 사냥 활동을 진행할 수 없었고, 전쟁으로부터 입은 손실을 보충할 수도 없었다. 따라서 모든 집단들은 인구의 번창을 제창하고 생육을 격려하여 임신이 매우 위대하고 신성한 일이 되도록 변화시켰다. 따라서 임신 숭배는 기본적으로 사회 전체의 이익에 맞추어 발생한 것이다.

지금까지 출토된 문물을 살펴보면 옛사람의 고분에는 흙으로 만든 벌거벗은 인형이 적지 않다. 그 가운데는 생육의 여신이라고 불리는 배 부분이 불룩하게 솟아있는 임신부 모양이 있는데, 이는 임신 숭배의 관념과 후손의 번성을 바라는 옛사람의 기원을 뚜렷하게 드러낸 것이다.

남녀의 생식기에 관한 수많은 상징물이 있는 것처럼 임신 숭배에도 상징물이 있었는데, 그것은 주로 개구리였다. 왜냐하면 개구리는 배가 매우 둥글고 알을 많이 낳으며 번식력이 강해서 생육을 상징하기에 적당하기 때문이다. 그들은 이 개구리에 인구의 번창이라는 아름다운 꿈을 담았던 것이다. 이밖에도 개구리와 비슷한 두꺼비, 열매가 많은 석류가 임신 숭배의 상징물이 되었다. 물고기는 여성 생식기의 상징물이기도 하지만, 번식력이 강하기 때문에 임신 숭배의 상징물이 되기도 했다.

옛사람들은 임신하지 못해 자손이 끊기는 것에 대한 걱정이 아주 컸다. 그래서 임신 숭배의 의미를 띤 산천과 기괴한 돌에 머리를 조아리는 것 외에도 아이를 보내주는 관음보살을 숭배했다. 불교에서는 관음보살이 자비를 베풀어 아이를 갖게 함으로써 중생을 구제한다고 했기 때문에 사람들은 그녀의 많은 능력에 아이를 보내는 능력을 보태었다.

성교의 중요성과 숭배

원시인의 생활 환경에서 성교는 커다란 즐거움이었다. 옛사람들은 일찍이 성교의 즐거움을 '신선이 될 것 같기도 하고 죽을 것 같기도 하다', '정신이 날아오른다' 등으로 묘사하였다. 원시인은 성교에서 왜 그러한 즐거움이 생기는지 알지 못했기 때문에, 그 속에는 어떤 신비한 힘이나 마력이 존재한다고 생각했다. 이로부터 성교 숭배가 발생했던 것이다.

인간에게 성교가 없다면 생존의 중요한 즐거움이 사라질 뿐만 아니라 자손의 번식 또한 불가능해진다. 살아도 그 의미가 없어지는 셈이다. 중국의 고대에는 이른바 5가지 형벌, 즉 묵(墨), 의(劓), 비(腓), 궁(宮), 대벽(大辟)이 있었다. 묵형은 얼굴에 글자를 새기는 것이고, 의는 코를 베는 것이고, 비는 정강이뼈를 잘라버리는 것이고, 궁은 생식기를 베는 것이고, 대벽은 목을 베는 것이었다. 이 가운데 대벽이 가장 무거운 형벌이었는데, 이는 아예 생존을 불가능하게 만들었기 때문이다. 궁형은 대벽 다음으로 무거운 형벌로, 사람이 이러한 형벌을 받으면 비록 생존할 수는 있지만 자손을 번식할 수 없을 뿐만 아니라 삶 속에서 중요한 즐거움도 누릴 수 없게 된다. 그래서 궁형을 받는 사람은 죽음보다 더한 고통을 당했을 것이다.

옛사람들은 성교를 신성한 것으로 생각했고 이러한 일은 아주 자연스러운 것이니 숨기고 감출 필요가 없다고 여겼다. 『전국책』「한책」에는 다음과 같은 이야기가 있다. 초나라가 옹씨를 포위하자 한나라는 상륵을 시켜 진나라에 구원을 요청했다. 진나라의 선태후는 상륵에게 "내가 선왕을 섬길 적에 선왕께서 다리를 내 몸에 얹으면 실로 견딜 수가 없었으나 그 몸이 온통 내 몸을 덮치면 무거운 줄을 몰랐습니다. 왜 그러하겠습니까? 나에게도 조금의 이익(즐거움)이 있었기 때문입니다."라고 했다.

원시시대의 성교 숭배는 수많은 문자 기록 외에도 주로 바위 그림으로 그려져 오늘날까지 널리 전해지고 있다. 대표적으로 신강호도벽현성에서 서남쪽으로 약 75킬로미터 떨어진 천산산맥에 위치한 호도벽 바위 그림을 들 수 있다. 이 바위 그림에는 후기 원시사회의 수많은 성교 숭배의 내용이 반영되어 있다. 그림 전체는 동서로 길이가 약 14미터, 높이가 약 9미터, 면적이 120평방미터에 펼쳐있다. 이 그림에는 저마다 다른 인물 형상이 가득 널려 있는데, 남자도 있고 여자도 있으며, 옷을 입은 것도 있고 벗은 것도 있다. 이 가운데 상당수는 남성의 음경이 발기되어 매우 돌출되었을 뿐만 아니라 상당히 과장되어 있기도 하며, 심지어는 성교 행위를 표현한 것도 있다. 이러한 성교 형상 아래에는 무리를 지은 어린이가 있으니, 원시인이 바라는 출산과 인구 번창을 분명하게 표현하였다.

불교의 교리 가운데도 남녀의 성교를 노래하고 가르치는 것이 있다. 예컨대 불교 밀종(密宗)의 교리를 살펴보면 성교에는 매력이 있을 뿐만 아니라, 남녀는 성교를 통해 득도가 가능하다고 되어 있다. 고대로부터 오늘날까지 널리 전해오는 밀교의 '대성환희천'처럼 남녀가 두 팔로 껴안고 성교하는 조각 형상에도 성교 숭배의 흔적이 남아 있다.

이밖에도 성교 숭배는 많은 풍습을 통해서도 오늘날까지 전해져오고 있다. 대표적인 예로 중국은 고대로부터 춘궁화가 발달했다. 옛사람들은 그것을 방안에 놓아두었는데, 이는 성교하는 그림이 사악함을 피하게 해주고 재앙을 막아준다고 여겼기 때문이다. 성교 숭배의 의미가 아주 분명하게 드러나는 대목이다.

이처럼 원시인들은 성과 성교에 대해 자연스럽고 순박한 감정과 태도를 갖고 있었다. 하지만 이후 사람들은 성을 더럽고 추한 것으로 생각하여 성을 금기시하는 극단으로 나아갔다.

군혼제에서 일부일처혼으로

중국에서도 군혼제, 즉 난혼제의 상황은 오랫동안 존재했는데, 그것은 '백성이 어미는 알지만 아비는 모른다'는 말이 잘 대변해준다. 예컨대 『여씨춘춘』에 다음과 같은 기록이 있다.

'아주 오랜 옛날에는 일찍이 임금이 없었다. 친척과 형제, 남편과 아내, 남자와 여자의 구별도 없고, 윗사람과 아랫사람, 어른과 어린아이의 도리도 없었다.'

고대 중국에는 수많은 신화와 전설이 있었는데 모두 군혼제와 관련이 있다. 위대한 성인과 현자, 그리고 비범한 인물은 모두 모친과 일반적 남성의 성교로 태어난 것이 아니라, '하늘에 감응하고 신령으로부터 도움을 받아' 잉태되어 세상에 나왔다. 예컨대 은 왕조의 시조인 설의 어머니는 간적으로, 그녀는 제비의 알, 즉 '현조의 알'을 삼켜 설을 낳았다고 한다. 또 중국 고대의 철학자 노자는 하늘에서 내려온 별똥이 그의 어머니를 임신시켜 태어났다고 하며, 심지어 불경에서도 석가모니의 모친이 흰 코끼리가 뱃속으로 들어오는 꿈을 꾸고 석가모니를 낳았다고 한다. 옛사람들이 이같은 이야기를 꾸민 까닭은 한편으론 걸출한 인물들이 평범하지 않음을 강조하기 위한 것이고, 다른 한편으론 이런 영웅들이 군혼제의 산물일 가능성이 아주 크기 때문이다. 아버지를 알 수 없었기 때문에 후대 사람들이 '하늘에 감응해서 태어났다'는 신화를 만들어 존귀한 사람으로 삼았던 것이다.

최초의 원시인은 집단 단위로 살았는데, 당시에는 어떠한 성도덕도 존재하지 않았고 수십 명의 남녀가 동굴 속에서 뒤섞여 살았다. 군혼제는 바로 이러한 상황에서 불가피하게 등장한 생활방식이었다. 그렇지 않으면 질투와 쟁탈전이 치열해서 그 집단의 힘을 쇠약하게 만들고 심지어는 분열시켰을 것이다.

이후 원시인은 차츰 가까운 친척끼리 서로 교합하면 집안의 생존이 어렵다는 이치를 깨달아 조금씩 성교의 범위를 축소시켜 갔고 이윽고 결혼제도를 수립했다. 인류의 역사에서 결혼제도의 변화와 발전은 대략 다음과 같은 단계를 거쳤다.

첫째, 부모 세대와 자녀 세대의 성교 관계를 금지하고, 오누이 사이의 성교는 여전히 허락되었다.

둘째, 오누이 사이의 성교를 금지하고 두 집단 사이의 결혼을 실행하였다.

셋째, 대우혼 제도로 군혼제에서 개체혼으로 넘어가는 과정이었다. 결혼(성교)은 한 남자와 한 여자 사이에서 발생하지만, 그 관계가 결코 엄격하지 않고 아주 쉽게 이혼이 가능했다.

넷째, 일부일처혼으로 배우자가 오로지 하나뿐인 결혼제도였다. 이것이 인류가 이룩한 최후의 결혼형식이었다.

이러한 일련의 변화와 발전은 사람들의 의식 수준이 높아진 부분도 있지만, 사실은 끊임없이 생산력이 높아졌기 때문에 비로소 성교의 범위가 축소될 수 있었던 것이다. 사회의 생산력이 높아짐에 따라 원시인들은 반드시 수십 명씩 행동하지 않아도 되었고, 여러 명의 남녀가 함께 살아야 할 필요도 없어졌다.

중국의 성 도구들

사람들의 실내 물건은 대부분 성과 관련이 있는 물건이었다. 가구만 해도 침대 말고도 오로지 성교할 때만 사용하는 침대와 걸상이 있었다.

또한 직접적인 성 도구로는 모조 음경이 있었는데, 오늘날의 성인용품으로 성생활에서 실질적으로 사용하는 물건이었다. 현재까지 발견된 가장 오래된 중국 고대의 성 도구로는 2000년 전 한나라 시대 중산정의 군주인 유승이 설계한 것이었다. 유승은 이름난 귀족으로 아내와 첩, 그리고 자식이 아주 많아 각각 백여 명이나 되었다. 성교 생활로 녹초가 될 수 있어서 그는 규격과 길이가 다른 청동으로 만든 성 도구 몇 가지를 설계하였다. 청동으로 만든 이러한 성 도구는 속이 비어 있어 따뜻한 물을 넣을 수 있고, 그 귀두와 근육은 확장될 수 있어 강도가 아주 높은 실물과 비슷하였다. 또한 음경의 끝부분에는 돌출된 작은 매듭이 있어 여자의 음핵을 자극하는 데 사용되었다.

성 도구는 오랫동안 중국에서 다양하게 사용되었는데, 한편으론 부부 사이의 흥분을 돕는 데 썼고, 다른 한편으론 엄격한 성의 억압과 갈증에 시달리는 수절 여성의 성 분출에 사용되었다

방중술은 양생을 위한 것이었다

중국에서도 옛사람들이 쓴 성학 관련 논저도 적지 않으며 내용도 매우 풍부하다. 한나라와 당나라 이전의 성학 논저는 대부분 전해지지 않지만, 10세기 일본에서 편찬된 『의심방』에 적잖은 성학 관련 논저가 기록되어 있다. 송나라 이전의 성학 논저는 거의 대부분 의서 속에 포함되어 있는데, 그 시대에 성 금기가 날로 가혹해져 순수한 성학 전문서를 공개적으로 출판하기가 매우 어려웠기 때문이다. 그나마 의학이 성학을 보호하는 우산이 되어 주었던 것이다.

중국 고대의 방중술은 '음양오행설'에 기반을 두고 있었다. 남녀의 문제에서 옛사람들은 줄곧 남자를 양이라 일컫고 여자를 음이라 일컬어 '음양합일'을 제창하였다. 방중술의 주요 내용은 다음과 같았다.

첫째, 성이란 인간의 정상적인 생활에 필요한 것이어서, 음양이 교접하지 않는다면 오히려 질병이 생길 수도 있다고 했다.

둘째, 현대 사회에서 성은 스승이 없어도 스스로 통달하고 가르쳐주지 않아도 저절로 깨닫기 때문에 성교육과 성지식이 굳이 필요하지 않으며, 오히려 이것들이 사람을 음탕한 즐거움으로 유혹한다고 생각한다. 그러나 옛사람들은 그렇게 생각하지 않았다. 『의심방』을 보면 팽조는 방중술의 중요성을 이렇게 설명하였다. '남녀가 성행위를 하는 것은 천지가 결합하는 것과 같다. 음양술을 체득하면 육신이 상하는 것을 막을 수 있으니 이것이 바로 죽지 않는 방법이다.' 당나라 시대의 명의 손사막도 『천금방』에서 방중술의 중요성을 강조했는데, 그 목적이 결코 음란함을 위한 것이 아니라 양생(절제, 건강)을 위한 것이라고 했다.

셋째, 옛사람들에게 결혼과 성교의 중요한 목적은 널리 자손을 잇기 위한 것이었다. 수많은 고대 성학의 논저에서는 모두 어떻게 사내아이를 얻고, 어떻게 자식이 총명하고 부귀하며 장수할 수 있는지를 설명하였다.

넷째, 『소녀경』에서는 성교의 여러 가지 체위와 방법, 즉 구법(九法)을 설명했는데, 그것은 동물의 자세와 동작을 본떠서 정한 것이었다. 이를테면 용이 용트림하며 날고 있는 모양, 호랑이가 걷는 모양, 원숭이가 나뭇가지를 어깨에 메치는 모양, 매미가 나뭇가지에 달라붙은 모양, 거북이가 승천하는 모양, 봉황 수놈이 나는 모양, 물고기가 서로 비늘을 마찰시키는 모양, 학이 서로 긴 목을 얽고 있는 모양이 그것이다.

다섯째, 방중술은 성교할 때 교접은 하되 사정은 하지 않아 몸의 정기가 허비되는 것을 막기 위한 것이었다. 예컨대 남북조 시대의 명의 도홍경은 『양성연명록』에서 이렇게 말하였다. "무릇 정기가 적으면 병이 되고 정기가 다하면 죽게 되니 참지 않을 수 없고 삼가지 않을 수 없다. 자주 교접하더라도 가끔씩만 사정하면 정기가 생장하여 사람을 헛되이 손상시키지 않는다. 만약에 자주 사정하면 정기의 생장이 이롭지 못하니 정기를 소통시키는 일이 한계에 이르게 된다. 생명을 기르는 핵심은 정기를 아끼는 데에 있다. 만약에 한 달에 두 번 사정하고 일년에 스물두 번 사정하면 모두 120살까지 살 수 있고, 약을 복용하면 더 오래 살 수 있다."

여섯째, 방중술에선 성기능을 보호하려면 육욕에 빠지지 말라고 당부했다. 일찍이 2000년 전의 『십문(十門)』에서는 요, 순의 입을 빌려 다음과 같이 말하였다. 요가 "생식기를 보호하는 방법은 무엇일까?"라고 묻자, 순이 "반드시 아끼고 보호하는 방법을 배우고 연구하며, 적절한 음식으로 보익하여 생식기가 건강을 유지하도록 하고 성생활을 절제해야 합니다. 즉, 성적 욕구가 생겼더라도 욕구에 따라 곧 성교하지 않도록 하고, 성교할 때 쾌감이 극치에 도달했더라도 가볍게 사정해버리지 않도록 합니다. 이렇게 하면 정액이 쌓이고 정기가 축적되어 100살이 넘더라도 몸은 이

전보다 더욱 건강할 것입니다."라고 대답했다.

중국 동성애의 오랜 역사

동성애는 인류 역사에서 발견되는 아주 중요한 성 현상이었다. 동성애의 중요성은 다음과 같이 세 가지 측면에서 나타난다. 첫째, 동성애는 역사적으로 광범위하게 존재했다. 둘째, 현대 성과학의 연구에 따르면 동성애는 세계 인구의 2~4%를 차지한다고 하니, 전 세계의 동성애자는 약 1억에서 2억 명 가량 될 것이다. 셋째, 세계사적으로 유명한 사람들도 적지 않게 동성애 경향이 있었다는 것이다.

고대에 동성애자는 다른 사람의 존경을 받았다. 서양의 고대 이집트인이나 그리스인, 로마인은 모두 동성애를 매우 신성한 것으로 생각했다. 예를 들어 고대 그리스인은 무덕(武德)을 숭상하여 남성은 여성보다 훨씬 아름답고 동성애는 이성애보다 존귀하게 여겼다.

중국 역사에서도 동성애는 전설 속의 중화민족의 조상인 황제 때부터 시작되었고, 『시경』 속에서도 동성애에 대한 내용이 적지 않다. 춘추전국시대에 이르러서는 사회적으로 미남을 숭상하는 풍조가 있었는데, 위나라 왕과 그의 남총인 용양군, 초나라 공왕과 안릉군, 위나라 영공과 미지하, 한왕조의 문제와 등통, 애제와 동현 등의 관계는 모두 역사적으로 유명한 동성애의 선례이다.

중국에서 동성애는 훗날까지 널리 퍼져 끊이지 않았다. 주목할만한 점은 암흑기라고 하는 중세 유럽에서는 동성애자가 죽음에 처하고 심지어 화형을 당했던 데 비해, 비슷한 시기 중국 사회에서는 동성애에 대한 태도가 상당히 너그러웠을 뿐만 아니라 궁정에서 민간에 이르기까지 적지 않은 사람들이 이에 빠져들었다는 점이다.

예컨대 명나라 황제들은 비역(동성애)을 매우 좋아했는데, 대표적으로 무종과 주후조를 들 수 있다. 무종은 황후나 비빈과 동침하는 날은 한 달에 4~5일에 지나지 않았고, 그밖에는 모두 그가 총애하는 어린 환관과 함께 놀았는데 거기에 빠져 세상 돌아가는 것을 잊었다고 한다. 무종 이후 신종 주익균 또한 동성애를 좋아했다. 그는 빼어나게 아름다운 10명의 어린 환관을 좋아했는데 이 10명을 '십준(十俊)'이라 일컬었다. 황제 이외에도 귀족과 대신 역시 남색을 좋아했으니, 대표적으로 명나라 세종 때의 권신 엄호와 그의 아들 엄세빈이 바로 그러하였다. 당시 일반 사회에서도 비역은 매우 성행하였다. 선비에게는 아내와 첩 이외에도 빼어나게 아름다운 나이 어린 시동이 있었는데, 가깝거나 멀거나 주인을 따라다니던 시동들은 언제나 주인의 성 반려자였다.

명나라와 청나라 시대에는 민간에서도 동성애 풍조가 매우 성행하여 심지어 어떤 지역에서는 일종의 풍습처럼 취급되었다. 이를 테면 복건 지역에서 '계(契)' 자는 남성 사이에서의 성관계를 가리킨다. 동성애 관계가 사회적 인정을 받아야 할 때는 '계'라는 일종의 의식을 거행하여 '계부(契父)'와 '계아(契兒)', '계형(契兄)', '계제(契弟)' 등의 관계를 맺었다. 『폐추재여담』에서 그에 대해 다음과 같이 기록하고 있다.

'민(지금의 복건성) 지역 사람들은 비역(동성애)을 매우 중히 여겨 귀천을 구분하지 않고 제각각 그에 따라 결합하는데, 연장자는 '계형'이 되고 연소자는 '계제'가 된다. 그 형이 그 아우 집에 들어가면 아우의 부모가 사위처럼 쓰다듬는다. 아우는 이후의 생계 및 결혼 비용 모두를 '계형'에게 부담하도록 하며, 서로 사랑하는 자가 나이 서른을 넘으면 마치 부부처럼 생활한다.'

중국의 역사에는 여성 동성애자에 대한 기록도 있다. 특히 역대 궁녀

가운데는 성의 속박 때문에 동성애를 한 궁녀가 비교적 많았다고 한다.

전족은 남자의 성적 도구였다

전족은 남자의 성욕과 그들의 성적 흥취를 만족시키기 위한 것으로, 고대 중국에서 여자의 성이 억압당했다는 것을 보여주는 대표적인 사례 가운데 하나이다. 중국 여성들은 전족 때문에 진저리가 날 정도로 고통을 받았고, 전족을 하지 않으면 더욱 더 참혹한 대가를 치러야 했다.

전족이 언제부터 시작되었는지는 현재까지도 정설이 없다. 다만 송나라 중기 이후에 이르러 여자의 전족은 점점 더 심해졌고, 송나라 말기에는 큰 발을 수치로 여겼다. 송나라 중기 이후 중국은 성리학이 중심 사상이 되면서 여성은 점점 더 억압당하고 봉건 예교에 속박당하게 되었다. 이로부터 여성은 남자의 성욕을 배설하는 도구, 자녀를 낳아 기르는 도구, 가사노동의 도구로 전락했다.

원나라가 들어선 이후 여성들은 전족 풍습을 서로 본받아 전족을 하지 않는 하층 여자를 오히려 업신여기고 희롱하여 '반쪽 여인'이니 '발이 큰 신선'이니 하면서 놀렸다. 심지어 발이 큰 여자는 시집가기도 어려울 정도였다.

명나라 시대에 이르러 여자의 전족 풍습은 더욱 번성하였다. 사람들은 모두 전족을 유행의 표현이라고 생각했으며, 골목의 기녀는 자그마한 발이 남자를 매혹시키는 도구라고 생각했다.

청나라의 통치자들은 처음엔 여자의 전족을 나쁜 풍습의 하나라고 생각해서 금지 조칙을 발표했다. 그러나 청나라 중엽부터는 사회가 날로 부패하고 통치도 나날이 해이해져 만주족 여자의 전족 또한 억제되지 않았기 때문에 전족 풍습은 더욱 범람했다.

전족을 위해 여자들은 아주 커다란 고통을 감수해야만 했다. 여자의 전족은 대략 4살이나 5살부터 시작되었고, 특별한 관습을 지닌 집에서는 8월 24일을 선택해서 여자의 발을 싸맸다고 한다.

발을 묶을 때는 먼저 엄지발가락 이외에 네 발가락을 발바닥 쪽으로 구부려 흰 헝겊으로 단단하게 싸매고 움직이지 않게 고정시켰다. 다리의 형태가 고정되기를 기다렸다가 끝이 뾰족한 구두를 신겨 한낮에 하인의 도움을 받아 길을 걷게 함으로써 피가 돌게 했다. 7~8살에 이르면 다시 발가락뼈를 구부려 발을 싸매 헝겊으로 단단하게 밀봉한 후 거듭해서 꽁꽁 묶어 발을 변형시키고, 마지막에는 엄지발가락 끝에만 의지해서 길을 걷게 했다. 이렇게 해서 작고, 가녀리고, 뾰족하고, 구부러지고, 향기 나고, 부드럽고, 바른 상태로 묶어야만 비로소 대성공이라고 여겼다.

여자의 전족은 이처럼 고통스러운 것이었지만 남자들은 '삼촌금련(약 9cm)'을 아주 마음에 들어했으며, 심지어는 어리석은 듯 미친 듯이 좋아했다고 한다. 그럼 무엇 때문에 많은 남자들이 그렇게 전족을 좋아했을까?

첫째, 전족은 신분의 고귀함을 나타냈다. 전족을 한 여자는 일을 하기가 불편했는데, 이는 그녀가 일할 필요가 없는 신분임을 보여주는 것이었다.

둘째, 전족은 여자의 행동 범위를 제한했다. 전족한 여자는 가벼운 발걸음으로 느리게 움직이고 거드름피우며 걸을 수 있을 뿐, 산 넘고 바다 건너 먼 길을 고생스럽게 갈 수는 없었다. 때문에 전족한 여자는 멋대로 밖으로 나가 놀거나 다른 남자와 눈이 맞아 도망갈 수도 없고, 단지 순종적인 안사람이 되어 집에서 남편을 보살필 뿐이었다.

셋째, 전족은 성욕을 증강시켰다. 남자들은 대개 여자의 삼촌금련을 마음에 들어하고, 손에 쥐고서 보고 즐겼으며, 성욕을 발산하는 확실한 대상으로 삼았다.

　이처럼 여자의 전족은 주로 남자들이 마음에 들어하기 때문에, 또 그들이 손에 쥐고 즐기기 위해서 제공되었다. 남자의 성적 도구가 되기 위해 여자는 어려서부터 클 때까지 커다란 고통을 치러야만 했으며, 한평생 생리적인 기형과 심지어는 심리적인 기형으로 살아야만 했다.

춘궁화

　춘궁화는 남녀의 성애 생활을 묘사한 그림이다. 처음에 그것은 제왕의 궁실에서 발생했는데, 봄밤에 궁궐의 휘장 안에서 일어난 일을 묘사했기 때문에 '춘궁(春宮)' 혹은 '비희도(祕戱圖)'라고 일컬었다. 한나라 때 이미 춘궁화가 나타났고, 한나라 효경제 때의 공천왕 유거와 그의 아들 해양이 모두 음란한 버릇이 있었다고 한다. 특히 해양은 궁전의 네 벽에 성교하는 그림을 잔뜩 걸어놓도록 하고 그곳에서 미친 듯이 향락을 즐겼다.

　당나라 때의 위대한 화가 주방은 '춘소비희도'를 그렸고, 송나라 때에도 이러한 비희도가 있었다. 원나라 때의 화가 조맹부는 이러한 그림으로 유명해졌다. 명나라 후기에는 춘궁화가 최고봉까지 발전했고, 청나라 때에 이르러서도 끊임없이 성행하였다.

　춘궁화는 남녀의 성생활을 묘사하고 내용도 아주 풍부하였다. 이를테면 여러 성교 체위를 묘사했는데, 어떤 체위가 어떤 작용을 하는지 현대인조차도 완전히 이해하지 못한다. 성교의 전희와 후희를 묘사하고, 야외에서의 성생활도 묘사했으니, 아마도 분위기를 바꾸는 취미였거나 비옥한 토지에서 행한 성교 숭배의 잔재인지도 모른다. 말의 등 위에서 벌어지는 성교를 묘사한 것도 있는데, 이것은 아마 변방 지역의 성 풍습일지도 모른다. 또 여자의 자위행위를 묘사하여 고대 여성들의 성 고민을 반영한 그림도 있다. 그리고 부부가 성교할 때 어린아이를 곁에 둔 일련의 '희영도(戲嬰圖)'가 있는데, 이것은 아마도 한층 더 성과 생식을 하나로 연계시킨 것인지도 모른다. 또한 노인의 성생활도 묘사했는데, 이를 통해 옛사람들은 노년에 이르러서도 여전히 일정한 정도의 성생활을 유지할 수 있다고 생각했음을 알 수 있다.

춘궁화는 대부분 두루마기 그림이나 서화첩의 형식으로 나타났는데, 이것은 손에 쥐고 보며 즐기기에 편리하도록 한 것으로 화폭이 큰 것은 별로였다. 춘궁화의 주요 용도는 성에 대한 감상을 제공하고 성의 흥미를 불러일으키는 것이었다.

중국의 춘궁화는 인도 및 일본과 서로 큰 영향을 주고받았다. 인도에서는 성 조각상이 성행하였으니, 11세기 전후에 세운 카주라호 신묘군은 매우 유명했다. 또한 일본의 '우키요에'와 명나라 춘궁화는 매우 밀접한 관련이 있다. 우키요에는 민간의 일상생활을 묘사한 독립적인 예술 형식으로 그 가운데는 성적인 내용이 적지 않다. 그것은 에도 시대(1603~1867)에 급격히 생겨났는데, 그것이 발흥한 17세기 초는 바로 명나라 말기 춘궁화의 발전이 절정에 달하던 시기였다. 명나라의 춘궁화와 일본의 우키요에는 적지 않은 공통된 특징이 있다. 특히 일본의 우키요에는 과장되고 환상이 풍부한 내용을 담았으며, 남녀의 성 기관을 매우 돌출시키고, 어떤 두루마기 그림은 연속적으로 옛이야기를 그리는 형식을 취하였다.

❾
인간 성행동의 사회생물학적 연구
-『킨제이와 20세기 성연구』

킨제이의 생애와 성연구

　1930년대만 해도 미국은 청교도 기독교 국가답게 생식(출산)을 목적으로 하지 않는 성교를 죄악시했고, 동성애는 변태이자 범죄로 취급했으며, 여성은 오르가슴을 느끼지 않는 것으로 여겼다. 킨제이는 그러한 미국 사회에 성혁명을 일으킨 사람이었다.

　그는 성에 관해 보수적이고 억압적인 사회에서 신뢰성을 얻기 위해 최대한 많은 자료를 수집했다. 1950년 4월까지 미국인의 성 경험 역사를 무려 1만 6천여 건이나 수집할 정도였다. 심지어 그는 프로이트의 사상을 실험 데이터가 없는 공허한 철학이라고 치부할 정도로 증거 자료를 중시했다.

　『킨제이와 20세기 성연구』(조너선 개손 지음, 김승욱 옮김, 작가정신,

2010)는 킨제이에 대한 연구자로 유명한 영국 출신의 작가 조너선 개손 하디가 제3자의 입장에서 킨제이의 생애와 성연구에 대해 쓴 것으로, 500여 페이지가 넘는 방대한 저작이다.

이 책은 킨제이(1894~1956)의 일대기와 성연구 과정을 연대별로 살펴보면서, 그를 둘러싼 논란을 객관적으로 분석해내고 있다. 일명 '킨제이 보고서'라 불리는 『남성의 성행동』(1948)과 『여성의 성행동』(1953)이 아직까지도 한국에서 번역되지 않았으므로, 이 책을 통해 킨제이의 생애와 그가 이룩한 성연구 성과를 살펴보도록 하자.

미국 청교도 기독교의 보수적인 성의식

킨제이의 성연구는 보수적이고 엄격한 아버지에 대한 반감에서 비롯되었다고 해도 과언이 아니었다.

원래 킨제이는 1894년 미국 뉴저지 주 호보큰에서 태어났다. 킨제이는 자신의 어린 시절을 매우 싫어했는데, 그것은 전제적인 아버지 때문이었다. 아버지 앨프리드 세귄 킨제이는 목사로 시작해서 나중엔 대학의 정식 교수가 된 인물로, 전형적인 청교도 기독교 감리교 신자였다. 아버지는 감리교 신자들 중에서도 가장 엄격하고, 용서가 없는 사람이었다. 일요일이면 가족들은 긴 예배에 세 번씩이나 참석해야 했는데, 탈 것을 이용하는 것을 허용하지 않았으므로 항상 걸어서 교회를 오갔다.

감리교의 종교적인 가정 교육은 킨제이의 성격과 인생에 근본적인 영향을 미쳤다. 감리교의 창시자인 존 웨슬리는 신앙을 개인적인 차원에서 열정적으로 실천할 것을 강조했다. 그는 교육의 중요성을 강조했으며, 흡연과 음주를 강력히 비난하고, 말을 할 때는 단도직입적으로 해야 한다고 가르쳤다. 또 지칠 줄 모르는 노력이 성공으로 이어지고, 성공은 하나님이 우리를 사랑하신다는 확실한 증거라고 했다. 나아가 모든 개신교 교파의 중요한 특징은 복음 전도에 대한 열정인데, 감리교는 이런 성향이 특히 강했다. 거룩한 복음을 온 세상에 퍼트리는 것이 그들의 목적이었으며, 그 수단은 열정적인 설교자들이 청중을 쥐고 흔드는 집회였다. 집회의 규모도 크면 클수록 좋았다.

기독교는 성에 대한 무지를 조장하는 데도 지배적인 역할을 했다. 기독교에선 아이를 갖기 위한 섹스를 제외한 모든 섹스를 죄로 보았다. 그래서인지 1930년대만 해도 미국에서 아이가 어떻게 태어나는지 모르는 여대생들이 수두룩했다. 아기를 만들려면 남자가 필요하다는 것을 모르는 학생이 19%였고, 91%는 처녀성이나 동정이란 말의 뜻을 몰랐으며, 27%는 성교라는 단어를 몰랐고, 96%는 자위행위라는 단어를 몰랐다. 여성의 몸에 대한 무지는 거의 재앙에 가까울 정도였다. 월경에 대해 아무것도 모르는 남학생이 71%였고, 남자가 어머니에게서 나온다는 사실을 아는 학생은 겨우 20%였다. 이처럼 사회 전반에 퍼져 있는 성에 대한 무지와 혼란과 공포, 그리고 죄책감이 킨제이가 실시한 연구의 중요한 역사적 배경이었다.

그 결과 킨제이는 스무 살 때까지도 여전히 자위행위 문제로 씨름을 하고 있었으며, 27살이 되어서야 비로소 합법적으로 성적인 욕구를 발산할 수 있게 되었다. 하지만 너무 오랫동안 본능을 억눌렀기 때문에 처음에는 바뀐 환경에 적응하기가 고통스러울 정도로 힘들었다. 훗날 킨제이는 성에 대한 죄책감을 불러일으킨 아버지의 엄격한 도덕교육을 잊을 수도, 용서할 수도 없다고 말했다. 그의 성연구의 바탕이 된 가장 근본적인 힘은 바로 이것이었다. 자기처럼 고통받는 사람이 다시는 없어야 한다는 것이다.

유능한 혹벌 연구자

본래 킨제이는 성 연구자가 아닌 혹벌을 연구하는 생물학자였다. 21세기 현대 사회에서도 곤충을 연구하던 학자가 성이라는 내밀한 주제를 연구한다면 적잖은 파장을 불러올 것이다. 킨제이가 연구하던 20세기 초, 중반에는 얼마나 많은 역경을 견뎌야 했을지 짐작할만하다.

1916년 보둔 대학을 우수한 성적으로 졸업한 킨제이는 하버드의 부시 연구소에 장학금을 받고 입학했다. 응용생물학을 연구하는 부시연구소는 미국에서 가장 뛰어난 대학원 중 하나로 인정받고 있었다. 그곳에서 킨제이는 지도교수인 윌리엄 모튼 휠러를 만났는데, 그의 공부에 가장 커다란 영향을 끼친 사람이었다. 당시 유명한 생물학자였던 휠러는 점잖고 재미있는 사람이었으며, 노골적인 무신론자였다. 킨제이는 휠러의 일반곤충학 강의를 들으면서 작은 개미만한 크기의 곤충인 혹벌에 점점 마음이 끌리게 되었고, 비로소 생물분류학을 연구하기 시작했다. 생물분류학이란 복잡한 연구 대상을 단순화하기 위해 식물이나 동물에 이름을 붙이고 분류하는 것을 말했다.

1919년 6월 하버드에서 박사학위를 받은 킨제이는 곧바로 인디애나 대학 동물학과 조교수로 임용되어 부임했다. 당시 그의 나이는 26살이었다. 인디애나는 예나 지금이나 대단히 보수적이고, 신앙심이 깊고, 인종차별주의가 강한 곳이었다. 선거 때도 주민 대부분은 공화당에 표를 몰아주었다.

킨제이는 1921년 23살의 클라라 브래큰 맥밀런과 결혼했다. 하지만 그는 신혼여행을 마치고 집으로 돌아올 때까지 아내와 사랑을 나눌 수 없었다. 그토록 오랫동안 성적인 좌절감으로 고생한 끝에 이런 일을 겪는 것이 그에게는 커다란 충격이었다. 아내 맥이 지나치게 두꺼운 처녀막을 수술한 후에야 두 사람은 온전히 결혼생활을 할 수 있었다.

그는 대학에서 주로 '일반생물학'을 가르쳤다. 그의 강의 솜씨는 누구보다 뛰어났다고 한다. 강의 외에도 킨제이는 학생들에게 직접 성적인 조언을 해주기도 했다. 당시 킨제이는 학생들의 성에 대한 무지에 경악을 금치 못했다. 그래서 학생들에게 성문제에 대해 얘기하고 싶다면 망설이지 말고 자신을 찾아오라고 했다. 뒷날 킨제이가 성연구에 관심을 갖게 된 것은 그 분야의 연구가 빈약하기 때문이기도 했지만, 성을 억압하는 사회적 분위기 때문에 젊은이들이 과거의 자신처럼 고통을 당하고 있다는 것이었다.

킨제이는 먼저 곤충학자로서 성공을 거두고 나서 성연구를 시작했다. 1936년 그의 걸작 곤충학 연구서『키닙스의 상위 카테고리의 기원』이 출판되었다. 하지만 44살인 1938년 존경받는 곤충학자로서 활동하던 킨제이는 20여년 간의 연구를 팽개치고 무모하게도 성연구에 자신을 던졌다. 당시 많은 사람들이 그의 성연구를 충격적일 뿐만 아니라 부도덕하다고까지 생각했다.

파격적인 결혼강의

킨제이는 성연구를 하기 전에 우연히 결혼강의를 맡게 되었다. 1930년대 말 미국에선 성병환자 수가 유행병 수순으로 급증했다. 매년 새로운 매독환자 50만 명과 임질환자 70만 명이 보고되고, 성병 공포증이 당시 사회를 휩쓸었다. 학생신문은 성교육을 실시해달라는 캠페인을 벌였는데, 1930년 말에 성교육이란 결혼강의를 의미했다.

1938년 6월, 킨제이는 거의 100명이나 되는 청중들에게 첫 결혼강의를 시작했다. 그는 매번 성큼성큼 강의실로 걸어 들어와 청중 앞에서 아무런 원고도 없이 한 시간 동안 강의를 했다. 그가 처음에 가르친 것은 곤충에서부터 평생 동안 7천 회의 성교를 하는 대형 유인원류에 이르기까지 섹스가 사회의 기반을 이루고 있다는 것이었다.

두 번째 수업에서는 각 기관의 기능, 성감대, 음경, 음핵, 성교 등 생식의 해부학적 측면을 다루었다. 질 안으로 들어가는 음경을 클로즈업으로 묘사한 슬라이드도 등장했다. "발기한 남성 성기가 안으로 뚫고 들어갈 때 질은 반드시 활짝 열려야 한다." 또한 이런 반응을 억제하는 법, 즉 피임법, 콘돔, 피임용 페서리 등에 대해서도 자세히 다뤘다. 사람들 사이에 개인차가 크다는 것, 전희의 테크닉, 성교의 테크닉, 후위 자세에 적응하는 법 등등.

마지막으로 성행위를 미뤄야 하는 세월에 적응하는 법, 남녀 모두에게 자위행위가 무해하다는 것 등도 강의에서 다뤄졌다. 킨제이는 성행위 때 여성의 혈압이 얼마나 높이 올라가는지, 그리고 흥분 상태가 자연스러운 절정을 통해 해소되지 않으면 혈압이 얼마나 높은 상태에서 계속 머물러 있는지 설명했다. 따라서 애무를 한다면, 오르가슴에 도달할 때까지 애무를 계속해야 한다는 것이었다.

킨제이는 강의를 들은 사람들에게 강의에 관한 소감을 서면으로 제출해달라고 부탁했다. 강의를 들은 사람들은 대단히 호의적인 소감을 적어냈다. 그들은 강의 내용이 명확하고 솔직했다면서, 그가 말해준 사실들이 자신에게 필요한 것이었다고 말했다.

'성경험의 역사' 수집

킨제이는 결혼강의 수업이 끝날 때마다 "자신의 성경험의 역사를 들려주실 분 없습니까?"라고 부탁하곤 했다. 성과 관련된 정확한 생리적 사실들과 사람들의 성적인 행동을 알아내서 학생들에게 전해주기 위해서 였다.

그가 처음으로 진정한 성경험의 역사를 수집한 것은 결혼강의를 시작한 직후였다. 킨제이가 돌린 설문지는 약 5쪽 분량으로 100여개의 질문이 적혀 있었다. 1939년 7월까지 설문지를 작성한 사람은 250명이었다. 그와 함께 킨제이는 비로소 성이 학문적으로 노력을 기울일만한 새로운 분야임을 깨달았다.

이후 킨제이는 결혼강의와 성경험 역사 수집에 점점 깊이 빠져들어갔다. 이제 그는 결혼강의를 성경험 역사 수집의 장으로 마음껏 활용했다.

시카고 동성애자 탐방

킨제이는 성연구에 점점 더 깊이 파고들고 싶어했다. 그래서 결혼강의 이외의 다른 곳에서도 성경험 역사를 수집하고자 했다. 1936년 6월, 마침내 킨제이는 동성애자들을 만나보기 위해 시카고로 떠났다. 이때 아내 맥을 제외하고는 어느 누구에게도 자신의 행선지를 알리지 않았다.

1930년대 미국 사회에서는 동성애를 입에 담기조차 끔찍한 일로 생각했다. 하지만 킨제이는 동성애를 인간의 다양한 성적 특징 중 하나에 불과하다고 여겼다. 1939년에 킨제이는 이성애-동성애 척도를 만들기도 했다. 0은 완전한 이성애, 6은 완전한 동성애, 3은 두 가지 성향이 똑같이 존재하는 것, 1과 2, 4와 5는 그 중간쯤 되는 정도를 나타냈다. 킨제이 자신은 27살 때 척도 1에 해당했으며, 2쪽으로 조금 기울었을 가능성도 있었다. 이성애 성향이 전적으로 우세했지만, 가끔 동성애 감정을 우발적으로 경험하기도 했다는 뜻이다. 1939~1940년 무렵에 킨제이의 성향은 3에 해당했다. 그가 동성애 쪽에 가까운 4로 이동했음이 분명해진 것은 1946년이었다. 하지만 킨제이가 척도 6에 해당하는 완벽한 동성애자였던 적은 한 번도 없었다. 킨제이는 양성애자였다. 그러니 어떤 의미에서는 남녀의 성행동을 연구하기에 거의 이상적인 조건을 갖추고 있었다고 할 수 있다.

1939년 시카고에서 킨제이를 남성 동성애자의 세계로 안내해준 사람은 러시 거리의 하숙집에 사는 한 젊은 동성애자였다. 러시 거리는 빌리지라고 불리는 곳에서 멀지 않은 곳으로 카페와 술집과 식당이 밀집한 거리였다. 그와 러시 거리의 동성애자들은 몇 달 동안 자신들의 은밀한 사생활을 킨제이에게 소개해주었다. 한밤의 공원, 공중화장실, 수영장 탈의실, 심야영화관 등에서 익명의 상대와 섹스를 즐기고 사라지는 생활 말이다. 그들은 다음날 거리에서 간밤의 섹스 상대를 만나도 알아보지 못했다.

그와 함께 킨제이는 드디어 자신의 동성애 욕구를 신체적으로 분출해 보고 싶다는 갈망을 완전히 만족시킬 수 있게 되었다. 아마 이 때가 생전 처음이었을 것이다. 그는 러시 거리의 동성애자들이 아니라 그들이 소개해준 '다방'(공중화장실)에서 자신의 욕구를 해소했다. 그의 이런 행동은 1948년까지 계속되었다.

1939년, 본격적인 성연구를 시작하다

1939년 킨제이가 시카고를 방문한 것은 그의 일생에서 가장 중요한 분수령 중 하나였다. 그는 시카고 방문을 통해 본격적으로 성연구를 하기로 마음을 굳힌 것이다. 그는 한 대학원생에게 자신이 '학문적 금광'을 발견한 것 같다고 말하기도 했다. 시카고에서 수집한 성경험 역사들은 생물분류학적으로 완전히 다른 종의 이야기인 것 같았다. 그는 학교와 시카고에서 수집한 동성애 자료들을 연결시켜 이것이 일종의 진화 같다는 생각을 하게 되었다. "놀라운 진화 계통이다. 경제적 문제와 사회적 문제들이 가장 중요한 요인으로 떠오른 것은 이번이 처음이다." 그는 깊이 있고 자세한 자료들을 통해 새로운 사실들을 발견하고 있었다. "인간의 성행동을 진정으로 연구하려면 먼저 훨씬 더 많은 자료가 필요하다는 것이 분명해졌다. 앞으로 1년 동안 우선 남자 1천 명의 성경험 역사를 모을 것이다. (……) 여자 1천명의 자료를 수집하는 것은 약간 느리게 진행될 것이다." 그의 과학자적인 측면뿐만 아니라 수집가적인 측면 또한 발동하기 시작한 것이다.

1939년 가을 킨제이는 성연구를 향해 처음으로 결정적인 발걸음을 내디뎠다. 연구의 기반이 될 통계적 상관관계를 분석하기 시작한 것이다. 이를 위해 그는 젊은 학부생인 클라이드 마틴을 고용했다. 마틴은 나중에 상당히 중요한 역할을 하게 된다.

킨제이가 본격적으로 성연구 자료를 수집한 것은 1940년에 결혼강의가 다시 시작되었을 때부터였다. 하지만 결혼강의에 대한 비판도 갈수록 거세어지고 있었다. 1940년 여름, 결혼강의를 비판하는 목소리가 절정에 이르렀다. 그 지역의 목사연합은 대학 당국에 청원서를 제출했고, 이전부터 생물학자가 성행동에 대해 무엇을 알겠느냐고 공격하던 의대는 도덕적 분노를 공격에 추가했다. 결국 킨제이는 결혼강의와 성경험 역사 수집 중 하나를 선택하라는 대학 당국의 요구를 받았고, 그는 성경험 역사 수집을 택하겠다고 답변했다.

진정한 성범죄는 5%밖에 안 된다

결혼강의를 강제로 그만두게 된 킨제이는 오히려 성경험의 사례 수집에 더 많은 시간을 쏟을 수 있게 되었다며 매우 기뻐했다. 이때부터 그는 일주일에 6일이나 7일씩, 하루에 14시간씩 일하면서 무서울 정도로 성연구에 몰두하기 시작했다. 이 시기에 무엇보다 킨제이의 마음을 끌었던 것은 퍼트냄빌에 있는 교정농장이었다.

주정부가 운영하는 이 농장들은 엄격히 말해서 감옥은 아니었다. 이곳에는 사소한 절도, 음주, 성매매 등 가벼운 잘못을 저지른 사람들과 증거가 나올 때까지 구속되어 있는 용의자들이 수용되었다. 킨제이가 이곳에 관심을 갖게 된 것은 이곳에서 하류층과 관련된 문제 두 가지를 일거에 해결할 수 있다는 점 때문이었다.

킨제이는 그곳에서 무엇보다 성적인 부당함에 주목했다. 그는 청년들이 공원이나 뒷골목 등 공공장소에서 자위행위를 하다가 들켰다는 이유로 감옥에 갇히게 되었음을 알고 화를 냈다. 이에 그는 시카고의 동성애자들을 상대할 때와 마찬가지로 성문제와 관련된 미국의 법률이 특히 하류층 사람들에게 얼마나 잔혹하게 적용되는지 인식하고 경악할 수밖에 없었다. 성범죄 중에서 진정한 성범죄는 겨우 5%밖에 안 된다는 것이었다. 그는 평범한 시민들 중 95%가 침대에서 습관적으로 하는 행동 때문에 감옥에 갈 수도 있다고 주장했다.

당시 성과 관련된 영국과 미국의 법들은 3천년 전 유대-기독교 부족의 관습을 바탕으로 한 영국 교회법에 뿌리를 두고 있었다. 당시 미국에서는 주마다 조금씩 차이가 있었지만, 전체적으로 봤을 때 부부관계를 제외한 모든 성관계는 사회적인 비난의 대상이 되거나 불법적인 행위였다. 예를 들어 동성애는 감옥에 갇힐 위험이 있는 불법적인 행위였으며, 입을 사용하는 성행위도 모두 비역질로 분류되는 불법적인 행위였다. 혼전 성관계가 불법으로 규정되는 경우도 있었고, 공공장소에서 애무를 하다가는 풍기문란 혐의로 체포당할 수도 있었다. 미성년자 강간이란 18세 미만 소녀의 동의를 얻어 그녀와 성관계를 맺는 것을 뜻했다. 킨제이는 17살짜리 소녀가 남자친구의 요구에 열정적으로 응해 성관계를 맺었는데, 나중에 그녀의 부모나 그녀를 마음에 둔 다른 남자가 남자친구를 경찰에 밀고하는 경우와 자주 부딪쳤다. 이 경우 남자친구는 강간범과 똑같은 처벌을 받았다. 6개 주에서는 이런 범죄를 반드시 사형에 선고하도록 규정되어 있었고, 10개 주에서는 사형을 선고할 수 있다는 규정이 있었으며, 19개 주에서는 종신형, 나머지 주에서는 징역 10년 내지 종신형을 선고하도록 규정되어 있었다.

인간 성행동의 조사방법

킨제이는 1940년부터 1944년까지 범죄자, 대학교수와 그의 아내들, 흑인, 백인, 노인, 학생, 동성애자, 어린이 등 다양한 사람들의 성행동을 조사했다. 킨제이는 인간의 성행동을 조사하면 사회학자, 입법부와 정부기관, 교육자, 정신과 의사, 결혼상담사, 성직자, 의사들에게 반드시 필요한 정보가 되리라고 보았다. 킨제이는 과연 그 많은 인간의 성행동을 어떻게 조사했을까?

우선 킨제이는 인간의 성행동에 대해 오르가슴을 기준으로 선택했다. 그는 성행동의 모든 측면을 연구할 생각이었지만, 그러한 성행동이 오르가슴으로 이어지는 경우만 중요하게 취급할 작정이었다. 그는 행동학자답게 진실을 파악하려면 행동을 보는 편이 더 낫다고 생각했다. 그리고 측정할 수 있을 만큼 눈에 띄게 나타나는 유일한 요소가 바로 오르가슴이라고 했다.

또한 킨제이는 인간의 성행동을 12가지 생물학적, 사회경제적 요인들에 의해 분류하였다. 성별, 인종, 문화, 결혼 여부, 연령, 사춘기에 도달한 시기, 교육 수준, 자신과 부모의 직업상 계급, 시골, 도시, 종교, 애정의 강도, 출신지가 그 요인들이었다.

이렇게 분류를 마친 후 그들에게 약 350개의 기본 문항을 가지고 인터뷰를 시작했다. 동성애자, 포주, 매춘부, 여러 번 결혼한 사람처럼 이례적인 대상에게는 220개의 질문이 추가되었다. 이 질문들은 우선 성적 욕망을 분출할 수 있는 주요 방법 6가지, 즉 자위행위, 몽정, 절정에 이르는 애무, 이성애 성교, 동성애 접촉, 동물과의 성교를 통해 오르가슴에 도달하는 방법과 주간 평균횟수를 알아내기 위한 것이었다. 이 6가지 방법의 하위 범주인 부부관계, 혼외관계 등도 질문에 포함되었다.

혹벌 연구에 선구적인 방법을 도입해 화려한 성공을 거둔 킨제이는 모든 것을 고스란히 성연구에 적용했다. 사실상 그는 인간을 몸집이 크고 약간 복잡하다는 점만 빼면 혹벌과 똑같은 날개 없는 생물로 취급했다.

혹벌을 연구할 때 킨제이는 넓은 지역에서 엄청난 숫자의 표본을 수집해 세심하게 측정한 결과를 모두 논문에 발표했으며 관련 연구 결과물을 광범위하게 참조했다. 인간의 성행동을 연구할 때도 그는 때와 장소를 가리지 않고 항상 측정을 했다. 심지어 그는 처음부터 음경의 크기를 측정했다. 정상적인(부드러울 때) 길이와 둘레, 발기했을 때의 길이와 둘레, 둘레는 머리-중간-저부의 순으로 쟀다. 성행동의 조사를 모두 끝낼 때까지 킨제이는 5,200건의 음경 측정 결과를 확보했다.

킨제이는 인간의 성행동을 하나도 빠트리지 않고 발견하고 싶어했다. 1940년 말까지 그가 모은 성경험의 역사는 1,692건이었다. 이렇게 자료를 수집하는 데는 많은 돈과 시간이 들었다. 그는 1938년부터 매년 약 1천 달러 정도의 사비를 이 일에 쏟아부었다. 그의 연봉이 4,750달러였는데 말이다. 생물학 교과서로 인세를 받을 수 있었던 것이 천만다행이었다.

킨제이가 발견한 놀라운 사실들

킨제이는 1940년대 미국 남성들의 성행동을 조사하면서 아주 놀랍고 매혹적인 사실들을 많이 발견해냈다. 그 대표적인 내용들을 간략히 살펴보면 다음과 같다.

첫째, 계층간의 성적 행동의 엄청난 차이였다. 과거의 연구자들은 각각의 계층이 모두 동일하다는 가정 하에 전적으로 대졸 수준의 표본에만 의존했다. 하지만 알고 보니 계층간에는 근본적인 차이가 있었다. 고졸 이하 하류층은 혼전 성관계를 7배나 많이 경험하고, 훨씬 많은 섹스 파트너를 갖고 있었으며, 매춘부를 이용하는 경우도 3배나 많고, 동성애 경험도 4~5배나 되었다. 그들은 또한 결혼 초기에는 문란한 생활을 하다가 나중에 가정에 충실해졌다. 대졸 이상의 상류층은 이와 반대였다. 자위행위, 몽정, 애무가 혼전 성관계와 문란한 성관계를 대신했다. 동성애도 더 드물었다. 하지만 킨제이는 응답자들이 이 부분에서 사실을 은폐했을 가능성이 있다고 추측했다.

둘째, 정상인=이성애자, 비정상인=동성애자의 공식은 아예 존재하지 않는다는 것이었다. 1940년 「동성애를 호르몬으로 설명하려는 기준」이란 논문에서, 킨제이는 미국 남성들 중 1/4 내지 1/3이 적어도 한번쯤은 동성애를 통해 오르가슴에 도달한 적이 있다고 보았다. 또 1948년 『인간 남성의 성행동』에서는 미국 남성의 동성애 수치로 37%, 10%, 4%를 제시했다. 37%는 사춘기(13세)부터 노년 사이에 적어도 어느 정도의 노골적인 동성애 경험을 통해 오르가슴에 이른 적이 있는 남자들의 비율이다. 10%는 15살에서 55살 사이에 적어도 3년 동안 다소 철저하게 동성애만 한 남자들의 비율이다. 4%는 평생동안 동성애만 한 남자들의 비율이다. 따라서 킨제이는 동성애가 드문 것도 아니고 비정상적인 것도 아니므로, 프로이트가 말한 것처럼 신경증이나 정신병의 증거가 될 수 없다고 보았다.

셋째, 킨제이는 『인간 남성의 성행동』에서 돼지, 개, 황소, 송아지, 양, 닭 등 동물과 사랑을 나누는 사람들 이야기를 할 때 가정 섬세한 태도를 보여주었다. 그가 알아낸 바에 따르면 시골 농장의 인부들 중 17%, 특히 청년 인부들이 농장에서 기르는 거의 모든 동물들과 온갖 형태의 섹스를 하며 오르가슴을 느끼고 있었다. 킨제이는 사실 이 비율이 34%에 이를 것이라고 추측했다. 묘한 것은 독신자들의 다른 성행동과 마찬가지로 동물과의 성행위 역시 대학 수준의 고등 교육을 받은 상류층에서 가장 많이 나타난다는 점이었다. 킨제이는 소년과 젊은 청년들이 자주 접촉하는 동물들에 대해 느낄 수 있는 열정에 가까운 흥분과 강렬한 감정에 공감했다.

넷째, 킨제이는 노년의 성도 살펴보았다. 그가 수집한 성경험 역사 중에서 60세 이상 백인 남성의 것은 87건, 흑인 남성의 것은 39건에 불과했다. 이 사례들에 따르면 60세 이상 남성들 중 18.4%가 성불능이 되며, 그 어느 것에 대해서도 에로틱한 감정을 느끼지 못했다. 65세가 되면 25%가 불능이 되고, 75세가 되면 55%가 불능이 되었다.

다섯째, 킨제이는 죄책감 속에서 은밀하고 산발적으로 이루어지는 혼외관계도 생생히 묘사했다. 그가 인용한 수치들은 미국인들을 경악시켰다. "이 여자와 한두 번, 다음 파트너와 몇 번, 그러다가 몇 달이나 1~2년 동안 아무 일도 일어나지 않는다. (……) 그러고는 1주일 동안 여러 번 또는 매일 밤 관계를 맺는다. 단 한 번의 여행이나 몇 주 동안의 여름휴가에서." 혼외관계의 동기도 제시되었다. 사람이 나이를 먹으면서 같은 파트너와 섹스를 하는 것에 권태를 느낀다는 것이었다.

『인간 남성의 성행동』 출간

1947년 9월 킨제이는 마침내 집필을 끝냈다. 책의 제목도 『인간 남성의 성행동』으로 정해졌다.

킨제이의 남성 성보고서는 세 개의 부분으로 구성되었다. (1) '역사'는 과거의 연구를 다뤘고, '방법론'은 현재의 연구를 집대성했다. (2) '성적인 배출구에 영향을 미치는 요인들'에는 나이, 사회계층, 종교 등이 포함되었다. 그 다음은 (3) '성적인 배출구의 원천'이었다. 여기서 킨제이는 자위 행위와 몽정 같은 혼자만의 행동에서 애무와 성행위처럼 평범한 이성애 행동으로 나아갔다가 마지막으로 동성애나 동물과의 성 접촉처럼 보기 드문 행동들을 다뤘다. 남성 성보고서는 735쪽 분량에 22장으로 구성되었으며, 마지막 장에는 의사들을 위한 임상적인 설명이 실려 있었다.

킨제이의 『인간 남성의 성행동』은 앞에서 얘기했듯이 아직까지도 한국에서는 번역되지 않았다. 그러므로 필자가 주요 목차라도 번역해서 아래에 추가로 싣기로 한다. 부디 한국 출판계에서도 이 책에 관심을 갖고 번역, 출간해주기를 바랄 뿐이다.

1948년 1월 6일 마침내 『인간 남성의 성행동』이 출간되었다. 당시 인디애나 대학의 웰스 총장은 자서전에서 "전국적인 소란이 수년 동안 계속되었다."고 했다. 그야말로 시한폭탄이 터진 것이다. 이 책은 거의 모든 베스트셀러 목록에서 1위를 차지했다. 최종 판매수는 약 27만 부였고, 8개국에서 번역본이 출판되고 영어판이 80개국에서 판매되었다.

이 책을 비판하는 사람들도 많았다. 이 책에는 역사적인 관점이 놀라울 정도로 결여되어 있다고 했다. 또 연구 대상들 중에는 흑인이 전혀 없고, 노인의 숫자도 너무 적었다. 미국 중산층과 상류층을 보여주는 자료는 신뢰할 만했지만, 하류층에 대한 정확도는 한참 떨어졌다. 1948년과 1949

인간 남성의 성행동

1부. 이력 및 방법
    1. 이력(역사) 소개
    2. 인터뷰
    3. 통계적 문제
    4. 데이터의 유효성

2부. 성적 배출구에 영향을 미치는 요인들
    5. 초기 성적 성장 및 활동
    6. 총 성적 결과
    7. 연령과 성적 배출구
    8. 결혼 상태 및 성적 배출구
    9. 청소년기와 성적 배출구
    10. 사회적 수준과 성적 배출구
    11. 성적 패턴의 안정성
    12. 시골-도시 배경과 성적 배출구
    13. 종교적 배경과 성적 배출구

제3부. 성적 배출구의 원천
    14. 자위
    15. 야간 임무
    16. 이성애자 애무
    17. 혼전 성교
    18. 부부간의 성교
    19. 혼외 교제
    20. 매춘부와의 교제
    21. 동성애자 배출수단
    22. 동물 접촉
    23. 임상 테이블

년에 킨제이는 남성 성보고서가 일으킨 소란과 후유증에 대처하느라 대부분의 시간을 보내야 했다.

모든 나라의 성애물 수집

성경험의 역사에 대한 자료 수집은 이후로도 3~4년 동안 계속해서 늘어났다. 남성 성보고서가 출간될 때 이미 1만 2,500건에 달했던 사례는 1948년 4월까지 1,500건이 더 늘어났고, 1950년 4월까지는 1만 6,500건에 이르렀다. 그중 8천 건이 여성들의 것이었다.

이제 킨제이는 단순히 성행동의 사례뿐만 아니라 성 관련 자료의 수집 그 자체에 점점 더 흥미를 느끼고 있었다. 그는 온갖 성애물, 성 연구 결과, 모든 시대 모든 나라의 성 관련 자료를 모조리 사들이기 시작했다.

특히 킨제이는 춘화의 역사뿐만 아니라 이집트, 크레타, 아시리아, 페르시아, 중국, 일본의 예술을 아우르는 성 연구를 기획하기도 했다. 그래서 그의 사후에 『춘화 연구』라는 저작물로 결실을 맺기도 했다.

킨제이의 성 관련 자료 수집에는 섹스의 생리학적 특징을 관찰하고 영상에 담는 작업도 포함되어 있었다. 예컨대 자위행위를 촬영하는 작업은 4년 동안 계속되었다. 킨제이는 과거에 연구의 친구들에게 성경험 역사를 들려달라고 부탁했던 것처럼 자위행위를 해달라고 부탁했고, 많은 사람들이 이 부탁을 들어주었다. 최종적으로 킨제이는 남자 약 1천 명의 자위 장면을 필름에 담을 수 있었다.

심지어 킨제이는 인간의 성행위를 필름에 담기도 했다. 그는 가능한 한 많은 자료를 수집해야 직성이 풀리는 성격 때문에 동성애자와 이성애자의 성행위를 필름에 담았다.

질 오르가슴 vs 음핵 오르가슴

남성의 성행동에 대한 연구를 마친 킨제이는 곧바로 여성의 성행동에 대한 연구로 들어갔다. 그는 여성의 성행동을 조사하면서도 여러 가지 새로운 사실들을 알게 되었다. 대표적인 예로 여성의 오르가슴을 들 수 있다.

킨제이는 여성에게 일종의 신비를 느끼고 있었다. 남성은 오르가슴이 모든 것이지만, 여성의 경우에는 오르가슴을 전혀 느끼지 못하거나 원하지 않는 사람도 있다는 것을 알게 되었다. 또한 2~3년 동안 섹스를 하지 않아도 전혀 아쉬워하지 않다가 갑자기 섹스를 자주 하면서 잦은 오르가슴을 느끼는 여성들도 많았다. 따라서 킨제이는 성에 관해 더 사회적인 시각을 발전시켜야 했다.

킨제이를 놀라게 한 것은 이것뿐만이 아니었다. 자료를 정리하는 과정에서 여성들의 성적 패턴이 점점 드러나기 시작하자, 그는 어떤 남자보다도 훨씬 더 강렬한 반응을 보이는 여자들이 많다는 것을 알게 되었다. 한번에 여러 번 오르가슴을 느끼는 현상도 흔하다고 했다. 킨제이의 연구 대상 중 14%가 다중 오르가슴을 느꼈으며, 그중 3~5%는 대단히 강렬한 오르가슴을 느낀다고 대답했다. 심지어 60대의 산부인과 의사 앨리스 스피어스 박사는 아주 유별난 사람이었다. 그녀는 20분만에 15~20회의 오르가슴을 느낄 수 있었다. 그녀는 그냥 슬쩍 건드리기만 해도 성적인 반응을 보였다. 성행위 시에 그녀는 삽입 후 2~5초만에 첫 번째 오르가슴을 느낀다고 했다.

여성의 오르가슴에 관한 킨제이의 견해는 당시로서는 혁명적이었다. 의사들과 정신분석학자들은 오래 전부터 음핵 오르가슴과 질 오르가슴을 구분하고 있었다. 음핵 오르가슴은 미성숙하고 잘못된 것이므로 질을 자극해서 그곳에서 오르가슴을 느끼도록 유도하는 것이 중요하다고 했다. 질 오르가슴을 느끼지 못하는 여성들은 신경증 환자로 분류되었다. 따라서 수많은 여성들이 질 오르가슴을 느끼기 위해 불안과 갈등 속에서 애를 써야 했다.

하지만 킨제이는 질 오르가슴은 사실 여자가 오르가슴을 느끼려면 반드시 거대한 남성 성기가 몸속으로 들어와야 한다는 대단히 남성 우월주의의 표현이라고 했다. 킨제이는 이 주제를 철저히 연구해보기로 하고, 의사 5명에게 900명에 가까운 여성들을 시험해보도록 했다. 그 결과는 결정적인 것이었다. 질에는 사실상 신경말단이 분포되어 있지 않기 때문에 여성들 중 86%는 질을 자극해도 아무것도 느끼지 못했으며, 나머지 여성들 역시 거의 느낌이 없다고 대답했다. 자궁경부에도 역시 신경이 없음이 밝혀졌다. 95%의 여성들이 자궁경부를 자극해도 아무것도 느끼지 못했던 것이다. 따라서 질 오르가슴은 생물학적으로 불가능한 현상이었다. 그렇다고 해서 질이 전혀 중요하지 않다는 뜻은 아니었다. 질은 오르가슴이 발생했을 때 대개 온몸을 사로잡곤 하는 전체적인 경련에 동참했다. 질과 가까운 곳의 신경들, 즉 직장 신경, 항문과 성기 사이의 신경, 회음부 근육은 남녀 모두 민감한 부위이므로 이곳을 자극해서 마치 질이 반응하는 것처럼 착각할 수도 있었다. 여성의 오르가슴에서 질보다 더 중요한 것은 오히려 음핵이었다. 하지만 남녀가 모두 보다 만족스러운 오르가슴에 도달하기 위해서는 서로의 몸 전체를 감정적, 물리적으로 자극하는 것이 필요하다고 했다.

『인간 여성의 성행동』 출간

킨제이는 1950년부터 여성 성보고서의 집필에 전념했다. 그가 여성 성보고서의 집필을 정확히 언제 끝냈는지는 판단하기 어렵다. 그는 집필,

> ## 『인간 여성의 성행동』
>
> 제1부. 역사 및 방법
>   1. 연구의 범위
>   2. 표본 및 통계 분석
>   3. 데이터의 출처
>
> 제2부. 여성의 성적 활동 유형
>   4. 사춘기 이전의 성적 발달
>   5. 자위
>   6. 야행성 섹스 드림(꿈)
>   7. 혼전 애무
>   8. 혼전 성교
>   9. 부부간의 성관계
>   10. 혼외 성교
>   11. 동성애자의 반응과 접촉
>   12. 동물 접촉
>   13. 총 성적 배출구
>
> 제3부. 여성과 남성의 비교
>   14. 성적 반응과 오르가슴의 해부학
>   15. 성적 반응과 오르가슴의 생리학
>   16. 성적 반응의 심리적 요인
>   17. 성적 반응의 신경 메커니즘
>   18. 성적 반응의 호르몬 요인들

편집, 재집필, 재편집을 모두 한꺼번에 진행했기 때문이다. 아마 이 해 11월이나 12월에 집필을 끝냈을 것으로 추정하고 있다. 그리고 1953년 9월 9일 무렵에 출판되어 많은 서점에서 책이 판매되었다.

    킨제이의 『인간 여성의 성행동』 역시 아직까지 한국에서는 번역, 출판되지 않았다. 그러므로 앞에서처럼 필자가 그 원본을 구해 주요 목차를 번역해서 여기에 싣기로 한다.

킨제이의 『인간 여성의 성행동』에 대해 언론이 보여준 열기는 대단했다. 책 한권에 이토록 많은 관심이 쏟아진 사례는 전무후무했다. 전국의 잡지들이 모두 그림을 곁들인 장문의 기사를 실었고, 전국의 신문들이 대부분 머리기사로 보도했다. 당시 여성들은 '여성의 성적 습관에 관한 정보를 얻을 수 있게 된 것'에 대부분 지지를 보냈다. 하지만 시간이 흐를수록 대중의 격렬한 항의와 혐오감을 표시하는 언론보도가 점점 분위기를 압도하기 시작했다.

'미국 여자들이 자위행위를 하고, 오르가슴을 느끼고, 혼전성교를 하고, 혼외정사를 하고, 서로 섹스를 하고 (......) 이런 것이 미국 여성일 리가 없었다. 킨제이가 매춘부들만 조사했음이 분명하다.'

킨제이에게 분노를 퍼부은 사람들은 대부분 구세대였다. 그들은 여전히 냉전의 위협 때문에 겁에 질려 있었으며, 서방에서 일어나고 있는 문화적 혁명 때문에 잔뜩 긴장해 있었다. 그럼에도 책이 나온 지 2주만에 6쇄(18만 5천부)를 인쇄했다. 여성의 성보고서는 남성의 성보고서가 6년 만에 도달한 판매 기록을 겨우 두 달 만에 달성했다. 외국에서도 속속 출간되기 시작했다.

결국 1954년 사건이 터졌다. 그동안 킨제이와 그 연구소에 자금지원을 해오던 록펠러 재단이 마지막으로 5만 달러를 지원하고 더 이상은 해주지 않기로 한 것이다. 섹스를 연구하는 킨제이와 연관되기 싫다는 것이 근본적인 이유라고 했다.

성에 대해 죄책감 없는 세상

1956년 8월 25일, 킨제이는 한을 품고 세상을 떠났다. 그는 자신의 연구소가 무너질까봐 걱정했고, 자신의 마지막 저서이자 최고의 저서인 여성 성보고서가 제대로 인정받지 못할 것이라고 확신했다. 미국 사회는 여전히 킨제이에 대해 놀라울 정도로 결벽증 환자 같은 태도를 보이고 있다. 무려 16권에 이르는 『과학인명사전』조차 킨제이를 깡그리 무시하고 있다. 최근에 나온 보충판에도 킨제이의 이름은 전혀 언급되어 있지 않다. 그러나 『킨제이와 20세기 성연구』의 저자 조너선 개손 하디는 킨제이를 '사회개혁가이자 해방가였으며, 서로 아무런 연관이 없는 생물학과 사회학의 두 분야에서 선구적인 업적을 남긴 과학자였다.'라고 평가하고 있다.

끝으로 킨제이가 생각하는 성적으로 이상적인 세상은 어떤 것이었을까? 그는 이를 아주 쉬운 문제라고 했는데, 무엇보다 '성에 대해 죄책감이 없는 세상'이라고 했다. 또 성적인 문제에 대해 너그러운 태도와 자유로운 성행동을 보장하는 사회라고 했다.

⑩

'아는 사람'에 의한 성폭력 실태
- 『그것은 썸도 데이트도 섹스도 아니다』

미국 청소년 및 대학생의 성폭력 실태

성이란 두 사람의 합의에 의해 이루어지면 한없는 기쁨과 행복을 안겨주지만, 어느 한 사람의 위력에 의해 강압적으로 이루어지면 또다른 폭력이 되어 상대방에게 커다란 고통과 상처를 안겨준다. 『그것은 썸도 데이트도 섹스도 아니다』(로빈 월쇼 지음, 한국성폭력상담소 부설연구소 울림 번역, 일다, 2015)는 미국 청소년 및 대학생 사이에서 벌어지는 그러한 성폭력 문제를 집중적으로 다루고 있다. 그중에서도 가장 빈번하게 발생하지만 가장 은밀하게 숨겨지는 '아는 사람'에 의한 성폭력을 다각적으로 분석하고 있다. 흔히 성폭력이라 하면 낯선 사람에 의한 것(강간)을 떠올리지만, 실제로는 아는 사람에 의한 성폭력이 훨씬 많이 일어난다. 미국에서도 낯선 사람보다 아는 사람에게 성폭력의 피해를 입을 위험성이 무려 4배나 높다고 한다.

　이 책의 저자 로빈 월쇼는 미국 여성주의 잡지 《미즈》와 국립정신건강연구소가 함께 진행한 대학 내 성폭력 관련 프로젝트의 연구 결과를 토대로 이 책을 집필했다고 한다. 그들은 아는 사람에 의한 성폭력 실태를 파악하기 위해 수천 명의 남녀 대학생들을 대상으로 설문조사를 실시했고, 그에 대해 다양하고도 치밀한 인터뷰를 진행했다.

　이 책은 아는 사람에 의한 성폭력의 피해 사례를 개개인의 경험담을 중심으로 다양하게 담고 있으며, 그 현실적인 대안도 실천하기 쉽게 구체적으로 제시하고 있다. 비록 출간된 지 30여 년이 지난 책이지만, 성폭력 분야의 고전답게 이에 대한 실제적인 정보들을 제공하고 있다.

데이트 성폭력

　먼저 미국 청소년들 사이에서 평범한 데이트가 어떻게 성폭력으로 변하는지, 그 전형적인 수법과 경로를 로리의 경험담을 통해 살펴보자.

　19살의 여성 로리는 방학 때마다 템파베이의 한 식당에서 아르바이트를 했고, 에릭과 폴은 그 식당의 단골손님이었다. 에릭은 훤칠한 키에 잘생긴 데다 집안도 부유한, 20대 중반의 매력적인 남자였다.

　하루는 에릭이 그의 룸메이트인 폴의 커플과 '더블데이트'를 하자고 제안했다. 로리는 에릭이 그냥 친구로 느껴졌기 때문에 아무런 생각 없이 수락했다. 데이트 당일 에릭은 여러 번 전화해서 일정을 바꾸더니, 결국 자신이 사는 집에 친구들 여럿을 불러 바비큐 파티를 할 것이라고 했다. 로리는 괜찮다고 했다. 그런데 바비큐 파티가 무르익는데도 폴과 에이미 커플은 나타나지 않았다. 로리가 그에 대해 묻자, 에릭은 방금 폴과 에이미가 못 온다고 연락이 왔다고 거짓말을 했다.

에릭 친구들이 모두 돌아간 후 두 사람은 소파에 앉아 있었는데, 에릭이 그녀 쪽으로 기대더니 키스를 했다. 그녀는 "데이트니까 그럴 수도 있지"라고 했다. 얼마 후 에릭은 그녀를 침대에 눕히고 키스를 했다. 그녀의 옷을 벗기기에 "잠깐, 그만해! 난 이거 싫어."라고 했는데도, 에릭은 자기가 저녁을 차렸으니까 그녀가 이 정도는 해줘야 한다고 얘기했다. "이건 아니야. 그만해. 이러려고 오늘 데이트한 것 아니야." "그럼 아까 소파에서 한 건 뭐였어?" "그냥 키스일 뿐이지." "나는 그렇게 생각 안 하는데."

에릭은 그녀를 잡아 침대 위로 던지고 옷을 벗기기 시작했다. 그녀가 소리 지르고 때리고 밀쳐내도, 에릭은 그냥 그녀의 반응을 즐겼다. "여자애들은 이런 걸 좋아하니까, 너도 아마 좋아할 거야." 그러고는 다시 "이게 어른들의 세계야. 너도 좀 클 때가 된 것 같지 않니?"라고 했다. 그 후로부터 그녀가 할 수 있는 것은 아무것도 없었다. 에릭은 로리에게 강제로 삽입했고 몇 분 후에 사정했다. 에릭이 누워있는 사이에 로리는 주섬주섬 옷을 입기 시작했다. 그가 말했다. "솔직히 좋았던 거 다 알아." 그녀는 아니라고 대답했고, 어쩔 줄 몰라 울기만 했다. 에릭은 자신의 차로 로리를 집에 바래다주며, 내일 전화해도 되느냐고 물었다. 다음 주말에 또 만나자고도 했다. 하지만 로리는 아무 말도 하지 않았다. 아니, 할 수 없었.

집에 돌아간 로리는 곧바로 방으로 올라가 이불도 덮지 않고 침대에 그냥 누워버렸다. 밤에는 그 일이 다시 일어나는 꿈을 꾸었다. 꿈속에서 그녀는 선 채로 그가 하는 짓을 지켜보고 있었다.

2주 동안 그녀는 아무 말도 할 수 없었다. 모두 자기 탓이라고 생각했다. '내가 어떻게 행동했기에 에릭이 그렇게 해도 된다고 생각한 걸까? 키스한 게 잘못이었나? 데이트한 것도, 집에 놀러 간 것도 다 잘못했던 걸까?'. 2주 후에야 로리는 어머니한테 그 일에 대해 털어놓고 어떻게 할지

상의했다. 로리는 에릭이 오히려 그녀를 탓할까봐 경찰에 신고하지 않기로 했다.

사건 이후에도 에릭은 로리가 일하는 식당에 계속 나타났고, 한번은 로리를 주방 근처 복도에 불러 세웠다. 에릭이 그녀를 만지기에 "손 치워."라고 말했다. 그는 처음엔 농담인 줄 아는 듯했다. 그러다가 "왜 그래?"라면서 그녀를 잡아당겨 안으려고 했다. 그녀는 밀쳐내며 "저리 가!"라고 언성을 높여 말했다. 그녀가 자리를 떠나려고 하자, 에릭은 "아직 충분히 안 당했나 보네."라고 했다.

로리는 에릭과 계속 마주치는 걸 피하고자 241킬로미터 정도 떨어진 곳으로 이사했다. 그곳에서 사무 보조원과 가게의 점원으로 일을 시작했고, 새로운 대학에서 수업 몇 과목도 신청해서 듣고 있다.

로리는 처음엔 그 사건을 강간으로 인식하지 못했고, 가해자를 경찰에 고소하지도 않았다. 로리는 완전히 혼자가 된 느낌이었고, 사건에 대한 책임을 스스로에게 돌렸다. 가해자로부터 안전해지고자 로리가 택한 방법은 단지 자신의 삶을 바꾸는 것이었다. 그리고 지금 로리는 자신의 판단에 대한 불신과 남자와의 교제에 대한 두려움, 또 앞으론 '정상적인' 관계를 맺을 수 없을 것이라는 절망감으로 가득 차 있다.

대학도 안전하지 않다

데이트를 가장 많이 하는 16~24세 여성의 성폭력 피해가 다른 연령에 비해 무려 4배나 높다. 또한 성폭력으로 체포되는 남성의 절반가량이 24세 이하이다. 우리가 성폭력 사건의 주 무대로 대학교에 관심을 기울여야 하는 이유도 18~24세에 이르는 사람들이 주로 대학 재학 중이기 때문이다. 이처럼 대학이 데이트 성폭력과 아는 사람에 의한 성폭력의 주요 발상

지가 되고 있다. 그럼에도 우리는 대학 캠퍼스처럼 안전한 공간에서 강간이 발생할 리 없다는 잘못된 통념에 사로잡혀 있다.

대부분의 학생들은 대학에 입학하면서 집을 떠나고, 그 결과 부모의 보호와 감시에서 벗어나 더 많은 자유를 누리게 된다. 파티와 연애에 대한 강박은 고등학교 때보다 훨씬 심해지고, 술을 구하는 것이 쉬워지므로 만취할 때까지 마시는 경우도 늘어간다. 설상가상으로 과음을 부추기는 대학문화는 이런 상황을 한층 강화한다. 그러한 경우를 대학생 레이첼의 사례를 통해 알아보자.

레이첼은 변호사인 아버지와 교사인 어머니 아래에서 지적이고 화목한 분위기를 누리며 성장했다. 그러나 대학교 1학년 때 기숙사에서 만난 남학생에게 강간을 당했고, 그 사실을 부모님에게는 말하지 않았다.

그녀가 다니던 대학은 규모가 컸다. 기숙사는 남녀 공용이었고, 각 층의 복도 2개는 여자용, 나머지 2개는 남자용으로 사용했다. 그 남자는 미식축구 선수였는데, 키가 194센티미터 정도에 몸무게는 120킬로그램이었다.

어느 날 같은 층을 쓰는 남녀 학생 모두가 참석하는 파티가 열렸다. 파티장 안에는 맥주통 같은 것들도 있었다. 레이첼은 친구들과 이미 술을 많이 마신 상태에서 파티에 갔는데, 미식축구 선수인 그 남자가 말을 걸어왔다. 레이첼은 관심을 받아 기분이 좋았다. 그런 레이첼에게 남학생은 계속해서 술을 먹였고, 이따가 파티방 복도 끝에 있는 자기 방으로 오라고 했다. 레이첼은 취한 상태에서 "알았다"고 했다. 그녀는 아무 생각이 없었고, 더군다나 그 남학생이 자기를 위험에 빠트리리라고는 전혀 예상하지 못했다. "저는 그 남자애가 자기 방에 오라는 게 그냥 '딴 데서 놀자'는 의미인 줄만 알았어요. 당연히 그 방에 다른 사람도 있을 거라 생각했죠. 그런데 알고 보니 그 방에는 아무도 없었고, 그걸 알았을 때는 어떻게 할 방법이 없었던 것 같아요. 우리는 키스를 했고, 얼마 안 있어 그 남자애가 제 옷을 벗기기 시작했어요. 저는 계속 그만하라고 하면서 울었죠. 저한테 해코지를 할까 무서웠어요."

성폭력은 30분가량 이어졌다. 마침내 풀려난 레이첼은 거기서 얼마 떨어지지 않은 자기 방으로 돌아갔고, 임신하지 않기를 간절히 기도하면서 잠을 청했다. "그냥 다 잊어버리고 싶었고, 그런 일이 있었다는 게 수치스러웠어요. 더럽혀지고 망가진 느낌이었어요. 제 탓이라고 생각했습니다."

다음날 그 남자는 레이첼의 방으로 와서 데이트 신청을 했다. 레이첼은 그 남자의 데이트 신청을 거절했지만, 이유는 설명하지 않았다. 또한 강간 사건에 대해서도 신고하지 않았다. "누가 저를 믿어주겠어요? 그 애는 실력 있는 미식축구 선수였어요. 제가 뭐라고 하든 아무도 믿어주지 않을 거예요. 그 일을 누군가에게 말하는 건 상상도 못했습니다." 레이첼이 자기의 성폭력 경험을 사람들에게 이야기한 것은 사건이 발생하고 난 지 4년이 지나면서였다. 그런 그녀에게 친구들은 모두 공감과 지지를 보여주었고, 그중 한 친구는 자신의 피해 경험을 들려주기도 했다. 이런 과정은 레이첼이 자기 자신을 치유하고 스스로에 대한 믿음을 회복하는 데 도움이 되었다. 그녀는 이제 이렇게 말한다. "저는 바보 같은 선택들을 했지만, 그 남자가 저를 공격한 건 제 잘못이 아니에요."

피해 여성들이 신고하지 못하는 이유?

대부분의 성폭력 피해 여성은 가해 남성을 알고 있었고, 데이트 중에 피해가 발생한 것으로 밝혀졌다. 피해 여성의 대다수는 자신이 경험한 사건을 알리려 하지 않았다. 대체 왜 그러했을까?

우선 여성들이 신고하지 않은 근본적인 이유 가운데 하나는 자신이 겪은 일을 성폭력으로 인식하지 못하기 때문이라고 한다. 특히 성폭력이 데이트 상대에 의해 발생한 경우, 이전에 가해자와 합의 아래 성적 접촉을 한 경우, 가해자의 폭력 정도가 약했던 경우 등은 자신의 경험을 성폭력으로 인지하지 못했고 사건을 신고하기도 꺼렸다.

나아가 그녀들은 대개 친분 있는 남성이 곤경에 빠지는 걸 원하지 않거나, 성폭력이 발생한 구체적인 정황과 관련해 스스로를 부끄럽게 여겼다. 그와 함께 주변 사람들이 피해자인 자신을 비난할지도 모른다는 두려움과, 가해 남성의 사회적 지위 때문에 자신의 이야기가 곧이곧대로 받아들여지지 않으리라는 불신이 컸다.

기타 요즘도 많은 여자아이들은 여전히 수동적이고 나약하며 자기 의견이 없는 사람이 되도록 부모님이나 선생님, 대중문화로부터 직간접적으로 교육받는다. 또 그들은 성인이 되어서도 계속해서 아이처럼 두려움이 많고 독립심과 자립심이 부족한 상태로 머물 것을, 그리고 신체적 경제적으로 자신을 보호해줄 남자를 찾아갈 것을 요구받는다.

끝으로 경찰이 자신의 말을 믿어주기보다 오히려 탓할 거라 여기고, 자신이 경험한 일을 강간으로 보지 않을 것이라 생각했다. "수사관은 검찰이 이 사건을 강간으로 기소할 가능성은 적다고 했어요. 제가 술을 마신 상태였고, 자발적으로 그를 따라간 데다가, 또 가해자와 제가 친분이 있는 사이이기 때문이라고 했죠."

그들은 지극히 평범했다

대부분의 남성들이 성폭력의 가해자는 아니다. 조사 결과 성적 폭력과 공격성은 중산층과 고학력층에 속하는 집단에서 오히려 빈번하게 발생한다고 했다.

성폭력 가해 남성들은 일반적인 남성과 몇 가지 차이점을 보였는데, 그들은 일주일에 한두 번 술을 마셨고, 한 달에 1~3번은 취할 정도로 마셨으며, 가정환경이 매우 엄했고, 가정폭력이 한 달에 한두 번씩 발생했다고 한다. 성적 가치관에서도 차이를 드러냈다. 가해 남성들은 날마다 친구들과 '특정 여성과 성관계를 하면 어떨지?'에 대한 이야기를 나누며, 성인물을 매우 자주 본다고 했다. 또한 남녀가 서로 알고 지낸 기간과는 상관없이 모든 상황에서 성관계가 이루어질 수 있다고 생각하는 경향이 있었다.

나아가 가해 남성들은 일반 남성에 비해 성폭력을 정당화하는 통념을 수용할 가능성이 높다고 했다. 그들은 여성을 적대시하는 가운데 성 역할에 대한 고정관념이 강했으며, 공격적 형태의 성욕을 당연시하고 성폭력 예방의 책임을 여성에게 떠넘기는 경향도 보였다. 더불어 가해 남성들은 성폭력 사건에서 여성에게 상당히 위협적일 수 있는 상황에 대해 강제적이라고 인식하지 못하거나, 여성이 저항해도 이를 실제보다 덜 심각한 것으로 느낄 가능성이 확실히 높았다. 성폭력 피해 후 여성들은 공포, 분노, 우울함을 느꼈다고 대답한 데 반해, 남성들은 일종의 뿌듯함을 느꼈다고 밝힌 점도 상황을 판단하고 느끼는 가해자와 피해자의 엄청난 차이를 보여주는 지표라 하겠다.

한편, 가해 남성들은 대부분 스스로를 범죄자와 동일시하지 않지만, 그들에게서는 상황을 연출하려는 강한 의도가 엿보였다. 그들은 대체로 다른 사람들이 듣거나 볼 수 없는 장소에서 성폭력을 가한다. 또한 가해자의 집에서 사건이 발생한 경우를 잘 살펴보면, 가해 남성이 룸메이트나 아이들이 집에 없는 시간을 선택해서 범행을 저질렀음을 알 수 있다.

가해자들은 여성을 안심시키기 위해 자신들이 가려고 하는 장소에 다른 사람들도 있다고 거짓말을 하기 일쑤이며, 심지어는 다른 사람들을 미리 공범으로 포섭해 놓기도 했다. 또한 가해자들은 피해자를 외딴 장소에 데리고 가기 위해 어떤 상황을 연출해내곤 했다.

여성에게 가해를 한 후 몇몇 남성이 보이는 태도는 피해자들이 방금 전에 경험한 적대감과 공격성과는 모순되는 경우가 많았다. 어떤 가해자들은 범행 직후 이상하리 만큼 다정해지면서 여성에게 옷을 입혀주거나 몸을 가려주었다. 혼자 나가는 건 위험하다며 피해 여성과 함께 집까지 걸어가거나 차로 태워다주겠다고 친절하게 권하는 사람도 있었다. 피해자에게 작별의 키스를 하며 곧 연락하겠다고 말하거나, 심지어 사랑을 고백하며 앞으로 지속적인 관계를 맺자고 제안하는 이들도 있었다. 가해자들의 이런 태도는 그들이 방금 전에 했던 일을 강간으로 인식하지 못하고 있었음을 의미한다.

10대 청소년들의 성폭력 이야기

흔히 아는 사람에 의한 성폭력이 많이 발생하는 곳으로 대학을 떠올리지만, 고등학교는 물론 중학교에서도 종종 피해자가 발생하고 있다. 가뜩이나 감정적으로 불안한 시기를 통과하고 있는 10대 소녀들은, 성폭력을 피할 준비가 잘 되어 있지 않은 상태에서 사건을 경험하곤 한다.

고등학교 2학년에 재학 중인 멜리사는 어느 날 남자친구 데이비드에게 다른 여자 친구를 사귀고 싶다는 말을 듣는다. 멜리사는 첫사랑으로 만나 1년 넘게 사귀면서 성적으로도 친밀한 관계를 맺어온 데이비드를 잃고 싶지 않았다. 하지만 데이비드는 어느 토요일 밤 다른 여학생과 데이트하러 간다고 통보했고, 잠시 후 그녀는 데이비드의 친한 친구인 브라이언으로부터 한 통의 전화를 받았다. 양다리를 걸친 데이비드에게 복수하고 싶지 않으냐며, 자신과 멜리사, 데이비드와 새 여자친구. 이렇게 네 명이 '더블데이트'를 하자고 제안했다.

결국 더블데이트를 하게 된 네 사람은 함께 영화를 본 후 인근의 바닷가로 차를 몰았다. 데이비드와 새 여자친구는 해변으로 산책을 갔고, 브라이언은 멜리사에게 바위에 앉아 친구들이 돌아올 때까지 기다리자고 했다. "우리는 어느 커다란 바위에 앉아 있었죠. 그런데 몇 분 있다가 브라이언이 일어나더니 제 쪽으로 돌아서서 바지를 벗기 시작하는 거예요. 제가 뭐하는 거냐고 물었더니 브라이언이 그러더군요. '데이비드가 한 짓에 대해서 진짜로 복수하자'고요. 저는 싫다고 했어요. 그 상황을 별로 심각하게 여기지도 않았고요. 그 애가 바지를 다 벗고 제 벨트에 손을 댈 깨까지도 그랬어요. 그러다 뭔가 잘못되어가고 있음을 깨닫고, 저는 거길 벗어나려 했어요. 하지만 브라이언이 제 팔을 등 쪽으로 움켜잡고 꼼짝 못하게 했기 때문에, 저는 바위에 반은 눕고 반은 서 있는 상태가 되었어요. 브라이언은 한 손으로 제 양손을 잡고, 다른 손으로 제 바지를 벗기려 했죠. 저는 브라이언에게 그만하라고 빌면서 데이비드가 돌아오기를 기대하며 소리치기 시작했어요."

멜리사의 저항에도 멈추지 않은 브라이언은 재빨리 사정했다. 멜리사는 바지를 올려 입고 차가 주차되어 있는 곳으로 갔다. 잠시 후 데이비드와 새 여자친구가 돌아왔고, 넷은 다시 차를 타고 집을 향해 달렸다. 멜리사는 아무 말도 하지 않았다.

그 다음 날 데이비드가 집으로 찾아와 브라이언이 "멜리사와 섹스했다"고 떠벌리고 다닌다는 이야기를 전했다. 그리고 멜리사에게 브라이언이 왜 그렇게 하도록 내버려두었는지 물었다. 멜리사는 그 날 있었던 일을 모두 얘기했지만, 데이비드는 그녀의 목소리를 전혀 듣지 못했다고만 했다.

멜리사는 브라이언이 저지른 일을 부모님한테 얘기할 수 없었다. 그걸 말하는 순간 자신이 데이비드와 섹스를 하는 사이였다는 게 알려질 테고, 부모님 눈에는 자신이 성폭행을 당한 것보다도 순결을 잃은 게 더 나쁜 일로 보일 테니까 말이다. 같은 이유로 경찰서에도 갈 엄두를 못 냈다. 더군다나 경찰에 신고를 하기라도 하면, 또래 친구를 감옥에 보냈다고 다른 친구들이 곧바로 자신과 절교할 것만 같았다.

집단 성폭력

아는 사람에 의한 집단 성폭력은 개인간의 일대일로 발생하는 성폭력과는 뚜렷한 차이를 보인다. 가장 큰 차이는 집단 성폭력이 남성 그룹의 소속감을 강화하는 장치로 활용된다는 점이다.

집단 성폭력의 가해 남성들은 혼자서는 절대 성폭력을 저지르지 않을 사람일 수 있다. 그러나 집단 성폭력에 가담하면서 가해 남성들은 특별한 유대감을 경험하고, 집단적 남성성의 실현을 위해 피해자를 수단화하는 공동의 목표를 갖게 된다. 그들은 또한 성폭력을 통해 다른 구성원들에게 성적인 능력을 과시(증명)하고 자신의 지위를 공고히 하는데, 집단의 우두머리가 가장 먼저 성폭력을 자행하고 다른 구성원들이 그 뒤를 따르는 게 대표적인 사례이다.

이와 비슷한 또 다른 사례로는 피해 여성이 집단의 구성원 중 한 사람과 합의하여 성관계를 갖는 상황에서 상대 남성이 다른 구성원들을 불러 집단 성폭력을 시도하는 경우를 들 수 있다. 이는 결과적으로 피해자에게 일대일로 성폭력을 당했을 때보다 더 큰 수치심과 배신감을 안길 수 있다. 또한 집단 성폭력 가해자들은 자신들의 '성취'를 주변에 퍼트려 피해자에게 지속적으로 모멸감을 주는 경우가 많기에, 피해자의 고통은 사건 이후에도 쉽게 끝나지 않는다.

아는 사람에 의한 집단 성폭력이 보이는 또 하나의 특징은 가해 집단이 피해자를 신중하게 선별하는 경우가 많다는 점이다. 어떤 여성은 취약한 특성 때문에, 즉 친구가 많지 않은 신입생이어서 가해 대상으로 선정된다. 또 인기가 없거나 순진해서 자신에게 쏟아지는 관심과 찬사에 쉽게 흔들릴 여학생이 타깃이 되기도 한다. 때로는 단순히 가해 집단 구성원 중 한 명과 성관계를 가진 적이 있다는 이유만으로 선택되기도 한다.

고통은 오래 지속된다

낯선 사람에 의한 성폭력(강간)과 비교할 때 아는 사람에 의한 성폭력에서는 흉기 사용이나 잔인한 폭행, 혹은 흉기를 사용하겠다는 협박 등이 수반될 가능성이 상대적으로 낮다. 그래서 사람들은 흔히 아는 이에게 피해를 입은 여성의 트라우마가 덜 심각할 것이라 생각하지만 실제로는 그렇지 않을 수 있다.

먼저 낯선 이에게 피해를 입은 여성들도 자신의 경험을 이야기하기 꺼리는 경향이 있지만, 그럼에도 적지 않은 수는 친구나 친척, 전문가 등에게 도움을 요청한다. 반면에 아는 사람에 의한 성폭력 피해자는 아무에게도 얘기하지 않을 가능성이 훨씬 높다. 더군다나 그들 대부분은 자신에게 일어난 일이 성폭력이었다는 사실조차 이해하지 못하는 경우가 많다. 따라서 그들이 자신의 경험을 객관적으로 바라보고 또 타인에게 말함으로써 스스로를 치유하는 길에 들어서기란 상당히 어렵다.

또한 그들은 사건 이후 스스로에 대한 자존감이 떨어지고 두려움과 불안감은 커졌으며, 미래에 대해 암울하게 생각하는 등 심각한 수준의 후유증을 경험하고 있다고 답변했다. "처음 성폭력을 당하고 나서 몇 달간 우울증이 굉장히 심했어요. 과식을 해서 체중이 많이 늘었죠. 밤새 우는 날도 많았고요. 또 심각하게 자살을 생각하곤 했어요. 지금도 그때 겪은 것과 비슷한 증세들을 경험하고 있지만, 그래도 이번에는 의사와 상담하면서 항우울제를 복용하고 있어요."

수많은 성폭력 피해 여성들은 가해자들에게 벗어난 후에 느낀 최초의 감정에 대해 "다시는 깨끗해질 것 같지 않은 느낌"이라는 표현을 썼다. 오랫 동안 친구로 지낸 남자에게 성폭력을 당한 한 여성도 그러했다. "처음으로 한 일은 샤워였어요. 뜨거운 물로 샤워하고 그 다음에는 목욕을 했죠. 아주 뜨거운 물로요. 그리고 또 샤워를 했고, 또 다시 목욕을 했어요. 그런데도 도무지 깨끗해지지가 않았어요. 그 남자의 정액, 체취, 그리고 피부에 와 닿던 감촉을 저한테서 없앨 수가 없었어요."

어떤 피해자는 몇 달간 혹은 그 이상의 기간 동안 지속적인 행동 변화를 겪기도 한다. 평소 외모를 가꾸고 치장하는 데 신경 쓰던 여성이 눈에 띄지 않기 위해 일부러 외모를 바꿀 수 있다. 성적인 관계를 맺는 데 조심스럽고 통제력이 강했던 여성이 성관계에 느슨해지기도 하며, 외향적인 성격의 여성이 소극적으로 바뀌기도 한다. 가해자와 같은 직장이나 학교를 다니는 피해 여성의 경우는 직장을 그만두거나 학교를 옮기기도 한다. 전화번호를 새로 바꾸거나, 안전을 위해 이사를 가는 일도 흔하다. 또 어떤 여성은 가족들에게 더욱 의존적으로 변하는가 하면, 산책이나 달리기 등 평소 즐기던 바깥활동을 그만둔다. 이 모든 변화는 너무나 조용하고 신중히 이루어지기에 다른 사람들이 알아채기가 어려울 수 있다.

아는 사람에 의한 성폭력이 남기는 또 하나의 후유증은 피해 여성이 남성의 성관계에 두려움을 갖게 될 수 있다는 것이다. 사건 이전에 그 두 가지는 어쩌면 여성에게 즐거움과 기쁨을 안겨주는 요인이었을 수 있다.

그런데 성폭력 피해를 입은 이후 그것은 두려움과 분노, 혐오의 대상으로 변질되고 만다.

가족과 친구도 자기 편이 아니었다고 한다. 아는 사람에 의한 성폭력 사건을 겪었을 때 피해자들은 누구보다도 가족에게 의지하고 싶어하고 또 공감과 지지를 받길 원하지만, 실제로는 가족들에게조차 기대하는 반응을 얻지 못하는 경우가 많다. 대학교 때 데이트 강간을 당한 한 여성은 가족에게 피해 사실을 알린 것을 여전히 후회하고 있다. 그녀는 그 이유에 대해 이렇게 말한다. "엄마는 자신의 예쁜 딸이 망가졌다고 생각하셨어요. 안타깝지만 그때는 저도 같은 생각이었죠. 어쨌든 저는 손상된 물건이 돼버렸으니까요. 더 속상했던 건 엄마에게 그 사실을 전해들은 아빠의 반응이었어요. 아빠는 제게 실망했다고 하셨죠."

종교적 신념이 강한 가족은 아담이 에덴동산에서 쫓겨난 것을 이브의 잘못이라고 여기듯이, 성폭력 사건도 피해자가 자초했기에 생긴 일이라고 생각하는 경향이 있다. 실제로 많은 종교인들과 그 영향을 받은 가정에서는 "피해 여성이 숫처녀가 아니라면, 그녀 스스로 성폭력을 당할만한 처신을 했다"고 여긴다.

결국 성관계란 서로의 합의 아래, 자유롭게, 그리고 완전히 의식적으로 선택되는 상호작용이라는 개념이 장려되어야만, 우리는 이 모든 성폭력의 위협으로부터 안전한 사회적 분위기를 만들 수 있을 것이다.

⑪ 성 커뮤니케이션 개론서 - 『SEX & TALK』

섹스는 대화다

"인간에게 있어 가장 놀라운 성감대는 마음 속에 있다."라는 말이 있다. 솔직한 대화를 통해 상대방의 마음을 이해하고 서로의 성감대를 찾아갈 때 비로소 상대방을 만족시킬 수 있다는 것이다. 다시 말해 성에 있어서 가장 필요한 애무는 대화라는 것이다.

하지만 우리나라 사람들은 성에 대해 얘기를 나누는 것 자체를 부끄러워하거나 꺼려한다. 상대방이 싫어하거나 민망해할까봐 자신의 욕구를 숨기고 제대로 표현하지 못하는 것이다.

『SEX & TALK』(카롤 & 세르쥬 지음, 유정애 옮김, 파라북스, 2004)는 성적 관계에 있어서 대화의 중요성과 테크닉에 대해 자세히 알려주는 책이다. 보통 성 관련 책들은 몸에 관한 기초적이고 객관적인 사실, 성교할 때의 기교나 체위에 관해 알려주는 것이 대부분이다. 하지만 이 책은 건강하고 윤택한 성생활을 위해 필요한 커뮤니케이션, 즉 '소통'을 주제로 내세우고 있다.

이 책의 저자 카롤과 세르쥬는 프랑스 브뤼셀 대학 출신의 심리치료사들이다. 두 사람은 부부로서 자신들이 경험했던 사례들과 그동안 상담했던 사람들의 이야기를 담아 커플의 성적 만족을 높이기 위한 다양한 소통 방법을 소개하고 있다. 이 책에서 소개된 소통 방법은 성관계뿐만 아니라 모든 인간관계에도 적용할 수 있을 것이다.

성도 배워야 한다

사람들은 자동차 운전을 배울 때는 많은 노력을 기울이지만, 성숙하고 즐거운 성을 배우는 데에는 좀처럼 시간을 들이려 하지 않는다. 마찬가지 평소 더 많은 지식을 얻기 위해서는 시간을 아끼지 않으면서도 훌륭한 인간관계를 형성하는 노하우, 즉 사랑, 감정, 자신의 육체, 감각, 성욕을 컨트롤하는 방법을 익히는 데는 시간을 들이려 하지 않는다. 하지만 파트너와 조화로운 관계를 만드는 방법은 얼마든지 배울 수 있고, 사랑을 나누는 방법 또한 꾸준히 배워가야 한다.

안타깝게도 학교의 성교육에서는 피임법이나 성병 같은 상식만 다룰 뿐, 성적 커뮤니케이션이나 쾌락에 대해서는 언급조차 하지 않는다. 자연히 알게 될 테니 굳이 가르칠 필요가 없다는 생각 때문이다.

거듭 강조하지만 섹스란 일생을 두고 계속해서 배워가야할 즐거운 숙제이며, 그 가능성과 깨달음에는 어떤 한계도 없다. 책을 읽고 강연회에 나가도록 하자. 또 강의나 그룹 토론, 세미나에 등록하도록 하자.

성적 대화의 중요성

자신은 아무런 즐거움을 느끼지 못하면서 상대방에게 만족스런 파트너가 될 수 있을까? 이들 저자는 성교할 때 문제가 있으면 언제든지 대화를 나누라고 한다.

먼저 성적 대화를 하지 않았을 때의 상황을 살펴보자.

루시는 오른팔로 자신의 몸을 지탱하며 왼손으로 폴의 페니스를 애무하고 있다. 자세가 편치 않은 탓인지 팔이 점점 아파온다. 자세를 바꿔볼까 했지만 분위기를 깼다는 핀잔이라도 듣게 될까봐 아무런 내색도 하지 않는다.

이 상태로 애무에 몰입하기란 불가능하다. 다만 1초라도 빨리 폴이 사정하길 바랄 뿐이다.

잠시 후 폴이 사정을 한다. 그러나 그의 쾌감에는 부족함이 느껴진다. 다른 때보다 덜 강하고 덜 유쾌한 뭔가가 느껴진다. 그것이 루시의 긴장과 불편함 때문인지 그는 의식하지 못한다.

다음은 성적 대화를 했을 때의 상황이다.

불편함을 느낀 루시는 곧바로 폴에게 말한다.

"잠깐, 페니스를 애무하는 건 좋은데 왼손이라서 조금 불편해. 좀더 편하게 오른손으로 계속하면 안 될까?"

자세를 바꾸자 폴은 루시가 편안해지는 것이 느껴진다. 게다가 루시가 스스로를 챙긴다는 사실을 알고 나자 훨씬 마음이 놓인다. 두 사람은 서로 완벽하게 하나가 된 가운데 폴이 사정을 한다.

침대에서의 섹스 & 토크

침대 위에서 상대방에게 문제점을 지적하거나 불만을 털어놓는 것은 바람직하지 못하다. 섹스를 하는 동안 우리 모두는 예민하고 연약하다. 다음의 경우를 비교해보자.

침대에서 긍정적인 말을 할 때

사랑을 나누는 동안에는 두 사람 모두 육체적으로나 정신적으로 한껏 흥분돼 있다. 이때 애정어린 말이나 칭찬의 말은 섹스에의 만족감을 더욱 고조시킬 수 있다.

"당신을 사랑해. 당신과의 섹스는 정말 멋져. 최고야!"

"그래, 그거야. 바로 그거야. 당신 아주 잘하고 있어. 계속 해줘."

이런 말들은 파트너를 안심시키고 보다 느긋한 상태에서 더 강한 쾌감을 느낄 수 있게 해준다.

침대에서 부정적인 말을 할 때

섹스하는 순간에는 파트너의 방식에 점수를 매기기보다 나 자신의 안락함이 파트너에게 줄 수 있는 가장 아름다운 선물이라는 점을 의식해야 한다. 즉, 육체적으로나 정신적으로 불편함을 느낀다면 즉시 말하고 해결해야 한다.

"지금 자세로는 다리가 아파. 자리를 바꿨으면 좋겠어."

"난 지금 당신의 성기를 애무하면 몹시 흥분이 돼. 하지만 계속하려면 손을 잠깐 쉬게 해줘야 할 것 같아."

"지금 체위로는 팔이 너무 아파. 자세를 바꾸는 게 어때?"

성의 범위는 대단히 넓다

섹스는 단지 육체적인 쾌락만이 아니다. 섹스란 성적 접촉에서의 모든 감각적인 경험, 즉 사랑의 말을 속삭이고 애무하고 함께 목욕하거나 알몸으로 서로에게 기댄 채 음악을 듣고 호흡하는 모든 행위를 가르킨다. 더욱이 섹스를 할 때마다 여성은 반드시 클리토리스 오르가슴에 이르고 남자는 반드시 사정을 한다는 공식은 없다. 이 책의 저자들은 다음과 같은 방식으로 사랑을 나눈다고 한다.

줄리엣(저자 카롤. 여성): 로미오(저자 세르주. 남성)와 나는 삽입이나 사정 없이, 때로는 클리토리스 오르가슴을 느끼지 않고도 한 시간 이상 사랑을 나누곤 한다. 내밀하고 강렬한 느낌들을 함께 공유한다는 것만으로도 우리는 충분한 기쁨을 느낀다. 그 순간의 즐거움을 다른 어느 것과 비교할 수 있을까?

보통 우리는 침대에 알몸으로 눕는다. 때때로 옷을 입은 채 눕기도 한다. 로미오가 내 등과 엉덩이를 마사지하면 나는 그의 어깨를 오랫동안 마사지한다. 서로 포옹한 채 오랫동안 사랑을 속삭이며 긴장을 풀다 보면 함께 있는 것 자체로도 행복감에 젖어든다. 때로는 빠르게 때로는 천천히 함께 호흡하기도 한다(이것이 가장 중요하다!). 우리의 육체는 호흡의 리듬에 맞춰 함께 움직이고, 결국 성적 흥분 없이도 감미로운 상태에 도달한다. 물론 삽입을 통한 사정과 클리토리스 오르가슴 역시 우리에게 말할 수 없는 쾌감을 안겨준다.

그러나 분명한 것은 사랑을 나누는 행위가 매번 삽입과 오르가슴이 있어야 함을 의미하는 것은 아니며, 위의 모든 접촉과 행위 역시 보다 넓은 의미의 섹스에 포함된다는 사실이다.

로미오: 남성들은 목표를 정해두지 않고 즐기는 성적 욕망에 눈뜰 필요가 있다. 사랑을 나누는 동안 줄리엣은 나에게 이렇게 말하곤 한다. "꼭 가야 할 목적지는 없어. 지금 여기가 우리가 있는 곳이야." 덕분에 나는 마음

을 놓고 즐길 수 있다.

동물적인 본능을 받아들이자

성욕이 충족되면 마음이 열리고 정신이 깨어난다. 내면의 동물적 성을 인정하고 '성-마음-정신'이라는 기본적인 관계를 이해하게 되자, 저자 두 사람은 서로의 어떤 모습도 비난하지 않게 되었다고 한다. 뿐만 아니라 자신을 더욱 존중하고 스스로에 대한 자신감도 갖게 되었다고 한다.

보통 성욕으로 대표되는 동물적인 본능을 있는 그대로 받아들일 때 우리의 내면세계는 보다 균형을 찾게 된다. 반대로 내적인 동물성을 발현할 만한 어떤 여지도 갖지 못한 경우, 그것은 흔히 부적절한 순간에 갑작스럽고도 공격적인 방식으로 모습을 드러낸다. 요컨대 마음과 동물적인 성적 욕망을 하나로 합일(合一)시킬 때야말로 우리의 관계와 삶은 이상적인 조화를 이룬다는 것이다.

줄리엣(저자 카롤): 성과 마음을 하나로 보게 되면서 마음을 나누는 친구와 섹스를 나누는 애인이 다르다는 생각을 버렸다. 사랑을 나눈다고 해서 우정을 망친다고 생각하지 않으며, 가장 좋은 애인이 동시에 가장 좋은 친구일 수 있다고 믿는다. 또 내 마음을 이끄는 누군가의 앞에서 성적 쾌락을 즐기는 나의 온갖 모습을 대담하게 드러낼 수도 있다.

로미오(저자 세르주): 성과 마음을 동일시한 뒤부터 나는 내 성과 마음을 한 여자에게 준다 해도 그녀가 나를 비웃지 않을 것이고, 오히려 더욱 사랑하고 존중해줄 것이라고 믿게 되었다. 그렇다고 좋아하는 모든 상대와 성관계를 갖는다는 뜻은 아니다. 변한 것은 성에 대한 내 의식으로서, 이는 성과 마음을 더 이상 따로 생각하지 않는다는 것을 의미한다.

사랑도 섹스도 변한다

사랑하는 사람들은 보통 즐겁고 달콤한 밀월(흔히 말하는 '콩깍지가 씌었다'는 의미)에서 시작된다. 이들에겐 오직 살아있는 느낌, 마음이 하나되는 삶의 즐거움이 있을 뿐이다. 하지만 그 밀월이 몇 년씩 이어지는 경우는 극히 드물다. 밀월 단계는 결국 끝이 나고, 완벽한 존재였던 파트너는 이제 더 이상 없다. 커플 생활에 들이닥친 첫 번째 위기인 셈이다. 이때부터 어둠에 가려져 있던 부분들은 모습을 드러내게 된다. 결국 모욕적인 말들이 오가고, 충격을 받고, 두 사람 사이에 갑작스런 단절이 생긴다.

그렇다면 커플의 섹스는 어떻게 변해갈까? 섹스는 밀월이 주는 최고의 선물이다. 모든 일이 쉽게 해결되고 물 흐르듯 흘러가는 가운데 끊임없이 욕망이 차올라 언제든지 사랑을 나눌 수 있다. 그러나 이 아름다운 시절도 결국 끝이 난다. 어김없이! 다시 말해 권태기가 찾아오는 것이다.

이제부터 새로운 방식의 섹스를 만들어가야 한다. 밀월 기간 동안 끊임없이 밀려들다 한순간 사라져버린 흥분은 그저 나의 음부에 국한된 것이었다.

밀월 관계에선 남성적 성이 우월한 것이었다. 남성적 욕망이란 도달해야 하는 최종 목적지를 향해 치닫는 것을 말한다. 클리토리스 오르가슴과 사정처럼 행동과 흥분과 움직임의 섹스이다. 이제 여성이 성관계의 변화를 주도할 차례이다. 즉, 성관계 시 여성적인 특성들, 이를테면 느림, 관능, 애정, 목표 지점의 부재, 무위, 부동성 등을 적용시켜야 한다. 밀월 기간의 남성적이자 적극적이고 자극적인 성관계에 이어, 두 사람은 여성이 주도하는 두 번째 단계에서 관능적이고 완만한 성을 발견하게 된다. 무위, 부동, 큰 움직임이 없는 느리고 섬세한 애무에 대한 욕망에 눈뜨고 나면 이제 다시 남성적인 에너지와 힘을 보탤 차례이다. 이로써 사랑의 성관계는 무한한 가능성과 조합에 따라 온갖 빛깔의 행복감을 경험할 수 있게 된다.

성적 커뮤니케이션 방법

침묵은 관계를 마비시키고 상처를 주며, 때로는 파괴로까지 몰고 간다. 반면에 대화는 관계에서의 응어리를 풀어주고 치유한다.

대개 2인칭인 '당신'을 주어로 하면 대화가 더욱 거북해진다. 이 경우 자칫 상대방에게 비난처럼 들릴 수 있기 때문이다. 반면에 1인칭인 '나'를 주어로 해서 대화를 나누면 상대방의 이해를 얻기가 훨씬 수월해진다.

"당신은 날 이해하지 못해!"

"당신은 애무가 서툴러."

이 대화들의 주어를 '나'로 바꿔 표현해보자.

"나는 이해받지 못하는 것 같아. 그래서 불안해."

"나는 당신이 애무하는 게 정말 좋아. 그런데 지금 애무는 나한테 맞지 않는 것 같아."

모든 것을 사실대로 말하는 게 최선일까? 그렇다. 말하기 어려운 얘기라도 솔직히 털어놓는 편이 낫다. 가령 사랑하는 이에게 "요즘 왠지 당신에게 욕구를 못 느끼겠어.", "있잖아. 당신이 너무 빨리 사정하는 것 같아."라고 말하기란 쉽지 않다. 하지만 이런 대화를 나누는 것은 상대방을 성인으로 대하는 태도이자, 고통을 포함한 삶의 현실을 대면하는 상대방의 능력에 대한 신뢰이다.

이들 저자는 대화를 위해서는 다음과 같은 자세가 필요하다고 한다.

첫째, 감정을 있는 그대로 표현하도록 내버려둔다. 기쁨이나 슬픔, 분노, 두려움 등의 감정들은 달리 어쩔 도리가 없다. 다만 그런 감정들을 꺼낼 수 있는 자리를 만들어주고 있는 그대로 표현하도록 인정해주는 것이 최선이다.

둘째, 좋고 싫음을 서로에게 털어놓는다. "당신을 사랑해"와 같은 긍정적인 말과 마찬가지로 "당신이 싫어"라는 부정적인 감정 또한 표현하는 것이 중요하다.

셋째, 말이나 다정한 애무로 애정을 표현한다. 가령 특별한 날이 아니더라도 선물이나 편지를 주고받거나 애정어린 말과 함께 꽃을 선물하는 것도 사랑을 전하는 훌륭한 방법이다.

넷째, 파트너간의 신뢰를 쌓아간다. 두 사람의 신뢰가 깊어질수록 힘든 시기를 보다 쉽게 이겨낼 수 있다. 이같은 신뢰와 사랑을 규칙적으로 표현하다 보면 갈등이나 분노, 비난도 쉽게 극복할 수 있다.

끝으로 대화에서 중요한 것은 결론이 아니라 주고받는 대화 그 자체라는 것을 명심하도록 당부하고 있다.

은밀한 성적 암호들

사랑을 나누는 동안 의사소통을 쉽게 하기 위해 두 사람만의 은밀한 암호들을 만드는 것도 좋은 방법이라고 한다. 예를 들면 다음과 같은 말들이다.

잠자리: 어떤 사람들은 핥다, 빨다, 흔들다 같은 말들을 저속하다는 이유로 입 밖에 내기를 꺼려한다. 그래서 "당신이 날 핥아줬으면 좋겠어"라고 말하는 대신 "당신이 잠자리처럼 내 몸을 맴돌면 좋겠어"라고 표현한다.

정거장의 플랫폼: 섹스를 하는 동안 상대방의 배려가 부족해 이따금 버려진 것 같은 느낌이 들 때 사용하는 말이다. 파트너는 제 길을 잘 찾아

짜릿한 쾌감을 즐기고 있는데, 자신은 기차를 놓치고 역 플랫폼에 그대로 남아 있는 기분이 든다. 이런 경우 "난 정거장 플랫폼에 있어"라고 말하면, 상대방으로 하여금 자신을 이해시키고 천천히 되돌아오게 할 수 있다.

지금이야: 남성과 여성은 대체로 상대방이 언제 사정을 하고 언제 오르가슴에 오르는지 정확히 알지 못한다. 이 역시 욕구 불만의 원인이 될 수 있다. 그때 "지금이야!"와 같이 간단한 신호를 보냄으로써 파트너에게 그 순간을 알리고 뿌듯함을 마음껏 누릴 수 있게 하는 것이 좋다.

거의 끝이야: 오르가슴에 느끼기 직전임을 의미한다.

방문: 삽입은 성관계에 있어서 중요한 순간이다. "나 방문하고 싶어. 그래도 돼?" 이것이 중요한 순간에 다다르기 위한 파트너에 대한 배려이다.

각자의 성기에 이름이나 별명을 붙이는 것도 성적 커뮤니케이션에 재미를 보탤 수 있는 좋은 방법이다. 예를 들어 남성의 성기에 '발죄르', '빛나는 호랑이', '사랑의 기둥'을, 여성의 성기에 '성스러운 동굴', '로터스의 꽃', '사랑의 사원'과 같은 이름을 붙여주는 것이다.

파트너 각자의 이름을 짓고 나면 '성기 대 성기'로 직접 대화를 시도해 볼 수도 있다.

발죄르: 나에게 있어서 가장 특별한 순간은 로터스의 꽃 안으로 살며시 들어갔을 때야. 특히 첫 번째 피스톤 운동을 할 때는 마치 마법에 걸린 기분이지. 아주 부드럽고 뜨거우면서도 살며시 애무를 받으며 받아들여지는 기분이거든.

로터스의 꽃: 나는 어떤 때는 매우 촉촉하지만, 그렇지 않을 때도 있어. 경우에 따라 다르긴 한데, 왜 그런지는 잘 모르겠어. 그래서 난 발죄르가 이러한 변화를 알아채고 배려해줬으면 해. 나는 발죄르가 내 커다란 입

술을 애무해주는 것을 아주 좋아해. 내 입술 주변을 규칙적으로 천천히 맴도는 것을.......

성기간의 대화는 성적 커뮤니케이션에 익숙해지기 위한 일종의 놀이다. 다른 방법들과 마찬가지로 처음에는 힘들고 어색할 수 있지만, 시간이 흐르면 커플끼리 공유할 수 있는 가볍고 쉬운 커뮤니케이션으로 자리잡게 된다고 한다.

배타적 성관계의 약속

배타적 성관계란 배우자나 연인이 아닌 다른 사람과의 성관계를 맺지 않는 것을 말한다. 우리의 전통적인 결혼제도는 죽음이 부부를 갈라놓을 때까지 평생 서로만을 바라보고 충실하겠노라 맹세하는 것을 의미했다. '지금 여기'를 중시하는 성철학이나 역동적인 커플의 삶은 그러한 인생을 건 약속과는 양립할 수 없는 것처럼 보인다.

저자 부부의 경우도 배타적인 성관계를 선호하긴 해도 그것을 평생 지켜갈 수 있으리라고는 자신할 수 없었다고 한다. 그래서 나름 절충안을 택했다. 즉 달마다 한 달씩의 배타적인 성관계를 약속했다는 것이다.

두 사람은 서로의 손을 잡고 이렇게 말했다.

"앞으로 30일 동안 나는 오로지 당신하고만 성관계를 가질 것을 약속할게. 설사 다른 사람에게 욕망을 느낀다 하더라도......."

그리고 스스로에게 솔직하기 위해 다음과 같이 덧붙였다.

"중요한 것은 현재이고, 나를 둘러싼 모든 것이 언젠가 변할지도 모른다는 것을 알기에 일생을 거는 약속에는 동의하지 않는다."

이렇게 두 사람은 배우자 외에 다른 사람과는 성관계를 갖지 않기로 약속했다. 그렇다고 해서 다른 이성을 향한 욕망 자체를 금지한 것은 아니었다.

여기에는 아주 중요하고도 미묘한 차이가 있다. 누군가에게 욕망을 느끼는 것은 자연스러운 현상이다. 이런 본능적인 욕망에서 비롯되는 모든 감각까지 차단한다면 삶의 활력을 잃어버릴 수 있다.

대신 두 사람은 각자 다른 남자 또는 여자에게 느꼈던 일시적인 욕망을 서로에게 털어놓기로 했다. 욕구를 일으켰던 상황까지도 말이다.

로미오(세르주): 나는 내 자신이 다른 여성에게 욕망을 품는 것을 허락한다. 때로는 그녀와 육체적인 관계를 맺고 싶어한다는 사실도 인정한다. 그러나 내 의지에 따라 줄리엣과의 약속인 배타적 성관계를 지키기 위해 그러한 욕망을 행동으로 옮기지는 않는다. 다시 말하지만 내가 다른 여성에게 느끼는 욕망 자체를 애써 배척하거나 부인하지는 않는다.

줄리엣(카롤): 오늘 나는 한 남자의 지성과 외모에 매료되어 강한 욕망을 느꼈다. 그러나 죄책감은 느끼지 않았다. 대신 그를 유혹하거나 육체적인 관계를 갖기 위한 어떤 노력이나 시도도 하지 않았다. 다만 내 안에서 일어나는 이 감성, 내가 느끼는 욕구를 즐겼을 뿐이다.

성적 배타성에 관해 열린 마음으로 꾸준히 대화를 이어간다면 약속을 지키는 것이 그리 어렵게 느껴지지만은 않을 것이라고 한다.

여성이 주도하는 섹스법

침대에서 벌어지는 일의 절반은 여성에게도 책임이 있다. 섹스에 문제가 있거나 뭔가 잘 맞지 않는 것이 남자들만의 잘못은 아니라는 얘기다. 그렇다면 여자가 나서야 한다. 용기있게 말하고, 과감하게 섹스를 리드하고, 욕구하는 바를 솔직하게 행동으로 옮겨야 한다.

여성이 성관계를 주도함으로써 커플간 섹스의 양상은 매우 달라진다. 이완과 완만함, 순간순간을 중요시할 뿐 삽입이라는 목표를 향해 무작정 달려가지 않는다.

남성의 페니스는 여성의 몸 안에 들어가면 피스톤 운동을 점점 더 빨리 한다. 남성에게 있어서 목적은 오직 오르가슴이고, 파트너 역시 똑같을 거라고 생각한다. 그러나 여성들은 피스톤 운동이 빨라진다고 해서 그에 비례하여 더 많은 쾌감을 느끼는 것이 아니다. 오히려 어떤 여자들은 남자의 움직임이 빨라지면 아무런 감각을 못 느끼기도 한다.

실제로 많은 여자들은 너무 빠르지도 너무 느리지도 않은 중간 정도의 리듬에서 쾌감을 느낀다. 따라서 남성의 움직임이 너무 빠른 경우 여성은 자신의 솔직한 느낌을 말해야 한다.

"더 천천히……. 조금만 속도를 줄여줘. 그래, 그게 좋아."

느린 리듬에 충분히 익숙해졌다면 부동의 자세로 나아갈 수 있다. 파트너 안에 머무른 채 움직이지 않는 이러한 방식은 남녀 모두에게 섬세하고 미묘한 감각들을 깨워준다. 남성들의 특성을 고려할 때 이를 시도해야 하는 것은 여성의 몫이며, 설사 발기가 풀어진다 하더라도 남성은 이를 감수해야 한다.

두 사람이 긴장을 풀고 성기를 하나로 한 채 부동의 자세를 취하는 것은 사랑을 나누는 또다른 방식으로서 더욱 풍요로운 성생활을 약속해준다고 한다. 또 이러한 관계는 몇 분에서 한 시간 이상 이어질 수도 있다고 한다.

⑫ 육체적 관계의 회복을 염원한 소설
-『채털리 부인의 연인』

D.H. 로렌스의 마지막 역작

오늘날 우리는 정신적 사랑과 육체적 관계(성)를 분리한 채 지나치게 정신적 사랑에 빠져 있다. 진정한 사랑은 정신적인 것이며, 육체적 관계는 저급하고 추악하다는 것이다. 하지만 사랑에 있어서 정신이 강조된 것은 불과 얼마 전인 근대 이후이며, 앞의 쿵족 여인 니사처럼 본래 인간은 육체적 관계를 더욱 중시했다. 조선시대 사람들이 연애가 아닌 중매 결혼을 했음에도 불구하고 죽을 때까지 해로할 수 있었던 것도 정신적 사랑보다 육체적 관계를 중시했기 때문이다.

D.H. 로렌스의『채털리 부인의 연인』1~2권(D.H. 로렌스, 이인규 옮김, 민음사, 2003)은 그러한 근대 이후 잃어버린 육체적 관계의 회복을 염

원한 소설이다. 이 작품은 D.H. 로렌스가 사망하기 2년 전인 1928년에 완성한 작품이자 그의 마지막 장편소설로, 무려 3번에 걸친 창작 과정을 거칠 정도로 온갖 정성과 심혈을 기울인 작품이었다.

이 작품은 겉으로는 보면 불륜소설 또는 에로티시즘 소설처럼 보인다. 그래서인지 출판 과정에서도 많은 우여곡절을 겪었다고 한다. 당시 영국 출판사들이 이 작품의 노골적인 성묘사와 비속어를 이유로 출판을 거부했던 것이다. 로렌스는 1928년 7월 이탈리아 피렌체의 한 서적상에게 의뢰하여 자비로 출판해서 아는 사람들을 중심으로 작품을 판매할 수밖에 없었다.

하지만 이 작품에서 그려지는 주인공 코니와 멜러즈의 육체적 관계는 난잡하고 호색적인 성행위가 아니라, 돈과 기계와 차가운 이성이 지배하는 현대 산업사회의 문명 속에서 진정한 육체적 관계를 지키고 회복하기 위한 것이었다. 로렌스는 육체적 죽음을 막고 그것을 되살리는 일이야말로 현대의 산업 문명이 치닫고 있는 파멸을 막을 유일하고도 가장 근원적인 처방으로 여겼다. 육체적 관계의 회복은 당연히 남녀간의 진정한 몸의 결합, 즉 자연스러운 성관계를 통해 실현할 수 있다고 했다.

마이클래스와의 짧은 외도

이 작품의 배경은 1차 세계대전이 끝난 1920년대 영국의 중부지방이다. 작품은 주인공 클리퍼드와 콘스턴스(애칭: 코니)의 결혼 이야기로부터 시작된다.

클리퍼드는 1917년 휴가를 받아 한 달간 집에 돌아와 있을 때 코니와 결혼했다. 그는 한 달간의 신혼생활 후 다시 전쟁에 나가 부상을 입고 영국으로 돌아왔다. 이때 그의 나이는 29살이었고, 아내 코니는 23살이었다. 그는 2년 동안 의사의 치료를 받지만 허리 아래의 하반신은 영원히 마비되고 만다.

1920년 클리퍼드는 아내와 함께 고향에 있는 라그비 저택으로 돌아간다. 그 사이에 아버지가 세상을 떠나 그는 이제 준남작(영국의 귀족 계급에서 남작 다음의 작위)이 되고, 아내 코니는 채털리 부인이 된다. 그들은 마을과 다소 외떨어진 채털리 가문의 저택에서 본격적인 결혼생활을 하기 시작한다.

클리퍼드는 하반신이 불구가 된 탓에 극도로 소심하고 자의식이 강했다. 그는 자신보다 하층계급의 사람들을 다른 존재로 여기며 조금의 친절이나 인간적인 모습을 보이지 않았고, 그저 돈으로 구매한 물건처럼 대했다.

코니가 라그비에 온 지 거의 2년, 별로 특별할 것 없는 생활의 연속이었다. 그녀는 점점 마음이 초조해지는 것을 느꼈다. 몸은 점점 여위어갔다. 그때 그녀의 아버지가 충고했다.

"애인 하나 두는 게 어떻겠니, 코니야? 세상의 여러 재미도 좀 맛보도록 하려무나."

그해 겨울 마이클래스가 며칠 동안 집에 와 있었다. 그는 젊은 아일랜드인으로 미국에서 희곡으로 상당히 많은 돈을 번 사내였다. 그에게서는 코니의 마음에 드는 뭔가가 있었다. 그는 스스로에게 허세를 부리지 않았다. 또 그녀에 대해 아무런 환상도 품고 있지 않았다. 동시에 그는 버림받은 어린애처럼 쓸쓸한 사람이었다. 코니는 갑자기 그에 대한 동정심이 약동하는 것을 느꼈다. 거의 사랑이라고까지 할 만한 감정의 약동이었다.

하지만 그는 그녀의 육체적 욕망을 만족시켜 주지는 못했다. 그는 항상 너무 빨리 절정에 이르러 끝내버렸으며, 그런 다음에는 그녀의 가슴 위에서 오그라들며 축 늘어졌다. 그러나 다음 순간 여자는 그를 붙잡아 두는 법을, 그의 절정이 끝났을 때 그를 자기 몸속의 그곳에 계속 잡아두는 법을 이내 터득했다. 그는 이에 너그러이 응해주었고, 또 묘하게도 그 행위 능력을 유지했다. "아. 정말 참 좋았어요!" 그녀는 떨리는 목소리로 속삭였다.

그는 단지 사흘 동안 그곳에 머물렀는데, 클러퍼드에게는 항상 변함없는 태도로 대했다. 코니에게도 마찬가지였다. 코니는 그녀 나름의 방식으로 그를 사랑했다. 하지만 희망이 없는 상태에서 그녀는 정말, 제대로 사랑할 수 없었다.

사냥터지기 멜러즈와의 만남

2월의 어느 서리 내린 아침, 클리퍼드와 코니는 숲으로 산책을 나간다. 도중 코니가 "우리가 아들을 가질 수 없어 마음이 아파요."라고 말하자, 클리퍼드는 그녀를 빤히 쳐다보며 말했다.

"당신이 다른 남자에게서 자식을 낳는 것도 괜찮은 일일 거야. 우리가 그 애를 라그비에서 기른다면, 그 애는 우리 자식이 될 거고 우리 집안의 아이가 될 거야. 친부의 혈통이란 걸 난 별로 믿지 않아. 우리가 기른 자식이라면 그 애는 우리 자식이 될 것이고, 우리 집안을 이어가게 될 거야. 한번 고려해 볼 만하다고 생각하지 않아?"

그때 엽총을 든 사내 하나가 개의 뒤를 따라 유연하면서도 빠른 걸음으로 나타났다. 영락없는 군인이었다. 클리퍼드가 그를 불러 코니에게 소개했다.

"여보, 코니. 이 사람은 새로 온 사냥터지기 멜러즈야. 자넨 아직 마님께 인사 올리지 않았지, 멜러즈?"

그는 묘하게 재빠르며 남과 어울리지 않는 사람으로, 늘 혼자서 행동하지만 자신감이 강한 사내였다.

멜러즈는 작년에 군대에서 제대하고 왔는데, 인도에서 장교의 하인 노릇을 하다가 왔다고 했다. 원래 그에겐 아내가 있었으나 사이가 좋지 않았다. 그래서 1915년 군대에 들어가면서 헤어져버렸다.

그는 특히 여자와 다시 접촉하게 되는 것을 원하지 않았다. 그것을 두려워했다. 왜냐하면 과거에 여자와의 접촉으로 깊은 상처를 입었기 때문이다. 바깥세상에 대한 그의 혐오는 절대적인 것이었다. 그에게 마지막 남은 피신처는 바로 이 숲이었다. 이 숲에 숨어버리는 것뿐이었다.

세월이 흘러감에 따라 코니의 삶 속에서 공허에 대한 감정은 점점 커져갔다. 코니는 쓸쓸하고 지겨운 나날을 보냈다. 이제 클리퍼드와는 한 지붕 아래서 함께 습관적으로 살아가는 기나긴 생활만이 있을 뿐이었다.

'공허함뿐이다!'

그런 불행한 나날 중의 어느 날, 그녀는 혼자 밖으로 나가 숲속을 마냥 걸었다. 이즈음 그녀는 매일같이 숲으로 들어가서 혼자만의 시간을 가졌다. 그곳에서는 마주치는 사람이 없었다. 하루는 별 생각없이 걸어가는데 사냥처지기의 오두막이 보였다. 집에는 아무도 없는 듯했다. 그녀는 집의 측면을 돌아 뒤쪽으로 가다 그만 걸음을 멈췄다. 그 사내가 아무것도 모른 채 몸을 씻고 있었다. 그는 엉덩이까지 벗은 상태였는데, 바지가 호리호리한 허리 아래로 흘러내려 있었다. 코니는 뒷걸음질 쳐서 집 모퉁이를 다시 돌아가서는 숲으로 급히 달아났다. 자신도 모르게, 그녀는 충격을 받았던 것이다.

그녀는 몸 한가운데를 한 대 얻어맞은 듯했다. 그녀는 그 깨끗하고 섬세한 하얀 허리 아래로 바지가 어설프게 흘러내려서 엉치뼈가 살짝 드러난 모습을 보았고, 고독한 존재에 대한, 그야말로 순전히 혼자인 한 사람의 존재에 대한 의식이 그녀를 압도했다. 그것은 부드럽게 빛나는 어떤 하나의 불꽃이었다. 홀로 사는 한 존재의 따뜻하고 하얀 불꽃이 손으로 만질 수 있을 만큼 그 형체를 드러내면서 너울거리며 빛나고 있는 것, 즉 하나의 육체였다. 코니는 이 환상의 충격을 바로 자궁 속으로 받아들였으며, 그녀도 이를 깨달았다. 그것은 그녀의 몸 안에 들어와 있었다.

육체의 부활

코니는 계속 꾸역꾸역 살아갔지만 짜증과 울화가 그녀의 하체를 사로잡았고, 그녀는 거기서 벗어날 수 없었다. 그녀는 점점 여위어갈 뿐이었다. 그래서 언니 힐더에게 짤막하게 마음의 부르짖는 편지를 써서 보냈다.

"요즘 몸이 좋지 않아, 언니. 게다가 왜 그런지도 모르겠어."

언니 힐더는 혼자 날렵한 자동차를 몰고 와서 잠시 기분전환을 시켜줘야겠다며 코니를 데리고 런던으로 떠나갔다. 또 힐더는 클리퍼드에게 나이 많고 유능한 간호사 볼턴 부인을 고용하게 했다. 볼턴 부인은 47살로, 그 지역의 광부들보다 우월한 존재가 되기를 바라는, 즉 상류계급의 일원이 되기를 갈망하는 여인이었다. 볼턴 부인은 클리퍼드를 위한 일을 거의 도맡아 했으며, 그 또한 코니보다 그녀를 더욱 편한 마음으로 대했다.

이제 코니는 한층 자유롭게 숨을 쉴 수 있었고, 그녀의 인생은 새로운 국면에 들어가려고 했다. 코니는 자주 숲으로 달아났다. 어느 날 저녁 그녀는 차를 마신 뒤 집을 빠져나와 숲으로 들어갔다. 사냥터지기가 셔츠 차림으로 새끼 꿩들이 밤새 안전하게 있도록 닭장 문을 닫고 있었다. 그녀는 닭장 앞에 웅크리고 앉아 꿩들을 구경했다. 사냥터지기는 갑자기 그 옛날의 불꽃이 다시 허리께에서 솟구쳐 약동하는 것을 느꼈다. 그녀의 모습에서 뭔가 참으로 말없는 외로움 같은 것을 느꼈다. 그는 그녀의 어깨, 허리께, 옆구리 곡선을 따라 부드럽게, 맹목적이고 본능적인 애무의 손길로 어루만졌다. 그런 다음 그녀의 손을 잡고 오두막으로 들어가 담요를 깔고 눕도록 했다.

"여기 누워요!"

그는 부드럽게 말했다. 그리고는 오두막 문을 닫았는데, 그러자 방안이 어두어져 아주 컴컴했다. 묘하게 순종하는 마음으로, 그녀는 담요 위에 누웠다. 그러자 부드럽게 더듬는, 어쩔 수 없는 욕망에 이끌린 손길이 그녀의 몸을 만지며 얼굴을 찾아 더듬어오는 것이 느껴졌다. 그 손은 그녀의 얼굴을 부드럽게, 부드럽게, 무한한 위로와 확신감을 주면서 어루만졌고, 그러다가 마침내 그녀의 뺨에 부드러운 입맞춤이 살며시 와 닿았다.

그녀는 아주 가만히, 잠에 취한 듯, 꿈에 젖은 듯, 그대로 누워있었다. 그러다가 그의 손이 부드럽게, 하지만 거절당한 듯 묘하게 어색한 손길로 그녀의 옷 사이를 더듬어 들어오는 것을 느꼈을 때, 그녀는 부르르 몸을 떨었다. 하지만 그의 손은 역시 원하는 부분의 옷을 어떻게 벗기는지 잘 알고 있었다. 그는 몸에 꼭 맞는 그녀의 얇은 실크 옷을 천천히 조심스럽게 아래로 끌어당겨 발에서 빼내었다. 그리고는 아주 깊고 섬세한 기쁨으로 떨면서 따스하고 부드러운 그녀의 몸을 어루만졌고, 그녀의 배꼽에 잠깐 입을 맞추었다. 그러다가 그는 더 이상 참지 못하고, 그녀의 부드럽고 고요한 육체의 대지 위에서 평화를 누리기 위해 즉시 그녀에게로 들어갔다. 여자의 육체 속으로 들어가는 것, 그것은 그에게 완전히 순수한 평화의 순간이었다.

이윽고 관계가 끝난 후 그가 물었다.

"후회하고 있는 것은 아니지요?"

"내가요? 아뇨! 당신은요?"

"이 일 자체만은 전혀 후회 없습니다. 하지만 다른 문제들이 있지요."

"다른 문제들이라뇨?"

"클리퍼드 경이 있고, 다른 사람들이 있지요. 그 모든 복잡한 문제들 말입니다."

그는 불길한 예감이 들었다. 잘못된 일을 했다거나 죄를 지었다는 의식은 전혀 없었다. 그런 점에서는 전혀 양심의 가책이 없었다. 그는 양심이란 대개 사회 또는 스스로에 대한 두려움이라는 것을 잘 알고 있었다. 그는 자신에 대한 두려움이 없었다. 그러나 그는 사회에 대해서는 아주 분명하게 의식하면서 두려워했다. 사회란 악의적이고 반쯤 미친 야수와 같다는 것을 그는 본능적으로 알고 있었던 것이다.

집으로 돌아온 코니는 여전히 막연하고 혼란스러운 느낌이었다. 그녀는 무슨 생각을 해야 할지 몰랐다. 정말 그는 어떤 종류의 사내일까? 그는 정말 자신을 좋아하는 것일까? 썩 좋아하진 않는다는 느낌이 들었다. 하지만 그는 그녀 내면의 여성적 존재에 대해 다정하게 대해 주었는데, 이제껏 그 어떤 남자도 그렇게 해준 적이 없었다. 남자들은 그녀의 인간적 존재에게는 아주 친절히 대해 주었지만, 그녀의 여성적 존재에 대해서는 경멸하거나 완전히 무시해 버리면서 잔인하게 대했다. 남자들은 콘스턴스 리드나 채털리 부인으로서의 그녀에게는 끔찍이도 친절했다. 하지만 그녀의 자궁에게는 친절하지 않았다. 그런데 이 사내는 그녀가 콘스턴스인지 채털리 부인인지 하는 것에는 전혀 아랑곳하지 않았다. 그는 그저 부드럽게 그녀의 허리와 젖가슴을 애무해주었을 따름이다.

몸의 신비

그녀는 다음날도 숲으로 갔다. 아니 매일 밤 숲으로 갔다. 그는 그녀에게 "사람들이 알아차리면 어떻게 할 거죠?"라고 묻고서, 두려운 표정으로 다시 말했다.

"좀 생각해 보십시오! 부인께서 얼마나 수치스러운 지경에 떨어질지 생각해 보십시오. 남편의 하인 놈하고 놀아났다고 알려지면 말입니다."

하지만 그녀는 아무렇지도 않게 생각했다. 이제 그녀는 그를 흠모했다. 세상에서 가장 순진한 여자로서 그를 흠모하는 마음에 꼼짝없이 사로잡혀 있었다.

'만일 아이를 갖게 된다면!'

그녀는 마음속으로 혼자 중얼거렸다. 그리고 그녀의 팔다리는 녹아 흐르는 듯했다.

한편, 클리퍼드는 육감으로 그녀에게 뭔가 새로운 일이 생겼음을 알아차렸다. 볼턴 부인도 코니에게 연인이 생겼다는 확신에 가까운 느낌을 갖고, 얼마 안 있어 그 연인이 사냥터지기 멜러즈임을 알게 되었다.

그때 코니는 아버지와 함께 두 달간 베네치아를 여행할 계획이었다. 두 사람의 아이를 베네치아에서 연인 관계를 맺어 갖게 되었다고 속이기 위해서였다. 코니는 다시 사냥터지기의 오두막을 찾아가 그러한 베네치아 여행 계획을 말하였다. 그러자 멜러즈가 고개를 돌려 비꼬는 투로 말하였다.

"당신이 날 원한 건 바로 그것 때문이었소? 애를 낳기 위해서 말이오?"

그녀는 몹시 풀이 죽고 마음이 상한 채 집으로 돌아왔다.

다음날 코니는 여전히 침울한 기분으로 오두막을 찾아갔다. 두 사람은 마음이 복잡해서인지 형식적인 정사를 치루었다. 그의 몸짓은 하나의 연기 행위에 불과했고, 그녀의 마음도 저만치 떨어져 있었다. 그녀는 진정한 슬픔에 사로잡혀 울기 시작했다. 하지만 그는 아무런 주의도 기울이지 않았다.

"이번엔 잘 안 되었소. 당신과 함께 절정에 오르지 않았어."

그는 몸을 떼고 일어나 곁에서 떠나려고 했다. 그녀는 갑자기 공포감에 사로잡혀 그에게 매달렸다.

"안 돼요! 가지 말아요! 내 곁을 떠나지 말아요! 화내지 말아요! 안아 줘요! 날 좀 꼭 안아주세요!"

그는 다시 그녀를 품에 안고는 바짝 끌어당겼다. 그녀는 그의 품 안에서 조그맣게, 둥지 속에 아득히 안기듯 조그맣게 되었다. 그녀는 그에게 무한히 사랑스럽고 매력있는 존재가 되었다. 그녀는 자신을 온전히 다 풀어 그에게 내맡겼다. 완전히 온몸을 활짝 열어젖힌 채 그에게 다가갔다.

멜러즈의 그것은 이상하게도 천천히 평화롭게 찌르며 들어왔다. 부드러우면서도 몸서리치는 듯한 경련을 일으키면서, 그녀의 모든 원형질의 한가운데 핵심을 건드렸다. 그녀는 녹아 없어졌고, 그녀의 존재는 사라져 버렸다. 그리고 그녀는 새로 태어났다. 진정한 여인으로.

아, 너무나 사랑스러웠다. 정말 너무나 사랑스러웠다! 정신이 되살아나면서 그녀는 그 모든 사랑스러움을 깨달았다. 이제 그녀의 온몸은 부드러운 사랑에 가득 차, 아직 낯선 그 남자에게, 그리고 시들고 있는 그의 성기에 맹목적으로 매달렸다. 그것은 격렬하게 온 힘을 다해 찌르고 난 뒤 아주 부드럽고 연약해져서 자신도 모르게 스르르 물러나고 있었다. 그것이, 그 비밀스럽고 예민한 것이, 그녀의 몸에서 빠져나가자, 그녀는 완전히 상실감에서 나오는 외침을 무의식적으로 내질렀고, 그것을 다시 붙잡아 되돌리려고 애썼다. 정말 완전했었다! 그리고 그녀는 정말 좋았다!

"정말 좋았어요!"

그녀는 신음하듯 말했다. 그러나 그는 아무 말도 하지 않고, 그녀의 몸 위에 그대로 가만히 엎드린 채, 그저 부드럽게 입을 맞춰주기만 했다. 그녀는 거룩한 제물로 바쳐진 존재처럼, 그리고 새로 태어난 존재처럼, 일종의 지극한 환희로 가득 차서 신음 소리를 냈다.

이제 그녀의 가슴 속에서는 그에 대해 묘하게 경탄하는 마음이 눈떴다. 그녀의 두 손은 그의 등을 따라 떨리는 듯 어루만지며, 부드럽고 자그맣게 구형을 이룬 엉덩이까지 내려갔다. 아름다웠다! 참으로 아름다웠다! 새로운 인식의 작은 불꽃이 갑자기 솟구치며 그녀를 관통했다. 여기에, 그녀가 혐오감을 느끼던 바로 이곳에 이런 아름다움이 있다니. 어떻게 그럴 수 있단 말인가? 따뜻하고 살아 있는 엉덩이의 감촉에 이렇게 말로 다 할 수 없는 아름다움이 있다니! 생명 속에 있는 생명. 더할 나위 없이 따뜻하고 힘찬 사랑스러움. 그리고 그의 다리 사이의 이상하니 묵직한 두 불알! 얼마나 신비로운가! 손바닥에 부드러우면서도 묵직하니 놓여 있을 수 있는 이것은 그 얼마나 이상하고도 묵직한 신비의 무게인가! 그것은 사랑스러운 그 모든 것의 뿌리이자, 모든 완전한 아름다움의 원초적 근원이었다.

그녀는 좀 더 가까이, 오직 그의 경이로운 감각적 존재에 가까이 있고만 싶은 마음에, 더욱 가까이 그에게로 기어들었다. 그러자 그 헤아릴 길 없는 완전한 고요로부터, 그의 남근이 다시금 서서히, 무겁게, 밀어닥치듯, 새로운 힘으로 일어나 솟아오르는 것을 그녀는 다시 느꼈다.

그녀는 그의 가슴에 바짝 달라붙으면서 "오, 내 사랑! 내 사랑!"하고 중얼거리듯 속삭였다. 그러자 그는 그녀를 말없이 껴안았다. 그리고 그녀는 그의 가슴팍에 몸을 웅크리며 안겨들었다. 완전한 행복감에 젖어서.

드디어 그의 입에서도 '사랑'이란 말이 나왔다.

"이 사랑의 행위는 그 모든 것을 다 아물게 해준다오. 그래서 내가 그대한테 들어갈 수 있는 거요. 내가 그대를 사랑하니까 당신은 나한테 몸을 열어준 거요. 또 내가 그대를 사랑하니까 나는 그대한테 그렇게 들어간 것이고."

가슴이 따뜻한 섹스

일요일, 클리퍼드는 모터의자(전동휠체어)를 타고 숲의 언덕 꼭대기에 올랐다. 코니도 그 뒤를 따라 올라갔다. 그런데 가파르고 울퉁불퉁한 오르막길에서, 클리퍼드는 뒤에서 밀어주겠다는 코니의 말을 듣지 않고 억지로 가다가 모터의자를 고장 내고 말았다.

그는 경적을 울려서 사냥터지기를 불러 모터의자를 고치도록 했는데, 도중 멜러즈는 클리퍼드에게 온갖 수모를 당하였다. 그것을 본 코니는 클리퍼드를 증오하면서 마음속으로 결심했다.

'이제 그를 증오하게 된 이상, 결코 그와 계속해서 같이 살 수 없을 거야.'

그날 밤 코니는 '뭐든 올 테면 오라'라고 결의에 찬 마음가짐으로 집을 나와 사냥터지기를 찾아갔다. 이날 멜러즈는 코니에게 과거 자신의 세 아내에 대해 얘기하면서 자신의 성과 사랑관을 말하는데, 이를 통해 우리는 작가가 생각하는 진정한 섹스(성의 본질)란 무엇인지 이해할 수 있다.

멜러즈의 첫 번째 아내는 성적 욕망이 전혀 없는 불감증이었다. 그는 점점 수척해지면서 이성을 잃어갔고, 결국 그 여자와 헤어지고 말았다.

두 번째 아내는 여선생이었는데, 사랑에 대해서라면 뭐든지 다 좋아하지만 성관계만은 예외였다. 그녀는 바짝 달라붙어서 애무하고 온갖 방법을 다 써서 품 안으로 들어오곤 했는데, 그러면서도 막상 성관계 그 자체를 요구하면 곧바로 이를 갈아대면서 증오의 독기를 뿜어내는 것이었다. 그래서 그는 다시금 좌절하고 말았다. 그는 자신을 원하고 또 그것도 원하는 여자를 만나길 간절히 바랐다.

그때 버사 쿠츠란 여자가 나타났다. 그녀는 발랄한 젊음의 기운에다 화려한 관능의 기운이 있었다. 그녀는 그를 원했고, 그것을 꺼리지도 않았다. 두 사람은 결혼을 했고, 그는 그녀와 신나게 섹스를 나누었다. 하지만 그녀는 오만하게 그를 대했다. 그리고 그게 심해져 그가 그녀를 원할 때 결코 받아들이려고 하지 않았다. 항상 그를 거부하며 무정하게 굴었다. 그는 그녀와 하는 그 짓이 정말 싫었고, 그녀도 그를 증오했다. 그러다 전쟁이 일어났고, 그는 군에 입대해버렸다.

그가 보기에 여자들 대부분은 남자를 원하긴 하지만 섹스는 원하지 않았다. 다만 거래의 일부로서 그것을 참고 있을 뿐이었다. 그리고 대부분의 남자들은 그것으로 만족했다.

그는 진정한 섹스란 전혀 남아 있지 않다고, 즉 정말로 남자와 함께 자연스럽게 절정에 이르는 여자란 한 사람도 없다고 여겼다. 그는 스스로를 기만할 수가 없었다. 대부분의 남자들은 그걸 그저 얼렁뚱땅 넘어가 버리지만, 그는 도저히 스스로를 속일 수가 없었다. 그는 자신이 여자에게서 무엇을 원하는지를 알고 있었고, 그래서 그걸 얻지 못했는데도 얻었다고 결코 거짓말을 할 수가 없었다.

얼마 후 그녀가 그에게 물었다.

"당신은 그게 그렇게 중요하다고 생각해요? 남자하고 여자의 관계 말이에요."

"나에겐 그렇소. 나에겐 그게 인생의 핵심 문제라오. 한 여자와 제대로 된 관계를 맺느냐가 말이오."

그가 다시 말했다,

"난 뭔가 정말로 믿는 것이 있소. 가슴이 따뜻하다는 것의 가치를 난 믿소. 특히 사랑에 있어서 따뜻한 가슴이 되는 것, 따뜻한 가슴으로 성행위를 하는 것을 난 믿소. 남자가 따뜻한 가슴으로 성행위를 하고 여자가 따뜻한 가슴으로 그것을 받아들인다면, 세상의 모든 것이 다 잘되리라고 난 믿고 있소."

그날 밤 두 사람은 사랑을 나누고 함께 잠을 잤다. 다음날 아침, 그녀가 그의 맨몸을 바라보면서 말했다.

"당신은 정말 아름답군요!"

그녀는 다시 두 팔을 벌려 내밀면서 말했다.

"참으로 깨끗하고 훌륭한 몸이에요! 이리 오세요!"

그는 그녀에게로 돌아서기가 부끄러웠다. 발기된 알몸 때문이었다. 그는 바닥에서 셔츠를 집어 들고 몸에 대고서 그녀에게로 돌아왔다.

"안 돼요! 당신 몸을 보여줘요!"

그녀가 늘어뜨려진 젖가슴께로부터 날씬하고 아름다운 두 팔을 내민 채 말했다.

그는 셔츠를 떨어뜨리고 그녀를 바라보면서 가만히 서 있었다. 나직한 창문 사이로 한 줄기 햇살이 비쳐들어 그의 넓적다리와 날씬한 복부를 환히 비춰 보였으며, 몽싯몽싯 자그만 구름을 이룬 선명한 적황색의 털 사이로 그의 남근이 거무스름하니 뜨겁게 달아오른 모습으로 꼿꼿이 솟아 있는 것을 환히 드러내 보였다. 그녀는 깜짝 놀라며 두려워하는 듯했다.

"참 신기하군요!"

그녀가 천천히 말했다.

"참으로 신기하게 서 있군요! 정말 크기도 해라! 그리고 어쩜 그렇게 검고 자신만만한 모습이지요! 그것은 항상 그런 모습을 하고 있나요?"

사내는 앞이 그대로 다 드러난 자신의 호리호리하고 하얀 몸을 내려다보았다. 그리곤 소리 내어 웃었다. 날씬한 가슴 사이에는 거무스레하니 거의 까만색에 가까운 털이 나 있었다. 그러나 복부 아래쪽, 남근이 굵게 휘어진 모양으로 솟아 있는 부분에는, 금빛이 도는 붉은 털이 자그만 구름을 이루며 선명하게 돋아 있었다.

"정말 도도해 보이는군요!"

그녀는 불안스러운 어조로 중얼거리듯 말했다.

"그리고 참으로 당당하고요! 남자들이 왜 그렇게 거만하게 뻐기는지 이제야 알겠어요! 하지만 아주 귀엽기도 하군요. 정말이에요. 마치 따로 살아 있는 존재 같아요! 좀 무섭기도 하고! 하지만 정말 사랑스러워요! 그가 바로 나한테 들어온다니!"

그녀는 두려움과 흥분에 사로잡혀 아랫입술을 지그시 깨물었다.

이때 그가 다급하게 말했다.

"누워요! 어서 들어가야겠소!"

우린 곧 다시 만날 수 있을 거요

마침내 언니 힐더가 베네치아 여행을 위해 차를 갖고 코니를 데리러 왔다. 코니는 여행을 가기 전에 마지막 밤을 그와 함께 보내고 싶다고 했다. 두 사람은 관능적 열정의 밤을 보냈고, 그녀를 완전히 다른 여자로 태어나게 했다. 그녀는 이제 자기 본성이 우러나는 진정한 근본에 이르렀다는 느낌이 들었으며, 근본적으로 아무런 부끄러움이 없는 존재가 되었다.

베네치아에 도착한 코니는 비로소 자신의 임신 사실을 알게 되었다.

그녀는 계획대로 덩컨 포브스라는 미술가와 관계하여 임신했다고 말하고자 했다. 만약 멜러즈와의 불륜 사실을 알게 되면 세상은 그를 쓰러뜨려 처치해버릴 때까지 결코 가만두지 않을 것이기 때문이다.

그때 클리퍼드의 편지가 왔는데, 그녀와 사냥터지기의 추문이 계속되고 그 소문이 눈덩이처럼 점점 불어나고 있다고 했다. 멜러즈도 편지를 보내왔는데, 그 소문의 진상을 자세히 알려준 다음 자신은 클리퍼드에게 해고를 당했고, 다음 주에 사냥터지기를 그만두고 런던으로 떠날 예정이라고 했다.

코니는 런던에서 멜러즈를 만나 자신의 임신 사실을 알리고, 클리퍼드와도 이혼하겠다고 말했다. 그녀는 클리퍼드에게 편지를 써서 '유감스럽게도 당신이 예견했던 일이 일어나고 말았군요. 난 다른 남자를 진정으로 사랑하게 되었어요. 그래서 당신이 나와 이혼해주기를 바라요.'라고 이혼해주도록 요구했다.

하지만 클리퍼드는 크게 놀라며 현실을 절대 인정하지 않으려 했다. 그는 그녀를 다시 한번 만나겠다고 고집하며 반드시 집으로 돌아올 것을 요구했다. 코니가 라그비로 돌아와 진실을 말하자, 클리퍼드는 분노하며 말했다.

"그 인간쓰레기 같은 자식! 그 오만불손한 촌뜨기 자식! 그 천박한 불상놈! 바로 그런 놈과 내내 놀아났다고! 당신이 여기 있으면서 그놈이 내 하인 노릇을 하고 있는 동안에 말이야! 아이고, 하나님 맙소사. 여자들의 짐승 같은 추잡스러움이란 도대체 한도 끝도 없단 말인가!"

그는 분노로 제정신이 아니었고, 이는 그녀가 예상한 대로였다. 그는 절대 이혼만은 해줄 수 없다고 했다.

얼마 후 멜러즈에게서 장문의 편지가 도착했다. 그는 지금 시골의 어느 농장에서 일자리를 얻었다고 했다. 그렇게 일해서 모은 돈으로 나중에 코니와 함께 조그마한 농장이라도 마련하여 경영할 생각이었다. 또한 그는 '우린 당분간 서로 떨어져 있어야할 형편이지만 전혀 걱정할 필요가 없소.'라고 했다. 클리퍼드와의 이혼 문제도 걱정하지 말고 그저 시간을 기다리라고 했다. 끝으로 그는 '우린 곧 다시 만날 수 있을 거요.'라는 희망에 찬 마음을 전했다.

⑬

노년의 원숙한 성과 사랑 - 『두번째 서른살』

노년층의 다양한 성생활 이야기

　대개 성은 힘과 열정이 넘치는 젊은이들의 전유물로 생각하기 쉽다. 하지만 인생에서 성적 만족도가 가장 높을 때는 바로 노년이라고 한다. 나이가 들면서 성행위는 한층 더 아름다워지고, 더욱 오래 지속되며, 보다 더 에로틱해진다. 나이가 들면 여자들은 더더욱 사랑에 몰두하고, 남자들은 한층 더 여유만만하고 느릿하고 다정하게 성을 즐기려 하기 때문이다.

　『두번째 서른살』(마리 드 에느젤 지음, 유정애 옮김, 베가북스, 2017)은 이러한 노년층의 성생활과 성관념에 대해 인터뷰와 기록을 모아 저술한 것이다. 저자인 마리 드 에느젤은 프랑스의 저명한 심리학자이자 심리치유사로서, 풍부한 임상 경험과 삶에 대한 통찰 및 편안한 문체로 여러 권의 베스트셀러를 썼다. 이 책도 노년의 성에 대해 가장 잘 알려주는 최고의 명작이다.

　현대의 노년층은 가능한 바람직하게 잘 늙어가야겠다고 마음먹은 세대이다. 그러니까 자기 자신을 관리하는 세대, 자신의 건강을 챙기고 삶의 질을 높이려 하며 쾌락을 추구하는 세대이다. 한마디로 욕망을 가지고 있는 세대이다. 이 책에서 다루는 대상은 무엇보다 그런 노년 세대이며, 또 60대 문턱에 와 있는 모든 사람들이다. 그렇다고 이 책이 단순히 노년의 성에 관해서만 이야기한 것은 아니다. 노년의 성과 관련된 다양한 이슈들을 얘기하며 우리 모두의 성에 대해서도 깊이 있게 통찰하고 있다.

성에 나이 제한은 없다

　욕망과 성과 애정 생활에는 나이 제한이 없다. 특히 노년의 성생활은 정신적, 육체적 건강에 중요한 역할을 한다. 고대 중국에서처럼 성생활은 행복한 장수의 비결이다. 중국인들에게 장수는 최고의 가치인데, 이 장수는 남녀가 지닌 음과 양의 에너지가 접촉하지 않고는 있을 수 없다고 생각했다.

　심지어 80대 남자들도 충분히 삽입이 가능하도록 여전히 발기가 되는 이들이 있다. 다만 파트너의 태도가 중요한데, '발기 불능'의 남자도 다정하고 상냥한 파트너를 만나면 자신의 남성성을 충분히 회복할 수 있다. 오로지 시간과 사랑이 필요할 뿐이다.

　물론 허위를 말해선 안 된다. 저자는 노년의 성적 욕망과 쾌락을 말할 때는 분별 있는 시각이 필요하다고 한다. 성적인 노화는 정말로 있는 현상이다. 먼저 감각의 둔화가 있고, 자극에 반응하는 게 늦어진다. 호르몬 변화에 따른 성욕의 감퇴, 반응의 약화가 나타난다. 남자들의 경우 발기 문제가 있다. 발기가 되더라도 완전히 되질 않거나, 지속 시간도 더 짧고, 발기의 빈도도 줄어든다. 여성의 경우 질의 건조와 위축이란 문제가 생겨서 '축축해지는' 경우가 적어지고 더 느려진다. 쾌락에 이르기까지 점차로 시간이 더 걸리게 된다. 성행위 자체가 피곤하거나 불편해질 수도 있다. 몸매도 변한다. 근육을 잃고 뚱뚱해진다. 타인의 시선에서 자신이 늙었다는 것을, 따라서 성적 매력이 떨어진다는 것을 확인하게 된다.

게다가 섹스는 젊은이들의 몫이라는 사회적 통념도 있다. 고령인 사람의 성욕은 관습에 어긋나고, 우습고, 걸맞지 않으며, 늙으면 더 이상 욕망을 느낄 수도 없고, 남의 욕망을 자극할 수도 없다고 생각한다. 젊은이들은 노인들의 성을 그려볼 수가 없다. 양로원에서 노인의 성을 그리 탐탁치 않게 보는 것도 바로 이런 이유에서다. 하지만 사생활의 권리, 즉 내밀한 삶의 권리는 개인의 기본권에 속한다. 다시 말해 노인들의 섹슈얼리티를 존중하지 않는 것은 일종의 학대 행위다.

예컨대 프랑스의 한 양로원에서 지내는 99세의 노부인이 늘 자위행위를 했다. 그런데 문제는 그녀가 온갖 부적절한 물건들을 사용하는 바람에 자주 몸에 상처를 입더라는 것이다. 그녀가 외음부와 질의 출혈로 몇 차례에 걸쳐 병원 신세를 지자, 양로원 원장은 직원들과 함께 그녀에게 섹스토이를 사주어야 할 것인가라는 문제로 회의를 했다. 다행히 직원들은 아무리 약하더라도 노인의 사생활은 존중되어야 한다는 사고방식이 정착되어 있었다. 결국 원장은 물건을 구입해서 노부인에게 주었다. 노부인은 섹스토이를 보자 "와 고추네!"라고 탄성을 지른 뒤, "고추장난감보다 잘 생긴 젊은 남자라면 더 좋았을 텐데."라고 아쉬워했다. 그때부터 노부인은 출혈로 인한 응급실 신세를 더 이상 지지 않았고, 그 고추는 세상을 떠날 때까지 '단짝'이 되었다고 한다.

이처럼 60세 이후에 성적인 노화가 있는 건 사실이지만, 그럼에도 에로틱한 애정생활은 얼마든지 가능하다고 한다. 젊은 시절부터 육체적 사랑을 즐겨왔다던지, 아직도 커플이 남아있는 경우에는 특히 더욱 그러했다.

노년에는 무엇보다도 일상에서 친밀감을 쌓아야 한다. 나이 든 커플의 성공적인 성생활은 일상생활에서 느끼는 친밀감과 이끌림에 달려 있다. 여자들은 60세 이후에 느끼는 쾌락이 훨씬 격이 높다고 한다. 이 시기의 그녀들이 필요로 하는 건 다정한 분위기, 어루만짐, 서두르지 않고 깊이 있게 하는 키스 같은 것들이다. 75세의 한 여자는 이렇게 말했다.

"남편이 더 이상 발기하지 않는 건 상관없어요. 그이는 아무것도 아닌 걸로 내가 오르가슴을 느낄 수 있게 해주니까."

그런데 남자들은 이 점을 잘 이해하지 못한다. 그들에겐 발기가 엄청 중요하다. 그것이 남자의 신분증이기 때문이다. 94세의 어떤 남자가 의사에게 말했다.

"그러니까…… 난 75살 먹은 여자를 사랑하게 되었단 말이오. 그런데 그녀 곁에 누워도 더 이상 발기가 되지 않는 거야. 나는 15년 전에 아내를 잃었고, 그 후론 섹스를 한 적이 없었거든. 그러니 비아그라를 줘요!"

여자에게 중요한 것은 사랑의 감정을 유지하는 것, 그리고 그런 게 없으면 일상 속에서 친밀한 순간들을 보임으로써 부드러움과 동료애를 유지하는 것이다.

이 에로틱한 친밀감은 느껴지는 것에 몸을 내맡기고, 자신의 이미지에는 별로 신경쓰지 않는 것이 중요하다고 한다.

노년엔 짝이 없다!

사랑을 나누기 위해서는 짝이 있어야 한다. 그런데 여자들은 60세가 넘으면 이혼이나 사별로 혼자 남는 경우가 많게 된다.

현대의 60대들은 만남 사이트에 등록하여 열정적인 사람과 만나기를 바라고 있다. 막상 그런 사랑을 만나는 사람은 드물지만 말이다. 그런가 하면 실망하고 사이트를 떠나는 이들도 있다.
　69살의 플로랑스란 여성이 있었다. 두 번의 이혼 경력이 있는 그녀는 5년 전부터 혼자 살고 있다. 그녀는 아직도 소울메이트를 기다리고 있다. 그녀가 찾고 있는 남자는 품격 있는 남자이면서 주말에 그녀와 함께 여행을 떠나주는 다정한 남자이다. 사랑하면서도 우정의 관계로나고나 할까.
　어떤 친구가 그녀에게 만남 사이트를 가입해보라고 권하자, 시험 삼아 가입해보기로 마음먹었다. 그래서 구리빛으로 그을린 피부에 남자답게 잘 생긴 동갑내기 남자를 만났다. 두 번째 만났을 때부터 그들은 입을 맞추었다. 그녀는 자신의 집으로 그를 초대했고, 둘은 거기서 열정적인 사랑을 나누었다. 그녀는 그에게 '사랑의 멘토'라는 이름을 붙여주었다. 그가 여자를 잘 알고 여자를 즐겁게 해줄 줄 알았기 때문이다. 그녀는 10년은 젊어진 것 같은 기분이었다. 하지만 침대 밖에서는 문제가 복잡해졌다. 그는 보통 어두운 표정이었고, 유쾌한 구석이 전혀 없었다. 결국 2개월이 지난 뒤 그녀는 눈을 떴다. 둘은 전혀 어울리지 않는 사람들이었다. 그러던 어느 날 남자가 갑작스레 그녀를 떠났다.
　자, 이제 그녀는 너무 실망한 나머지 낭만적인 사랑의 추구를 포기했을까? 천만에! 그녀는 사이트로 돌아가 계속해서 남자를 만났다. 알자스 출신의 한 남자가 그녀의 마음을 사로잡았다. 그에게는 단호하고 절제하는 성격이 있었기 때문이다. 두 사람은 주말에 이스탄불로 여행을 떠났다. 그런데 그는 그녀의 몸에 손도 대지 않았다. 그녀로서는 놀라지 않을 수 없는 일이었다. 한 침대에서 잠을 잤는데 어쩌면 그럴 수 있을까! 그녀에게 다가가려면 시간이 필요하다는 게 그의 해명이었다. 또 그는 인색하고 모든 것에 부정적이고 끊임없이 불평하는 모습을 보였다. 그녀는 참을 수 없었고, 그와의 관계는 거기까지였다.

그 다음엔 타이탄이란 남자가 있었다. 그는 그녀보다 약간 나이가 많았고, 잘생긴 편은 아니었으나 그와 살을 맞대었을 때 그녀는 즉시 좋은 느낌이 들었다. 그건 부드러움이었다. 그의 품에 안겨 있는 게 좋았다. 하지만 그와의 관계 또한 오래 가지 않았다. 그가 프랑스 남서부에 머물기를 원했는데, 알고 보니 그에겐 아직 관계가 완전히 정리되지 않은 옛 애인이 있다는 것을 곧 알게 되었기 때문이다.

이렇게 해서 플로랑스는 적지 않은 남자들을 섭렵했다. 마음만 먹으면 그런 식으로 계속 남자를 만날 수도 있을 것 같았다. 그러나 남자를 만나려는 이 필사적인 탐색은 점점 피곤해졌다.

"이건 아니에요. 정말이지 이런 소모적인 연애 상황에서는 소울메이트를 만날 수가 없다구요. 저는 그동안 저 자신과 제 몸에 대해서 많이 배웠습니다. 진정한 만남이란, 그 만남이 이루어질 정도로 자신이 성숙해졌을 때 우연히 일어날 겁니다. 전 중요한 걸 깨달았어요. 인생에서 만날지 안 만날지도 모를 동반자를 찾는 데만 몰두할 게 아니라, 자기가 사랑하는 중요한 사람들과 친밀한 관계를 유지하는 능력을 키워야 한다는 겁니다."

결국 그녀는 오래된 한 애인과 다시 만나기로 했다. 애석하게도 기혼남이었지만, 그녀는 그와 함께 있는 게 마음이 편했다. 그는 이따금씩 그녀를 만나기 위해 요령껏 시간을 내었다.

다자간 연애, 단 투명하게

67세의 마르셀라는 10살 연하의 남자와 만났는데, 다시 생각해봐도 완전히 철딱서니 없는 만남이었다.

그녀는 7년 전에 이혼했고, 두 자녀의 어머니이자 할머니였다. 그녀는 혼자 살고 있었고, 이성 관계는 몇몇 임시 파트너들 뿐이었다. 이때 그녀는 갑자기 50대의 남자인 크리스티앙과 사랑에 빠지게 된다. 처음 보는 순간, 그들 사이에는 즉시 '전류가 흘렀다'.

크리스티앙은 결혼한 남자였고 가족에 대한 애착도 매우 강했다. 그러나 둘 중 어느 쪽도 도덕적 금기에 얽매어 관계를 그만두려 하지 않았다. 크리스티앙은 그녀에게 메일을 보냈다.

'인생의 여정에서 삶을 최고로 강하고 아름다운 것으로 만들어주는 중요한 무언가를 옆으로 제쳐놓기에는 인생이 너무 짧습니다.'

그녀도 그럴 준비가 되어 있다고 답하면서 둘의 관계를 어떻게 생각하고 있느냐고 물었다. 그러자 그는 에로틱한 우정에 대한 텍스트를 보냈다. 그녀를 향한 그의 입장은 분명했다.

'내 마음은 당신에게 거부할 수 없는 애정을 느낍니다. 하지만 아내가 있고 아직 나를 필요로 하는 어린아이들이 있어서 사랑을 마음껏 꽃피울 수는 없습니다. 그래서 저는 부드럽고 애정이 있으며, 나아가 에로틱하지만 독점할 수 없는 그런 관계를 제안합니다.'

또한 그는 자신이 체면에 걸린 듯 그녀에게 끌리고 있고, 그녀에게 키스하고 껴안고 애무하며, 그녀의 살결을 느끼고 싶고, 자신의 손끝에서 그녀가 전율하는 것을 느끼고 싶다고 했다. 이어 그는 열정적인 사랑의 메시지와 시를 보냈다.

여자도 이렇게 답하였다.

"당신을 기다리고 있어요. 난 당신을 원해요."

마침내 그들은 서로 만나게 되는데, 둘의 관계는 구체적이고 육체적인 것이 되었다. 사랑을 나누며 보낸 사흘은 한마디로 '감미로웠다'. 그녀는 실망하지 않았다. 그들은 부드럽고 천천히 탄트라 섹스로 쾌락을 발견했다. 그녀는 안정된 마음으로 몰두했고, 그가 정말로 사랑에 빠졌음을 느꼈다.

하지만 돌아가는 길에 크리스티앙은 SOS를 보내왔다. 그는 완전히 혼란스럽고 몹시 고통스럽다고 했다. 마르셀라를 사랑하지만 아내에게 애착을 갖고 있어서 그녀를 떠날 마음이 없다고 했다. 처음에 자신들의 관계를 '다자간 연애'의 범주에 두자고 제안한 것은 바로 크리스티앙이 아니었던가? 그들은 독점하지 않고 자유를 누리는 만큼 책임지는 투명한 관계에 대해 오랫동안 의견을 교환한 바 있었다. 아내와 그녀 중에서 하나를 택하라는 것이 아니라, 그녀와 아내 모두와 관계하라는 것이었다. 어떻게 보면 이것은 사랑의 포괄주의라 할 수 있었다. 또한 커플 밖에 누군가 있음을 솔직히 밝히는 투명성을 전제로 했다.

"저는 그에게 말했어요. 나는 자유로운 여자이며, 남자에게 과도하게 시간을 내라고 윽박지르며 숨통을 조이는 그런 여자가 아니라고. 그와 늘 함께 있을 필요가 없었어요. 나는 관계를 공유할 준비가 되어 있었으니까. 단지 다른 사람들 앞에서는 내가 그의 옆에 있다는 걸 보이고 싶었죠. 우리 관계를 사회적으로는 인정받고 싶었다고 할까요."

하지만 그는 마음이 찢어지는 고통을 호소했다. 그는 그들의 관계를 아내에게 알리면서 상처를 주는 그런 위험한 짓은 하고 싶지 않다는 점을 분명히 했다. 그러면서 지금까지 그래왔던 것처럼 남의 눈에 띄지 않는 비밀의 에로틱한 우정을 제안했다.

마르셀라의 반응은 매우 부정적이었다. 그의 말이 비겁하게 느껴졌고 그야말로 지리멸렬한 태도로 보였다. 처음엔 자신을 자유로운 사고의 소유자이고 다자간 사랑을 추종하는 현대적인 남자로 소개했다가, 결국에는 자기 행동을 감당하지도 못하고 죄책감에 짓눌려 잔뜩 겁먹고 주눅든 어린애가 되어버린 이 남자에게 그녀는 일종의 배신감을 느꼈다.

다자간 사랑을 순탄하게 제대로 누르려면 무엇보다 먼저 자신에 대한 성찰이 이루어져야 한다. 다자간 사랑은 먼저 질투심과 맞닥뜨려야 하고, 자신의 소유욕이라든지 타인에게 아픔을 주는 괴로움과 죄책감을 감당해야 한다.

그 대신 다자간 연애를 하면 최소한 일상에선 해방될 수 있다. 아침식사 때 하기 마련인 부부싸움을 할 필요가 없고, 시시하고 따분한 일상생활을 감내하지 않아도 된다.

또한 다자간 연애를 하려면 마치 부족을 거느린 족장처럼 처신해야 한다. 단호한 태도로 이쪽저쪽의 시간을 분배해주고, 양쪽을 다 안심시켜 줄 모종의 규칙을 만들어 충실히 지켜야 한다.

은밀한 연애의 윤리

일부일처제는 사랑에 종지부를 찍게 만드는 권태, 상대를 지배하려는 욕망과 소유욕, 그것의 필연적 귀결인 질투와 오해, 배신, 폭력 등이 뒤따르기 마련이다. 커플의 삶을 살다보면 일부일처제와 그에 수반되는 배타주의가 야기하는 그 인류학적 장애에 언젠가는 부딪치게 된다.

자, 그럼 어떻게 해야 할까? 이 모든 풀 수 있는 해결책은 일부다처제도 아니고, 사랑과는 무관한 방탕한 성생활이나 일시적인 외도도 아니다. 오히려 이 문제를 해결해줄 수 있는 열쇠는 사랑하는 사람들을 존중할 줄 아는 사랑의 형태에 있다.

커플의 충실한 사랑은 파트너 각자가 육체적으로나 인격적으로나 상대를 더 잘 알아가기로 다짐하고, 오랜 세월 속에서 그들의 사랑과 섹스,

서로 간의 애정이 어떻게 변하든 그 변화를 함께 살아내는 것을 의미한다. 그런 커플들이 계획하는 바는 상대방을 무한정 깊숙이 아는 것, 그리고 상대의 인격과 그의 한계를 받아들이는 것이다.

상대방의 고통을 야기하지 않는 사랑의 또다른 형태는 다자간의 사랑이다. 이 사랑은 완전히 자유롭고 평화롭게, 동시에 여러 사람을 사랑하는 가능성을 말한다. 다자간의 사랑이라는 것은 난교 파티나 스와핑과는 관계가 없다. 또 다자간의 사랑을 두고 관계의 투명성을 변호하는 그 운동과는 아무 관계가 없다. 다자간의 사랑에서 각자는 다른 파트너에게 말한다.

"우리는 서로 사랑하고 함께 소중한 통일성을 이룩하지만, 우리 둘씩은 모든 전통과 모든 도덕주의로부터 자유로워. 그리고 우리는 각자 상대에게 자신의 다른 사랑 모험을 들려주면서 자유와 책임이 공존하는 새로운 도덕을 만들어갈 거야."

따라서 배신도 위선도 없다.

은밀한 연애의 윤리는 자신의 어떤 사랑도 포기하지 않고 의무와 희생이라는 윤리의 관점에 자신의 욕망을 양보하지도 않는다. 그들은 자유와 관용의 힘을 동시에 겸하고 있어야 한다. 또한 누군가를 사랑하고 있는 사람은 인생의 동반자가 상처받지 않도록 세심하게 마음을 써야 한다. 그러기 위해서는 은밀한 장소에서 사랑을 나누는 것, 만남의 시간이 어정쩡한 것, 사회생활을 공유할 수 없다는 것 등을 받아들여야 한다. 다시 말해 두 연인이 전적으로 서로에게 집중하고, 함께 있는 시간에 서로에게 아낌없는 관심을 기울일 때, 사랑은 그들의 마음을 고양시킨다.

은밀한 연애는 오래 지속될 수 있고, 충실한 사랑과 마찬가지로 얼마든지 만족감을 줄 수 있다.

섹스는 이제 그만이라는 사람들

65세 이상의 프랑스 사람들 가운데 70%는 인생에서 섹스라든지 연예관계에 더 이상 관심을 쏟지 않는다고 한다. 그런 건 젊은 사람이나 중년에나 속한 것이라고 하면서 말이다.

성에 피곤해진 사람들이 있다. 그들은 한번도 사랑을 밝힌 적이 없는 사람들이다. 그들에게 성생활은 한 번도 중요한 적이 없었고, 60세가 되기 훨씬 이전부터 이미 육체관계를 갖지 않았다.

반면에 섹스라면 할만큼 다 해본 사람들도 있다. 이들은 충분히 육체적 사랑을 나누었고, 이젠 그에 대해 욕망이 없는 사람들이다. 물론 계속해서 서로 살을 맞대는 것은 여전히 좋아한다.

장-루이는 이제 막 65살이 되었다. 초보 노인이 된 그는 아내와 더 이상 섹스를 하지 않기로 했다. 그들은 조금도 욕구 불만을 느끼지 않는다고 했다. 두 사람의 섹슈얼리티가 변했다는 것이다. 예전에는 그토록 강렬했던 성적인 에너지가 이젠 삶의 다른 부분으로 흘러가서, 그의 활동 분야라든지, 다른 사람들과 가족과 친구들에게 쏟는 관심으로 확대되었다고 한다.

"젊었을 때와 다르게 이젠 성에 집착하지 않고 삶의 다른 분야로 눈을 돌리게 된 것은, 사적 욕망이 해갈되었기 때문일 거야. 그러니까 시속 200km의 속도로 나의 성욕을 다 불살랐기 때문이지."

장-루이는 욕망의 승화를 보여주는 멋진 사례다. 요즘 그는 육체적 사랑을 나눈다는 생각만으로도 피곤해진다고 한다. 이미 배가 부를 만큼 불렀다는 얘기이다.

섹스 안 하는 증후군!

본래 욕망이란 우리의 마음대로 되는 것이 아니다. 욕망은 그저 하늘에서 뚝 떨어지는 것이다. 욕망은 되찾으려고 안달하면 할수록 멀리 달아난다. 정말 우리가 제어할 수 있는 것이 아니다.

날이 갈수록 욕망의 파업에 들어가는 사람들이 늘고 있다. 특히 젊은 층의 연애 포기가 늘고 있는데, 20~25살밖에 안 된 젊은이들 중에서 리비도를 못 느낀다면서 병원을 찾아가 상담하는 이들이 더러 있다고 한다. 이들은 늙어서 어떤 모습의 노인이 될까? 성과 애정 문제에 미숙하다든지 참담한 고독 속에 살게 되진 않을까?

실제로 요즘 수백만의 일본 젊은이들이 성과 사랑에 관심을 두지 않는다고 한다. 섹스 안 하는 증후군! 이른바 독신 증후군이 일본 정부가 임박한 국가적 재난으로 간주할 정도이다. 16~24세의 일본 젊은 여성들 중 45%는 성관계에 관심이 없거나 무시한다. 이들은 성관계를 자신의 진로를 가로막는 장애로 여긴다. 그들에게 결혼이란 커리어가 끝나는 무덤이다. 그리고는 부모의 집을 떠날 생각을 하지 않고 인터넷에서 만난 가상의 관계나 포르노 영화로 진짜 성관계를 대신한다. 이런 일본 젊은이들의 수가 점점 늘어나 2004년 기준 1,300만 명에 이르며, 이중 35세 이상이 300만 명이라고 한다.

"나는 현실의 진짜 여자를 좋아하지 않아요. 가상의 여자 친구 쪽이 더 좋습니다."

물론 결혼하고 아이를 낳는 이들도 있다. 그러나 일단 아이를 낳으면 그들 중 40% 이상이 더 이상 성관계를 갖지 않는다고 한다. 이들 중에서 자기 중심적인 에로티시즘으로 방향을 트는 사람들이 점점 많아지고 있다.

결국 2060년 일본의 인구는 지금의 절반이 될 것이라고 한다. 이런 현상은 일본만이 아니라 점차 세계 전체로 확산되는 건 아닐까? 우리는 지금 타인과 어울리는 관계의 상징인 '섹슈얼리티'가 사라지고, 자기중심적이며 자체성애적인 새로운 인류의 탄생을 목도하고 있는 것일까?

고독을 즐기는 여자들

미망인 또는 이혼한 여자들 중 파트너가 없는 여자가 37%인데 반해 남자의 경우는 16%뿐이라고 한다. 남자들은 혼자 있는 것보다는 편하지 않더라도 짝이 있는 쪽을 선호한다. 그들은 여자들만큼 까다롭지 않기 때문이다. 그리고 남자들은 젊은 여자들한테 시선을 돌린다. 늙는 게 두렵고 괴롭기 때문이다. 이렇게 해서 남녀간의 균형이 깨지는 법이다.

여자들은 스스로 고독을 선택한 경우가 많다. 고독을 선택한 여자들은 잠재적인 동반자를 찾지 않는다. 그들은 자유의 즐거움을 만끽하고 싶어한다.

사실 그녀들의 삶은 고독과는 거리가 멀다. 이런저런 일들을 혼자 스스로를 위해 할 줄 알고, 아무도 신경 쓰지 않는다.

"침대를 다 차지한 채 비스듬히 누워, 한밤중에 불을 켜고 편하게 책을 읽는다. 주도적으로 매시간 무엇을 할 것인지 스케줄을 짜고, 저녁 노을을 감상하기 위해 걸음을 멈추기도 하며, 늦어도 누구한테 알릴 필요조차 없이 느긋하게 혼자 영화를 보러 간다. 더 이상 자신에 대해 변명할 필요가 없다!"

이 여자들은 자신을 보살필 줄 알고, 자신이 흥미로워하는 것, 자신이 하고 싶어하는 일을 한다.

그녀들은 이 고독에서 실제로 자립하는 법을 배우고 있다. 집 앞에 있는 카페에서 혼자 저녁 식사하는 법을 즐거이 배운다. 고독한 생활이 그녀에게 성적인 자유를 주기 때문에 그녀를 부러워하는 여자들이 주변에 적지 않다.

성을 가르치는 원숙한 여자들

보통 젊은 남자가 자기보다 나이 많은 여자, 흔히 독립적이고 넉넉한 수입이나 연금을 누리는 나이든 여자에게 끌리는 원인은 무엇보다도 물질적으로 안정을 바라는 욕구에 있다고 생각한다. 하지만 그렇게만 생각한다면 그런 여자들에게 끌리는 다른 동기, 즉 여자한테 즐거움을 줄 수 있는 남자로서의 정체성을 감정적으로 확인하고 싶어 하는 남자의 욕구는 놓치고 말 것이다.

이 여자들의 이야기로는 남자의 성적 능력에 대해 많은 편견을 갖고 있는 젊은 여자들과 사귀다가 성욕을 상실한 남자들은, 나이 많은 그녀들을 만나면서 새로운 자신감을 되찾는다는 것이다.

45세의 한 중년 남자가 있었다. 그는 4년 전부터 70세의 애인과 행복한 커플 생활을 하고 있다. 물론 그는 그녀의 몸이 젊은 여자와는 다를 수밖에 없음을 인정하지만, 그래도 이 놀라운 여자와의 관계는 세상의 그 무엇과도 바꿀 수 없다고 한다. 그는 우선 경험과 욕망을 표현할 줄 아는 그녀의 능력을 높이 평가한다.

"그 나이에 그토록 고혹적일 수 있다는 건 정말 놀랍지요. 처음에 그녀가 옷을 벗었을 땐 솔직히 좀 불편했습니다. 하지만 정작 그녀는 자기 육체의 이미지를 아주 편안해하고 자연스럽게 움직이더라구요. 그런 태도 때문인지 내가 느끼던 불편함도 곧 없어졌어요."

남자는 그녀를 만났을 때 발기 장애로 어려움을 겪고 있었다. 하지만 그녀는 남자의 능력을 되찾게 해주었다. 그는 젊은 남자가 연상의 여자에게서 사랑의 유희를 배우는 것은 하나의 행운이라는 생각을 언제나 갖고 있었다.

캐나다의 작가 스티븐 비진제이의 소설 『성숙한 여자들에 대한 예찬』에서는 이런 충고로 작품이 시작된다.

"사랑의 관계에서는 젊은 여자보다 성숙한 여자를 선택하라. 원숙한 여성들은 세상에 대해 더 많은 지식을 갖고 있기 때문이다."

주인공인 청년 안드라스는 자신보다 25살이나 연상인 마야와 첫 번째 섹스에 대해 이야기한다. 그녀의 지도로 사랑의 기초를 배우고, 그 자신 사랑의 고수가 될 소질이 있는 것 같다고 느낄 정도로 자신감을 얻는다.

"내가 알아야 하는 모든 것을 마야가 가르쳐주었죠. 아니 가르치다는 말은 적절하지 않군요. 왜냐하면 그녀 스스로가 오로지 쾌락을 누렸고, 또 그걸 나에게도 주었기 때문이에요."

여자가 남자에게 자신감을 줄 수 있는 가장 훌륭한 방법은, 자신이 느끼는 쾌락에 몰입하는 모습을 남자에게 보라고 하면서 자신의 쾌락에 동참시키는 것이다.

안드라스에게 사랑을 가르쳐준 마야는 그가 너무 빨리 사정을 했을 때에도 두 팔과 허벅지로 그를 꽉 끌어안았다. 그를 놓아주지 않은 채 몸을 뒤집어 그의 몸 위로 올라갔다. 그리고는 이렇게 말하는 것이었다.

"내가 당신을 돌보고 있을 테니까 당신은 잠깐 눈을 붙이는 게 좋겠는데."

이런 식으로 그들은 몇시간이고 사랑을 나누었다. 그리고 그가 그녀의 몸 안에서 절정을 맛본 다음에도 그녀는 제발 조금 더 그대로 있으라고 간청했다. 그리곤 이렇게 덧붙였다.

"당신 물건이 쬐끄만해졌을 때도 난 그게 좋거든."

새로운 차원의 에로스

늙어가면서도 성생활을 계속하고 있으며, 더욱이 이 성생활은 예전과는 완전히 다른 것이라고 기탄없이 말하는 커플들은 정말 용기백배다.

늙어가는 남자와 여자는 정말 폭군과도 같은 오르가슴을 피해야 유리한 것이다. 그러니까 새로운 섹슈얼리티를 만들어낼 줄 아는 커플은 행복하다. 비아그라든, 섹스토이든, 어떤 방식을 써서라도 성욕을 유지하겠다고 애쓸 필요 없이 새로운 차원의 에로스로 넘어가면 된다. 그것은 '함께 있기', '함께 눕기', '한 몸 되기'와 같이 다정하고도 관능적인 상호 몰입에서 체험할 수 있는 그런 것이다.

74살의 마샤 메릴은 원숙한 여성이고, 82세의 유명한 작곡가 미셸 르그랑을 사랑한다. 그와의 결혼을 앞두고 있다.

마샤 메릴은 어떤 음식을 먹느냐 하는 것에도 신경을 쓰며, 쾌락을 위해서, 그리고 더 행복하고 더 관능적이며 더 튼튼함을 느끼기 위해서 신체의 건강을 관리한다.

그녀는 섹스를 한 다음에 자신이 더 젊어진 것 같다는 생각이 든다고 한다. 또 진정한 성적 쾌락은 60살이 넘어야 발견하는 것이라고 했다. 첫날 저녁, 그녀는 그들이 사랑을 위해 태어났다는 걸 깨달았다.

"정말 대단했어요. 나는 깜짝 놀랐어요. 모든 불안이 한순간에 사라졌으니까."

다음날 남자가 그녀에게 말했다.

"나 당신이랑 결혼하겠어!"

그녀는 지금까지 살아오면서 이같은 즐거움도, 이렇게 강렬한 쾌감도 느껴본 적이 없었다.

그럼 60세가 넘어서야 드러나게 되는 이 '진정한 쾌락'이란 과연 어떤 것인가?

"그건 사랑에서 우러나는 쾌락입니다. 내가 말하는 성적 쾌락은 육체와 정신과 영혼이 모두 가담하는 겁니다. 서로 똑같이 사랑에 빠지고 서로 닮은 두 존재 사이에 있을 수 있는 최고 수준의 결합이죠. 이 결합은 목표와 가치관의 일치를 필요로 하고, 동일한 정신적 풍경을 가져야 해요."

이 쾌락의 특징이라면 어떤 게 있을까?

"우리는 어떤 목표, 예를 들면 오르가슴에 도달하려고 애쓰지 않아요. 오르가슴에 이르든 말든, 그건 중요하지 않아요. 성적 쾌감을 즐기는 방법은 무한히, 얼마든지 많아요. 그것도 가장 강렬한 쾌감들을."

두 사람은 먼저 대화를 나눈 다음 육체적 사랑을 시작한다.

"우린 대화를 하면서 섹스를 시작하고 이어서 성의 행위 그 자체가 압도적인 것이 되는데, 그 순간은 정말이지 뭐라 말할 수 없이 행복해요. 마치 두 사람이 뒤섞여 서로에게 녹아드는 것 같아요. 단지 성기를 통해서만이 아니라, 온 몸 전체로, 섹스를 한다는 생각 자체를 통해서 말이죠. 나는 멀티 오르가슴을 느끼는 여자가 되었어요. 시작부터 끝날 때까지 줄곧 쾌감을 느낀다구요. 때로는 짜릿하게, 때로는 황홀하게. 그런데 이런 느낌은 이전에 느꼈던 것과는 전혀 딴판이에요. 우린 아주 멀리까지 나아간다고 해야 하나…."

그녀가 충만감을 느끼는 순간은 남자와 한 몸이 되어 일체감을 느낄 때다.

"섹스를 시작해서 멈출 때까지 우리는 둘이지만 한 몸이 됩니다. 난 더 이상 혼자가 아니에요. 나는 그 안에 들어 있고, 그는 내 안에 있는 거죠. 나는 그의 한 부분이고, 우리는 단 하나의 개체가 됩니다. 생각할수록 너무 신비로운 일이잖아요! 나는 쾌락의 절정에 이르고, 이따금 일종의 공중부양의 삶을 경험하고 있다는 느낌이 들 때가 있어요."

그녀는 이렇게 결론을 짓는다.

"진정한 섹슈얼리티는 정신적인 것입니다. 육체와 정신, 그건 결국 하나에요! 정말 제대로만 할 수 있다면 섹스보다 더 장엄한 행위는 없습니다. 그것은 두 존재가 진정으로 하나 되는 일입니다. 나에게 '하나 됨'이란 그것뿐이에요."

탄트라 섹스법

이 책의 저자가 무척 아끼는 친구가 있는데, 그는 연구원이었다. 남성적인 시선이 매력적인 그는 탁월한 연애꾼에 속했다. 그는 커플과의 관계가 나쁘지 않지만, 그럼에도 언제나 자기보다 어린 여자들과 숱한 불륜의 사랑을 유지해왔다. 대체 왜 그럴까?

그는 한 학회에서 '마리'라는 독신녀를 만났다. 그는 먼저 자신은 자유의 몸도 아니며, 자유로워질 준비를 하는 단계도 아니라고 말해주었다. 하지만 강렬한 사랑이 필요하고, 언제나 요령껏 그 사랑을 위한 시간을 낼 수 있다고도 했다.

68세의 그 여자는 '매어있는' 남자에게 애착을 갖는 것이 얼마나 위험한 일인지 잘 알기에 두려움이 없었던 것은 아니다. 하지만 그 위험을 불사할 정도로 그에게로 끌리는 그녀의 마음은 충분히 강렬했다. 그녀는 욕망을 따르는 것 외에 달리 어찌할 도리가 없었다. 다시 말해 가능한 한 정신을 바짝 차리고 이 오도가도 못할 갈등을 살아내는 것이었다.

그들은 매우 자주 만나는 편이었고, 형편에 따라 며칠씩 함께 지내기도 했다. 그녀를 만나고 돌아오는 길은 언제나 행복했다. 둘의 관계가 지닌 아주 비좁은 틀 안에서도 자신이 이 여자를 행복하게 해주고 있다고 느꼈고, 그로 인해 자신도 행복하다고 느꼈기 때문이다. 그것은 분명 더할 나위 없이 품격 있는 관계였고, 그 중심엔 에로틱한 차원이 있었다. 그들은 몇 시간이고 천천히, 부드럽게, 때로는 열정적으로 섹스를 하며 시간을 보냈다. 그런데 하루는 그녀가 대뜸 자신은 '탄트라를 아는 여자'라고 하면서 그에게 가급적 움직이지 말라고 했다. 그는 자신들의 섹스 방식을 저자에게 솔직히 들려주었다.

"그래서 우린 천천히 사랑을 나누기 시작했어. 그녀의 몸속으로 천천히 들어가 움직이지 않고 그대로 가만있었지. 그러다 골반을 가볍게 좌우로 움직였는데, 그녀가 그걸 좋아하는 것 같더라고. 두 번째 섹스에선 어느 정도 두려움이 없어지긴 했지만, 약간 주눅 드는 건 마찬가지더군. 이번에는 좀 많이 움직였는데, 그녀는 그것도 좋다고 했어."

그의 이야기는 계속 이어졌다.

"난 페니스와 혀로 그녀의 몸을 탐험하면서, 그녀의 온몸이 무섭게 떨리는 것을 느꼈어. 육체적으로나 정신적으로나 초유의 경험이었지. 지금도 기억나는데, 그런 쾌락의 순간이 절대 끝나지 않을 거란 느낌이 든 날도 있었어. 재즈 연주자들이 숨을 들이쉬지 않고 계속 연주하는 것처럼, 그녀의 오르가슴은 끝도 없이 이어졌지. 들숨과 날숨의 변조로 이루어지는 음악, 오직 그 음악 자체만이 연주자들을 멈추게 할 수 있는 것처럼 말이야. 게다가 그 쾌락이 어찌나 강렬한지 더럭 겁이 나더라니까."

도교적인 사랑의 기술(방중술)에서처럼, 그는 사정하는 횟수가 아주 적다고 했다.

"그런데 어쩌면 그 때문에 내가 다른 곳으로, 더 멀리 가는 건지도 몰

라. 사실 나는 오래 전부터 사정을 참는 습관이 있었고, 그게 엄청 쾌감을 주었어. 그런데 이제는 그런 생각을 할 필요도 없이 나는 전적으로 그 여자와 그녀가 느끼는 쾌락에만 집중해. 그러면 그것이 그야말로 딴 세상으로 날 데려가는 거지."

마지막으로 그가 말했다.

"육체의 말에 귀를 기울여야 해. 그리고 사랑에 대한 열린 태도만이 그것을 허락해줄 거야."

탄트라의 여인들

슬로우 섹스! 동양에서 영감을 얻은 이 새로운 성의 원동력은 무엇일까? 슬로우 섹스의 핵심은 시간적인 여유를 갖고 목적지를 잃어버리는 것이다. 중요한 것은 에로틱한 여행이지 종착지가 아니기 때문이다. 그리고 이 여행은 감각의 여행이다. 우리의 피부는 다양한 감각의 센서를 장착하고 있다. 시간을 넉넉히 갖고 몸의 모든 성감대를 천천히 깨어나게 하고 가능한 온갖 방법으로 성감대를 애무하는 것, 안 될 이유가 없지 않는가?

저자도 <탄트라의 여인들>이라는 교육 프로그램에 참여하여 탄트라 섹스를 배워보기로 했다.

그녀는 탄트라에 두 가지 방법이 있다는 것을 알게 되었다. 그 중 하나가 자신의 성기에 스스로를 던지며 긴장을 푸는 방법이고, 또 하나는 시각화와 호흡법을 통해 성적 에너지를 상승시키면서 단계적으로 황홀경에 이르기를 추구하는 방법이다. 그들은 육체와 성기에 대한 내밀하고도 조심스런 탐색의 시간을 가졌다. 자신을 알면 알수록 상대에게 몸을 내맡길 때 자기가 어떤 존재인지를 더 잘 알기 때문이다. 단순히 성기가 거기 있다든지, 그것이 어디에 자리잡고 있는지를 아는 게 중요한 게 아니다. 그것을 잘 이해하고, 세세하게 알아보고, 발견하며, 그것을 존중하고, 예찬하고, 환영할 수 있어야 한다.

그들은 4일 동안 매우 뜨겁고 관능적인 기가 상승하게 하는 명상을 번갈아가며 했다. 명상은 언제나 골반 운동과 함께 이루어졌고, 거기에는 호흡법과 반드시 단련해야 하는 회음부의 수축운동, 그리고 시각화가 수반되었다.

그들은 복식 호흡법도 수행했는데, 이는 탄트라 섹스만 나왔다 하면 등장하는 그 포지션을 취했다. 즉, 커플 각자는 반가부좌를 틀고 마주 앉되 몸은 가볍게 앞으로 기울이고, 한 사람의 다리가 다른 사람의 다리를 죄는 식으로 해서 성기가 서로 맞닿게끔 앉는다. 이 훈련은 깊은 친밀감을 형성해준다.

이렇게 앉은 다음 커플은 서로 입을 맞대고 한쪽이 숨을 내뱉을 때 다른 쪽은 반대로 숨을 들이킴으로써 각자 상대방의 숨을 들이쉰다. 몇 분 정도 지나면 숨이 상대의 성기까지 내려가고, 상대의 숨은 자신의 성기로 침투하는 것을 상상할 수 있다. 이 수행은 극도로 에로틱했다.

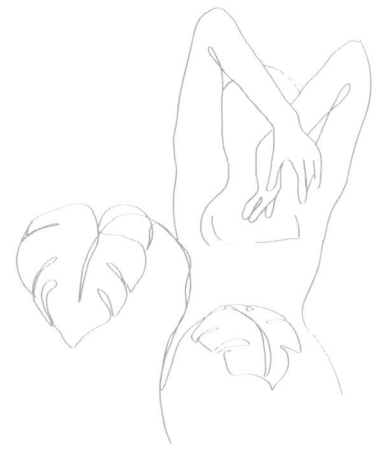

⑭ 동성애·트랜스젠더·여장 남성의 실체
-『모나리자 신드롬』

의학과 인문학의 융합으로 동성애의 실체를 규명하다

현재 우리나라에선 성 소수자인 동성애자에 대한 반감이 매우 강한 편이다. 기독교적 관점에서 동성애가 죄악으로 여겨지기도 하고, 동성애자에 대한 차별과 혐오도 널리 만연해 있다. 그럼에도 동성애에 대한 논의는 턱없이 부족한 실정이다.

『모나리자 신드롬』(레온 카플란 지음, 박영구 옮김, 자작, 2002)은 그러한 동성애에 대한 오해와 편견을 본격적으로 규명한 책이다. 동성애의 원인, 사람들의 오해, 동성애자의 사랑, 역사 속 인물 등 동성애의 모든 것을 자세히 알려주고 있다.

이 책의 저자 레온 카플란은 독일에서 태어나 의학과 생화학 분야에서 박사학위를 취득한 후 영국 옥스퍼드 대학에서 철학박사 학위를 취득

했다. 뇌에 관한 획기적인 연구 결과들을 100여 편의 논문으로 제출하여 학계의 주목을 끌었다. 또 의학 분야의 전문 지식을 인문학과 연계시켜 일반 독자들을 매료시켰다.

이 책은 그러한 뇌 연구와 인문학적 지식을 바탕으로 동성애의 본질을 파악하고, 문학과 예술 분야의 거장들과 역사상의 위대한 인물들의 동성애적 성향을 흥미롭게 서술하고 있다. 또 남녀 동성애자뿐만 아니라 남녀 트랜스젠더나 여장 남성 같은 다른 성 소수자에 대해서도 다루고 있다.

모나리자 신드롬

이 책은 먼저 레오나르도 다 빈치의 <모나리자의 미소>에 숨겨진 비밀을 파헤치는 데에서부터 출발한다. 이 작품의 실제 모델이 누구였는지를 과학과 역사를 토대로 추적하는 것이다.

레오나르도는 1504년부터 1517년까지 이 그림을 그리고 또 그리며, 끊임없이 수정했다. 나아가 그는 유일하게 이 그림만을 피렌체에서 로마로, 마침내는 프랑스까지 가져갔다. 그는 그림을 그릴 때마다 그 모델과 주문자가 누구였는지 정확히 기록해놓았지만, <모나리자>에 대해서만큼은 어떠한 기록도 남기지 않았다. 결국 그는 가장 가까이 지내던 프란체스코 멜치에게 특별히 이 그림을 남기고, 1519년 암보이스의 끌로 성에서 그의 품에 안겨 숨을 거두었다.

이 작품의 실제 모델을 둘러싼 수수께끼가 최근에 이르러서야 풀리게 되었다. 컴퓨터 그래픽 전문가 릴리언 슈바르츠가 세계 최고의 성능을 자랑하는 미국 벨 연구소의 경찰 수사용 컴퓨터로 <모나리자>의 실제 모델을 밝혀내는 데 성공했다. 균형이 맞게 좌우 대칭으로 나란히 붙인 컴퓨터 모니터 화면에서 대조해 봤을 때, 다 빈치의 자화상에서 눈썹과 누낭을 제거하고 왼쪽 입 언저리를 약간 올리기만 하면 바로 그림 속의 모나리자 모습 그대로였다. 다시 말해 <모나리자>가 실제로는 레오나르도 자신의 모습을 그린 작품을 토대로 설정한 것이었다.

그렇다면 레오나르도는 무슨 이유로 자신을 여자의 모습으로 그린 것일까? 그것은 다름 아닌 레오나르도가 젊어서부터 동성애자였다는 사실이다. 레오나르도는 1452년 도시 공증인 피에트로 다빈치와 시골처녀 카테리나 사이에서 사생아로 태어났다. 아버지는 그를 자기 가문에 받아들여 훌륭한 교육을 받도록 했다. 레오나르도는 당시 피렌체에서 가장 유명한 화가 베로치오의 지도를 받았다. 베로치오의 집에서 거주하는 동안 레오나르도는 청년 3명과 함께 거리의 남색 청년과 함께 동성애 행위를 했다는 혐의로 고발되었다. 기록에 따르면 레오나르도는 그 죄목으로 감옥에 가야했다는 것을 추정할 수 있다. 이후로도 그는 한 연하의 청년을 자기 집으로 받아들여 그와 20년 동안이나 함께 지냈다. 레오나르도의 최대 후원자들도 동성애 성향의 예술 애호가 세자레 보르지아와 로렌초 데 메디치였다.

그는 자신의 소망과 동경 속에서 자신을 여자처럼 느꼈으며, 이 같은 정신 상태를 구상적으로 표현했다. 최초의 비행기구와 잠수함을 고안해 낼 만큼 천재화가였던 다 빈치는 또 하나의 과학적 사실을 발견했는데, 그것은 바로 남성이 여성처럼 느낄 수도 있으며, 바로 이러한 특성을 토대로 자신을 여성으로, 곧 모나리자로 그렸던 것이다. 그래서 이 책의 저자는 여성적인 남성의 감정과 사고를 '모나리자 신드롬'으로 부르겠다고 한다.

동성애는 정신병이 아니다

정신분석가들은 동성애가 7세 때까지 부모와의 관계에서 생겨나는 문제에 기반한 일종의 '행동장애'라는 주장을 고수해왔다. 즉, 가정의 주도권을 쥔 강한 어머니를 두었기 때문이라거나, 감정 표현을 하지 않거나 아주 연약한 아버지 때문이라는 설, 또는 아버지가 없는 관계로 지나치게 어머니에게 의지함으로써 이성애적 발전 과정에 지장이 생겨서라는 설 등이 그것이다.

하지만 이와 같은 정신분석가들의 연구는 애초부터 중대한 결함을 안고 있다. 그들이 연구 대상으로 삼은 이들은 대부분 정신적인 문제로 병원 치료를 받고 있는 동성애자 환자들이었다. 실제 동성애자의 대다수는 정신적으로 아주 건강한 이들이었다.

또 심리학자나 정신분석학자들은 아동기에 여자 같은 태도를 보이는 것이 나중에 동성애로 발전할 수 있는 척도가 된다고 했다. 예를 들어 3살 무렵에 인형을 가지고 논다거나, 4살 때부터 여자 옷을 입는 것, 5살 때부터 9살 때까지 여자아이들과 노는 것을 좋아하는 것 등이다.

하지만 사춘기 전에 나타나는 여성적 행동양식이 결코 나중의 동성애 현상을 가늠하는 척도가 되지는 않는다. 통계상으로 보더라도 여자아이 같은 소년이 나중에 성인이 되어 동성애가 될 확률은 2%에 지나지 않는다. 게다가 성장해가는 동안 그러한 여성적 성향도 사라져 버리는 경우가 많다.

나중에 동성애자가 될 남성 가운데 75% 이상이 사춘기 전에 이미 소년에게만 마음이 끌리는 동성애 감정을 가지고 있었다.

동성애는 이미 모태에서 결정된다

동성애는 후천적인 것이 아니라 선천적이라고 한다. 그것도 태내에 있을 때 이미 동성애 성향이 정해진다는 것이다.

저자의 연구 결과에 따르면, 임신 13주째에서 15주째 사이에 태아의 성 중추가 어떻게 발달하느냐에 따라, 그가 나중에 성장해서 이성애자, 동성애자, 양성애자 가운데 한 유형이 된다고 한다.

대개 임신 13주째에서 15주째 사이에는 태아에게 나중의 성 파트너 프로그램을 조정하는 성 중추들이 형성된다. 3개월 이상 된 남아 태아의 혈액순환에서 남성 호르몬의 집중도가 충분할 때 남성의 성 중추만이 활발해지고, 자연히 여성의 성 중추는 형성이 억제된다. 이러한 남성은 나중에 성장했을 때 오로지 여성에 대해서만 성적 반응을 보이게 되는데, 이 경우를 이성애자라고 한다.

그에 반해 이 시기의 남아 태아에게 남성 호르몬이 별로 형성되지 않을 경우 여성의 성 중추만이 발달할 수도 있다. 그럴 경우 태아가 성장해서 동성인 남성을 파트너로 찾게 된다. 이 경우를 동성애자라고 한다. 이들 남성 동성애자는 시각적으로 남성의 육체에만 민감한 반응을 보인다. 남성의 근육, 둔부, 가슴 털과 수염, 특히 성기에 민감하게 반응한다. 이 같은 동성애 성향을 보이는 사람은 독일의 경우 남성들 가운데 5%에 이른다.

또 임신기의 심한 스트레스나 음주 등도 태아의 성적 지향성을 결정하는 주요 요인이 된다. 먼저 태아가 나중에 성장해서 보이게 될 성적인 성향은 임신기의 첫 2/3 기간에 산모가 심한 불안감에 쌓여 스트레스를 받는 상황으로부터 영향을 받는다. 이를테면 임신기간 중에 커플과 헤어졌다거나 재정적인 문제로 극심한 어려움을 겪는 경우들이다.

알콜도 태아의 뇌에 스트레스와 거의 동일한 영향을 미치는데, 이와 관련해서 동물 실험이 중요한 시사점을 제공해주었다. 모체에서 알콜을 흡수한 수컷은 나중에 성장해서 성호르몬 분비가 암컷의 모형에 따르고,

다른 수컷들에 비해 암컷 같은 성적 태도를 보였다. 그리고 알콜 중독에 걸린 산모의 아이는 출산 때에도 아직 혈액 중에 스트레스 호르몬의 농도가 비교할 수 없을 정도로 높았다.

동성애 성향은 유전된다

동성애 성향은 아버지에서 아들로 유전될 수 있다. 물론 이런 현상은 한두 세대를 건너뛰어 나타날 수도 있다.

동성애가 유전 현상이라는 견해는 동성애적 태도가 동물계에서도 나타난다는 조사 결과에 의존한다. 이런 사례들은 양서류, 조류, 포유류 등에서 나타난다. 인간의 경우에는 특정한 유전 요인을 가진 가족들에게 동성애적 성향이 빈번히 나타난다. 동성애자의 가계도를 몇 세대 이전까지 거슬러 올라가 추적해보면, 선조의 계통수가 일반인의 평균치에 비해 훨씬 밀집되어 있다. 역사적으로도 아버지와 아들이 똑같이 동성애 기질을 보인 사례는 대단히 많다. 예컨대 마케도니아의 필립과 알렉산더 대왕, 카르타고의 명장 하밀카르와 한니발, 독일 작곡가 리하르트 바그너와 지그프리트 바그너, 독일 작가 토마스 만과 클라우스 만 등을 들 수 있다.

지난 150년간 남성 동성애자의 수가 조금밖에 증가하지 않았다는 사실도 동성애자의 탄생에 유전적 요인이 작용한다는 것을 말해준다. 대표적으로 1948년 미국의 킨제이 보고서는 22년간에 걸친 관찰 결과 다음과 같은 자료를 냈다. 전체 남성 중 46%가 다른 남성에 대해 에로틱한 감정을 보였고, 37%가 일생에서 언젠가 한번 동성애 경험을 했으며, 4%가 평생토록 동성애자였다. 1980년대 미국 자료에 따르면 다음과 같았다. 전체 남성의 30%가 남성의 육체를 보고 흥분하거나 에로틱한 상상을 했고, 10%가 일시적으로나 정기적으로 여성 및 남성과 동시에 관계를 가졌으며, 6%가 오로지 동성애자였다. 결국 동성애 문제는 부모로부터 물려받은 유전적 성향이 중요하다 할 수 있다.

남자들이 동성애자를 배척한다

미국에서 실시한 조사에 따르면, 남성 동성애자의 90%가 '동성애자'라는 이유만으로 욕을 먹은 적이 있고, 그 중 50%가 폭행의 위협을 받았으며, 실제로 20%는 두들겨 맞은 적이 있다고 한다. 또 직장을 구할 때도 동성애자는 불이익을 당하고 있다고 한다.

그런데 동성애자를 배척하는 이들은 무엇보다 남성 이성애자라고 한다. 그 이유는 동성애자는 '여자 같은 녀석들'이라 결코 용납할 수 없다는 것, 그들과 어울리면 자신도 동성애자라는 오해를 받을 수 있다는 것, 동성애자는 사랑과 결혼의 가치를 제대로 평가할 줄 모른다는 것 등이었다.

그런데 만약 그 남성들이 수마트라 섬의 원주민 바타크 부족 마을에 살고 있다고 가정하면 생각이 전혀 달라질 것이다. 수마트라 섬에서는 9살~19살의 남성들은 모두 한 집안에서 공동생활을 하면서 잠도 같이 자고, 심지어 성관계도 그 안에서 해결해야 한다. 그들은 19살이 되어야만 여성과 접촉을 하고 결혼도 할 수 있다. 결혼한 뒤에도 그들은 덤으로 남자친구 한 명을 동성애 파트너로 삼을 수 있다.

하지만 동성간의 관계만 허용되는 청소년기에는 다른 여자아이와 무슨 짓을 하려 했다가는 당장에 화가 미친다. 그런 사실이 발각되면 두 사람은 스스로 목숨을 끊어야만 했다. 결국 바타크 부족 사회에서는 이성애자들이 배척을 당하는 쪽인 것이다.

그런데 흥미로운 점은 남성들에 비해 여성들은 남성 동성애자에게 별로 편견을 갖고 있지 않는 것 같다. 많은 여성들에게 남성 동성애자는 여성의 문제를 훨씬 잘 이해해주는 매력적인 상대로 여겨진다. 그렇기 때문에 남성 동성애자는 사회생활에서 여성들의 만족스런 동반자가 된다. 여성들은 동성애자의 의상실이나 미용실을 즐겨 찾고 그들의 자문을 구한다. 남성 동성애자는 좀더 부드럽고 사교적인 태도로 외모나 치장 문제에 대한 조언을 해주기 때문에, 여성들은 거기서 한 좋은 친구를 찾은 것처럼 여긴다.

동성애에 대한 부모들의 편견

다른 남자에게 마음이 끌리는 감정을 느낀다는 말을 동성애자 아들에게 들었을 때, 대부분의 부모들은 무척 당황한 반응을 보인다. 1970년대 미국의 저명한 인권운동가이자 자유주의자였던 조지프 엡스타인조차도 그러한 상황을 이렇게 표현했다.

"내 아들 가운데 한 아이가 동성애자라는 사실을 알았을 때보다 나를 더 슬프게 하고 분노에 사로잡히게 만드는 일은 없었다. 아버지로서 그보다 더 수치스러운 일은 없을 것이다."

이렇기 때문에 많은 동성애자들이 집에서 쫓겨났다. 또 나중의 모든 화해의 시도도 그러한 부모의 입장으로 인해 자주 좌절당했다. 반면에 동성애자는 부모로부터 거부당할 것이라는 두려움의 시기를 겪고, 수치심과 자책감이 뒤섞인 감정을 겪는다. 그런 시기에 동성애자는 심한 우울증에 사로잡혀 자살을 기도할 수도 있다. 그러나 동성애자들은 용기를 내어 부모님과 상의하는 것만이 도움이 될 것이다. 솔직한 고백(커밍아웃)이 중요한 이유는 고백을 통해 자아 발견에 이르게 되고, 자신의 진정한 감정을 더 이상 숨기지 않아도 되며, 부모와 자식간의 결속감과 이해심이 더 커지기 때문이다.

동성애자들의 사랑

동성애자 커플은 이성애자의 경우에 비해 서로를 덜 사랑한다는 견해가 일반 대중에게 널리 퍼져 있다. 그러나 동성애자들은 전적으로 장기적인 동반자 관계를 맺고 있다. 29세 이상된 동성애자 가운데 50%는 확고한 결속관계를 맺으며 살고 있고, 그 가운데 많은 커플은 평생토록 함께 산다. 동성애자 커플이 상대적으로 높은 만족감을 갖게 되는 이유는 다음과 같다.

이성애자의 결혼생활에 비교해볼 때 동성애자의 경우에는 커플간에 다음과 같은 점이 좀더 강하게 부각된다. 되도록 시간을 함께 보내면서 서로 많은 대화 시간을 갖고 공동의 여가활동을 한다. 금전 지출 문제를 비롯해서 여러 관계에서 동등한 권리를 행사한다. 동성애자들은 다른 이성애자간의 결혼생활에서보다 상대방을 좀더 친근하고 협조적인 사람으로 생각한다. 동성애자 커플간에는 여러 가지 문제에 대해 본질적으로 터놓고 얘기하게 되며, 이때 상대방의 문제에 대해 좀더 깊은 관심을 보인다. 동성애자의 경우에는 상호간의 동료의식과 우정이 중요한 역할을 한다. 이처럼 여성이나 동성애자는 자신의 감정과 소망을 좀더 쉽게 표현하는 경향이 있다.

동성애자는 성교를 항상 최우선적 관심사로 삼는다는 생각은 잘못된 편견이다. 오히려 그런 생각은 여성에게만 집착하는 남성의 본질적인 특성이다. 드 케초의 연구 결과에 따르면 이성애자 남성 중 73%는 여성과의 육체적 관계만을 중요한 요소로 생각하고, 18%는 애정표현을, 6%는 에로틱한 상상력을 결정적인 문제로 꼽았다.

이에 반해 동성애자를 상대로 한 연구 결과에 따르면, 전체의 75%는 말과 태도로 드러나는 애정을 육체관계만큼이나 중요하게 생각했다. 동성애자 가운데 83%는 사랑 없는 섹스는 불가능하다는 인식을 보여 주었고, 40% 이상이 서로 사귀고 나서 성관계를 맺기까지 1년 이상 걸렸다고 한다.

전희와 본격적인 성교 가운데 어느 쪽에 더 비중을 두느냐의 문제에서도 대부분의 동성애자는 본질적으로 여성의 성향과 더 가깝다. 섹스 중에 많은 이야기를 나누고 웃음을 터트리는 경우도 많으며, 키스와 애무도 많이 나눈다. 또 일반적인 남녀 관계에 비해 전희 시간도 더 길다. 오르가슴은 두 사람이 똑같이 절정에 이를 때까지 늦추어진다. 깊은 오르가슴을 느꼈을 때 절정 뒤에도 몇 시간 동안 지속되는 감정의 '여진'은 여성의 경우에만 경험하게 되는데, 많은 동성애자들도 그런 감정을 느낀다.

위대한 전쟁 영웅들

고대의 위대한 전쟁 영웅의 대부분은 동성애자였다. 대표적으로 세계를 정복한 알렉산더 대왕(기원전 336~323년 재위)도 아주 일찍부터 동성애자였다. 알렉산더는 학당에서 1년 연상의 남성 헤파이스티온을 알게 되었고, 두 사람은 각각 상대방을 보완해주는 역할을 했다. 그를 알게 된 지 1년 만에 알렉산더는 아버지에게 자신은 결코 결혼하지 않겠다고 선언했다. 그 이유는 물론 헤파이스티온 때문이었다.

"헤파이스티온은 나의 영혼이며, 나에게는 그 말고 다른 누구도 필요 없습니다."

알렉산더와 헤파이스티온은 학당을 함께 다니고 함께 살았다. 그러면서 두 사람 사이에는 정신적이며 감정적인 유대관계가 형성되었는데, 여기서 섹스는 부차적인 역할밖에 하지 않았다. 알렉산더는 육체적 관계에는 거의 관심이 없었다. 결국 두 사람은 서로 힘을 합쳐 세계를 정복했다.

하지만 기원전 324년 헤파이스티온은 페르시아 왕들의 여름 궁전이 있는 하마단에서 장티푸스에 걸려 죽었다. 알렉산더는 사흘 밤낮을 헤파이스티온의 시신 옆에 뜬눈으로 누워있었다. 그렇게 죽은 자의 몸에 새 생명을 불어넣을 수 있기라도 한 것처럼 말이다. 그의 부하 장군들이 "제국이 각하를 기다리고 있습니다. 기운을 차리셔야 하지 않겠습니까?"라고 말을 건네자, 알렉산더는 이렇게 대답했다.

"나의 절반이 죽어 버렸는데, 이제 어떻게 살아갈 수 있겠나!"

이어서 알렉산더는 헤파이스티온에 대한 애도의 표시로 왕국 전역의 불을 끄라고 명했다. 그 뒤로도 몇 개월 동안 위병들은 알렉산더가 밤마다 헤파이스티온의 이름을 부르며 우는 소리를 들었다고 한다. 알렉산더는 더 이상 살아갈 마음이 내키지 않았고, 기원전 323년 마침내 자신도 최후의 순간을 맞게 되었다.

기원전 5~7세기의 그리스에서는 남성간의 사랑이 공적 생활의 한 부분이었다. 남성간의 사랑은 섬세한 내면적 감정과 희생적인 헌신의 원천으로 여겨졌다. 그래서 스파르타, 크레타, 테베 등지에서는 군대의 정예부대가 오직 동성애자들로만 조직되었다.

로마의 역사에서도 동성애 용장들이 많았다. 대표적으로 위대한 카이사르(기원전 110~44년)는 파란만장한 동성애적 생활을 했다. 심지어 갈리아 전쟁에서 귀환할 때 병사들은 그들의 '여왕'을 찬미하는 노래를 부를 정도였다. 로마인의 가장 두려운 적이었던 카르타고 사람들조차도 엄청나게 많은 수의 동성애자들을 갖고 있었다. 카르타고의 명장들인 한니발, 하밀카르, 하스두르발 등도 동성애자였다.

여성 동성애자

이 책은 주로 남성 동성애자에 대해 다루고, 여성 동성애자에 대해서는 마지막에서 잠깐 다루고 있다.

여성 동성애자도 모태의 혈중 테스토스테론 농도와 관계가 있는데, 그들은 출생 전뿐만 아니라 이후에도 평생 높게 나타난다. 높은 혈중 테스토스테론 농도는 임신 13주째에서 20주째 사이에 파트너 프로그램과 성적 태도를 관장하는 조절 중추의 발달 정도를 좌우한다. 이 경우에는 혈중 테스토스테론 농도가 거의 남아 태아만큼이나 높다. 그 결과 임신 기간 동안 음핵이 음경 크기만큼이나 계속 자랄 수도 있다. 임신 13주째부터 15주째까지에 높은 혈중 테스토스테론 농도를 보이는 것은 유전과 어느 정도 관련이 있을지도 모른다. 왜냐하면 동성애 성향을 보이는 여성은 몇몇 가정에서 집중적으로 나타나기 때문이다.

여성 동성애자의 사례는 아득한 과거로 거슬러 올라가서 시작된다. 기원전 1490년부터 1470년까지 재위한 이집트의 유일한 여성 파라오였던 하체수트가 첫 번째 예가 되는 인물이다. 그녀는 자신을 완전히 남성으로 느끼고, 옷도 남성복만 입었다. 그녀가 통치했던 20년 동안 이집트는 전례없는 개화기를 맞았다. 그런데 하체수트를 묘사한 조각품들은 그녀를 출생기부터 한결같이 남아로 묘사하고 있다. 그녀를 다룬 그 밖의 모든 기념물에서도 하체수트는 남성 역할을 맡고 있다.

미국과 독일의 여성 동성애자를 대상으로 한 연구 결과에 따르면, 여성 동성애자 가운데 80%는 상대방을 알게 된 지 9개월에서 36개월까지는 별다른 관계를 맺지 않고 친하게만 지내다가, 그 후에야 처음으로 성적 접촉을 갖는다고 한다. 모든 관계의 초기에는 정신적인 유대감이 형성되는데, 이것은 또한 여성 동성애자 사이에 장기간 지속되는 관계의 토대이기도 하다.

여성의 동성애 성향은 대부분 결혼생활에서 사랑이 누그러지거나 부부가 실험을 시작하는 30세 이후에야 비로소 펼쳐진다. 많은 여성들은 평생토록 서로에게 아주 강렬한 동성애적 감정을 느낌으로써 남성이 끼어들 자리가 전혀 없는 경우도 많다.

여성 동성애자들의 고백에 따르면, 그들에게 오르가슴은 완전히 다른 성질의 것이다. 그들에게는 남성과의 친밀한 육체적 관계가 심지어 불쾌하기까지 한 때가 많다. 그럴 때면 질은 메말라 있는데, 흥분상태에서 나오는 분비물이 생기지 않거나 근육이 수축되기 때문이다. 실제로 여성 동성애자 가운데 3/4은 다른 여성과의 관계에서 성적인 충족감을 체험한 뒤로는 남성과는 더 이상 은밀한 관계를 할 수 없게 된다.

양성애 성향도 타고난다

양성애적 성향도 동성애처럼 모태에서 결정된다. 남성 동성애자와 비교해볼 때, 혈중 테스토스테론 농도가 낮아져서 뇌에 영향을 미치는 것이 문제가 된다고 볼 수 있다. 마찬가지 심리치료는 양성애 성향을 없애는 데 아무런 도움이 되지 않는다. 왜냐하면 양성애적 태도는 개성의 일부이기 때문이다.

양성애자가 얼마나 많은지는 다음과 같은 통계를 보면 쉽게 알 수 있다. 전체 남성의 40~46%는 다른 남성에 대해 어떤 형태로든 감정적 반응을 보인다. 또 전체 남성의 15%는 이성애 관계 외에도 감정적으로 자신을 만족시켜주는 동성애 관계를 가끔씩 맺는다. 전체 남성의 5~6%는 여성뿐만 아니라 남성과도 규칙적으로 성관계를 가진다. 이런 양성애 감정은 우리 시대에 갑자기 생겨난 현상이 아니다. 고대 아테네에서도 이미 5명 가운데 1명은 아내와 남자친구 사이를 오락가락하며 살았다.

성관계에서 양성애 성향을 보이는 남성 가운데 절반은 다른 남성과의 진한 애정관계 때문에 문제를 겪는다. 예컨대 성경에서 다윗은 사울 왕의 아들인 요나단을 향한 사랑을 마치 번개에 맞기라도 한 것처럼 짜릿하게 느낀다. 다음은 구약성서 사무엘상 18장 1-4절의 내용이다.

'다윗이 사울과의 대화를 마치자 요나단의 마음이 다윗의 마음과 하나가 되어, 요나단은 다윗을 자기 생명처럼 사랑하게 되었다. 사울은 그날로 다윗을 붙잡아두고 집으로 돌려보내주지 않았다. 그리하여 다윗과 요나단은 언약을 맺었다. 요나단은 자신의 겉옷을 벗어서 다윗에게 주고 나머지 옷가지도 다 주었다'.

사울은 그러한 얘기를 듣고 노발대발하며 요나단을 추궁한다. 그 뒤로 용감한 다윗은 친구를 껴안아 주고, 그들은 서로 입을 맞추며 함께 운다. 나중에 요나단이 전쟁터에서 쓰러지자 다윗은 통곡을 한다.

"아, 용사들이 싸움터에서 쓰러졌도다! 아, 이스라엘의 산 위에서 요나단이 죽었도다! 요나단, 그대의 죽음에서 내 가슴은 미어지오! 그대는 너무나도 아름다웠고, 그대의 사랑은 어떤 여인의 사랑보다도 나를 행복하게 해주었다."(사무엘하 1장 25-6절).

이러한 성경 구절은 두 명의 남성 양성애자의 문제를 여실히 보여준다. 당시 요나단은 결혼한 몸으로 이미 메리발이라는 아들을 두고 있었고, 다윗도 여인들을 규방에 두고 있었다.

남성 양성애자 가운데 상당수는 특정 기간에만 어쩔 수 없이 다른 남성과 성적 결합을 맺을 수밖에 없다는 감정을 갖게 된다. 한 달에 2~3번 느끼는 게 일반적이며, 그런 뒤에는 대부분 그런 감정이 사라져 버리게 된다. 이들은 마치 누구의 강요라도 받아서 그런 것처럼 무조건 다른 남성과의 성적 접촉을 원한다. 이런 감정은 대부분 화장실이나 사우나 같은 곳에서 만난 익명의 상대와 관계를 갖는 것으로 끝나버린다. 만일 그러한 충동이 진정되면, 어떤 형태의 욕구도 당분간 사라지고 만다.

양성애자 가운데 70%는 자신의 동성애적 성향의 감정을 이미 알고 있는 상태에서 결혼한다. 그들이 가장 흔히 내세우는 결혼 이유는 자신의 아내를 정말 사랑하고, 결혼을 함으로써 자신의 남성 지향적인 성향이 사라질지도 모른다는 희망과 함께 아이를 원하기 때문이라고 한다. 남성 양성애자 10명 가운데 9명은 결혼 후 7년 뒤에도 다른 남성과 관계를 맺을 정도로 동성애적 성향이 강하다. 그들 대부분은 그런 관계 때문에 죄책감과 수치심을 느끼기는 하지만, 일단 감정이 살아나면 그런 성향을 도저히 진정시킬 수 없게 된다.

여체를 지닌 남성, 트랜스젠더

이 세상에는 신체기관 때문에 커다란 고통을 당하고 있는 트랜스젠더 같은 사람들도 존재한다. 완전히 다른 방식의 감정을 지닌 트랜스젠더의 내면세계에 비추어볼 때 그들의 생식기는 그들에게 도무지 어울리지 않는다. 때문에 그들의 정신과 육체는 항상 갈등상태에 놓이게 된다. 그러한 정신적 갈등은 스스로 극복하기엔 너무나 커서, 심지어 자살 충동까지 느끼게 되는 경우도 드물지 않다.

남성의 외부 생식기가 형성되기 위해서는 임신 8~14주째에 충분한 테스토스테론이 생성되어야 한다. 그렇지 않으면 남아 태아가 여성의 외부 생식기를 달고 태어나게 된다.

이들은 여체를 지닌 남성이다. 외부 생식기는 여성적으로 나타난다. 물론 질은 형성되지 않는다. 고환은 대부분 해당 '여성'의 복강에 위치한다. 사춘기에는 테스토스테론과 더불어 에스트로겐이 과잉되어 완전히 여성적인 가슴 부위를 갖추게 된다. 뇌도 여성적으로만 발전할 수 있기 때문에 이러한 유전자를 지닌 남성은 자신이 완전히 여성이라고 느끼며, 특히 뛰어난 언어 능력을 보인다. 나아가 이들은 음부와 겨드랑이에 체모가 없다. 또 이들은 월경도 하지 않는다. 이러한 '여성'들은 오직 남성에게만 관심을 보인다.

이들이 가장 혐오하는 부분은 자신의 남성 생식기이다. 따라서 이러한 남성들은 자신에게 역겨운 신체 상태를 수술을 통해서라도 어떻게든 없애야겠다는 강박감을 안고 산다. 자신은 분명히 여성인데도 남성의 육체로 묶여 있다는 이런 확신은 아주 어린 나이 때부터 생겨난다. 성전환 수술은 민감한 음경 부위를 감안한 외과수술을 통해 새로운 질을 만들어 줌으로써 나중에 원만한 성생활을 할 수 있도록 충분히 보장해준다. 이 기간에 에스트로겐을 주사할 수도 있는데, 그럼 고환이 줄어들고 자신도 모르게 발기하는 불편한 현상도 줄어들게 된다. 이러한 남성 트랜스젠더들은 자신을 여성으로 느끼기 때문에 자신이 남성 파트너를 원하는 것을 아주 정상적인 현상으로 인식한다. 전체 남성 가운데 트랜스젠더의 비율은 여성 트랜스젠더의 경우보다 약 5배나 높다.

남자가 되고 싶은, 여성 트랜스젠더

미국과 스웨덴, 러시아에서는 전체 여성 4만명 가운데 1명 꼴로 외모는 여성이지만 남성처럼 느끼면서 반드시 남성이 되고 싶어하는 이들이 있다. 심지어 폴란드에서는 1만 명 가운데 1명 꼴로 자신의 '잘못된 성' 때문에 고통을 받고 있다.

그러한 여성은 빠르게는 3살 때부터, 늦어도 8살 때부터는, 자신이 실제로는 남성이지만 잘못된 육체로 태어났다는 느낌을 갖는다. 또 이런 소녀들은 사춘기를 전후해서 완전히 소년처럼 행동하게 된다. 이들은 사내아이들하고만 어울리고 싶어 하고, 심지어는 내의까지 포함해서 옷도 소년처럼 입는다. 그리고 남자 놀이를 즐기며, 스포츠까지 남성적인 격렬한 종목을 좋아한다. 사춘기가 지난 후에 늦어도 19세 무렵이면 이들은 남성 입장에서 사랑을 한다. 따라서 이들은 직업도 전형적인 남성 직종을 선호한다.

여성 트랜스젠더의 애정생활은 다음과 같은 점에서 여성 동성애자와 구별된다. 여성 트랜스젠더들은 가슴 부위를 애무하거나 질을 자극하는 것을 좋아하지 않는다. 왜냐하면 그곳은 자신이 탐탁치 않게 생각하는 '여성' 생식기이기 때문이다. 여성 트랜스젠더들 가운데 많은 이는 음핵을 만지는 행위를 수용한다. 그들에게 음핵은 작은 음경으로 간주되기 때문이다. 그들이 가장 흥분하는 때는 자신의 여자 친구가 절정에 이르는 때이다.

물론 이들도 자신이 느끼는 남성상을 외부로 표출하기 위해 수술받기를 바라는데, 이 경우의 수술은 유방과 자궁 제거술에서부터 외과적으로 음경을 만들어주는 이른바 남근 성형술에 이르기까지 무척 다양하다.

여장 남성의 환상

여장 남성은 그렇게 하면 에로틱한 자극을 받기 때문에 여성 복장을 한다. 그것도 다른 사람이 알아차리지 못하게 감쪽같이 말이다. 모든 여장 남성의 공통점은 적어도 일시적이나마 여성 정체성을 갖고 싶어한다는 것이다.

이러한 남성들은 전적으로 평범한 소년으로 성장한다. 다만 여성처럼 행세할 때 긴장이 완화되고 강한 만족감을 느끼게 된다는 점만이 보통 소년과 다를 뿐이다. 사춘기가 지나면서부터는 여자 옷을 입을 때 성적으로 고조되는 감정이 중요한 역할을 한다. 여성으로 변장함으로써 실제로 자신의 '분신'이 생겨나게 되는 셈인데, 그의 잠재의식 속에서는 자궁과 유방을 가진 진짜 여성이 되었다는 생각이 자리잡게 된다. 이러한 남성은 거울 속에 비친 자신의 모습을 여성으로 보게 될 때 강한 성적 자극을 받게 된다.

자신이 여성이라는 환상은 시간이 흐름에 따라 점점 커져만 간다. 그래서 몇 시간에 걸쳐 메이크업과 액세서리로 분장을 해가면서 여성적인 외모를 완벽하게 갖추곤 한다. 그럴 경우 심지어 다른 남성의 구애를 받게 되기까지 함으로써, 자신이 그토록 열망하던 여성이 되었다는 느낌은 더욱 커질 수밖에 없다.

하지만 여장 남성 20명 가운데 19명은 순전히 이성애를 지향한다. 또한 이들 가운데 많은 이들은 결혼생활에서도 자신의 여성적인 복장을 그대로 고수할 수 있게 되길 갈망한다.

여성적인 외모로 가꾸고자 하는 욕구는 지속적인 성격의 것이 아니다. 여장 남성 가운데 절반은 1주일에 한 번에서 1개월에 한 번 정도만 그런 욕구를 보인다. 특히 이들은 직장이나 결혼생활에서 긴장하거나 화가 난 상태에서 그런 욕구를 보이게 된다는 것이다.

⑮

장애인의 성에 관한 쟁점들
-『사랑을 말할 때 우리가 꺼내지 않았던 이야기들』

장애와 성

지금까지 우리는 장애인에게 필요한 것은 의식주와 의료, 그리고 장애에 대한 편견이 없는 사회적 환경일 뿐 성과 사랑 같은 친밀한 인간관계에 대해선 거의 생각하지 못했다. 오늘날 장애인의 성은 앞서 살펴본 노년의 성보다 더욱 알려져 있지 않다.

『사랑을 말할 때 우리가 꺼내지 않았던 이야기들』(천차오루 지음, 김영희 옮김, 사계절, 2020)은 타이완을 배경으로 장애인의 성을 둘러싼 다양한 쟁점들을 소개하고 있는 책이다. 저자 천차오루는 장애인과 그들의 가족, 전문가와 사회복지사, 그리고 시민단체를 만나 장애인의 성에 대한 현실을 생생하게 들려준다. 이 책은 타이베이 국제도서전 대상을 수상했다.

장애인의 성적 욕망은 끊임없이 억압되어왔다. 오랜 세월 성폭력 예방이라는 명분으로 장애인의 성기 등을 적출하는 일이 계속되었다. 현재도 교육계와 사회복지기관, 사회 여론이 장애인을 무성애자나 성별을 지운 존재로 취급하면서, 혹시라도 그들의 욕망을 건드릴까봐 제대로 된 성교육을 실시하지 않는다. 그러다가 막상 성 문제가 터진다면, 그냥 보고도 못 본 체한다. 이 책은 여러 가지 사례를 토대로 그러한 장애인의 성에 관한 여러 가지 쟁점들을 자세히 얘기하고 있다.

황리야의 장애아 성교육법

황리야는 위위라는 장애아들을 두고 있는데, 그는 평생 치료가 불가능한 희귀 유전성 질환 '고양이울음증후군'을 갖고 있다. 고양이울음증후군이란 울음소리가 고양이를 닮았다고 해서 붙여진 명칭으로 다중장애와 지적장애를 보이는 것이 특징이다. 90% 환자가 1살 전에 사망하는데, 위위는 28살이 되었다. 하지만 지능은 4-5살에 머물러 있고, 입술을 떼서 '엄마 아빠'라고 말하지도 못하며, 밥도 화장실도 혼자 해결하지 못하고, 생일 케이크의 촛불을 끄는 일조차 버거워한다.

원래 간호사 출신의 황리야는 독학과 열정과 의지를 더해 성교육 전문가가 되었다. 황리야는 성이란 자아를 탐색하고 신체적 충동과 함께 어울려 지내는 방식으로 정상적이며 건강한 것임을 강조한다. 그녀는 수업할 때 신체를 한 장의 탐색할 만한 '지도'라고 비유하며, 생식기의 특성을 이해해야만 신체와 사이좋게 지내고 욕망과 공존하며 재미있는 여행을 펼쳐나갈 수 있다고 했다. 끝으로 자위를 하고 싶으면 사람이 없는 곳을 찾아서 하고, 전후에 반드시 손을 씻어야 한다는 것을 강조했다. 사람들이 위위에게도 성 충동이 있느냐는 물음에, 그녀는 웃으면서 대답했다.

"우리 아이도 어렸을 때부터 저절로 자위를 알더라고요. 가르쳐준 사람이 없는데도 할 줄 알았어요.".

위위는 16살 때 홀로 방에 들어가 문을 닫았는데, 나올 때 보니 바지 앞쪽이 표가 나게 젖어 있었다. 황리야는 묻지도 벌하지도 않고 그저 묵묵히 깨끗한 바지로 갈아입혀 주기만 했다.

황리야는 어른들이 성을 이야기할 때 껄끄러워하는 눈빛이나 표현, 태도가 아이들이 성에 대해 갖는 태도에 영향을 미칠 수밖에 없다고 말한다. 사람들은 대개 손발, 심장, 위장 등과 같은 기관은 자연스럽게 말하면서 음경, 음핵, 유방에 관해 이야기할라치면 긴장해서 어쩔 줄을 몰라 한다. '거시기'나 '그거' 등으로 대신한다. 이렇게 어른들이 명확히 알려주지 않으니, 아이들은 속으로 성은 말해서도 안 되고 말할 수도 없는 것이구나 하고 생각하게 된다.

"저는 성은 매우 자연스러운 것으로 억압할 필요가 없다고 생각해요. 그보다는 우호적으로 받아들이는 분위기를 만들어야 해요. 자위하는 것을 보게 되면 우선은 방해하지 말고, 그런 것이 있다는 것을 이해시키고, 프라이버시에 주의하도록 서서히 이끌어주는 한편 성은 나쁜 게 아니라고 알려주어야 하죠. 우둔한 제 아들도 자기 방으로 가서 자위를 할 줄 알아요. 제 아들이 배워서 할 수 있다면 경증이나 경중증 장애인도 틀림없이 가능합니다."

장애인 성범죄가 끊이지 않는 이유

2016년 성범죄 사건 통계에 따르면, 한 해 타이완에서 발생한 성범죄는 8,000건이다. 그중 10% 넘는 피해자가 장애인이고, 그 가운데 50% 넘는 사람이 지적장애인이다. 이 엄청난 통계 수치를 확인한 사람이라면 누구든지 우려를 감추지 못한다. 대체 어떻게 해야 장애인이 신체에 대한 자기결정권을 고려하면서 신변의 안전도 지킬 수 있을까?.

지적장애인 성폭력 피해사건은 본래 성립되기가 쉽지 않다. 사건 자체가 가진 특수성(은폐된 공간에서 일어나고 목격자가 없다)이 있는 데다가 피해자가 물증을 남길 줄 모르기 때문이다.

성범죄 사건은 피해자의 증언을 가장 중요한 증거로 삼아 다투어야 한다. 따라서 증언은 반복적인 심리를 거칠 수밖에 없다. 지적장애인은 인지, 기억, 언어, 정서 등에 한계가 있어 말이 앞뒤가 맞지 않다 보니 증언이 미덥지 못하게 들릴 수도 있다. 하지만 그들은 거짓말을 하는 게 아니라 문제가 무엇인지 이해하지 못하거나 조리 있게 차근차근 진술하지 못할 뿐이다. 말이 계속해서 달라지고, 정확한 진술이 이루어지지 못하는 상황에서 진상을 밝혀내는 것은 결코 만만치 않은 일이다.

황리야는 소송 보좌인 신분으로, 교사에게 성추행을 당한 지적장애 여자아이의 법정 출석에 동행한 적이 있었다. 판사가 심리했다. "선생님이 뭘 했지요?" 아이가 가슴을 손짓하며 "나를 만졌어요"라고 말했다. 판사가 또 물었다. "옷 안을 만졌어요, 밖을 만졌어요?" 아이가 안이라고 했다. 판사가 다시 물었다. "선생님이 지퍼를 내렸어요, 아니면 단추를 풀었어요?" 아이는 이내 고개를 숙이고는 한마디 말이 없다. 법정은 길고 긴 침묵에 휩싸인다.

황리야가 번뜩이는 재치로 제안했다. "인형을 가져와서 선생님이 한 행동을 그대로 하게 하면 어떨까요? 그렇게 해도 될까요?" 판사가 동의했다. 여자아이가 인형을 들고는 손을 인형 옷의 목둘레와 그 아래로 뻗어 넣었다. 선생님이 지퍼를 내리거나 단추를 푸는 행위를 하지 않았으므로 아이는 판사의 질문 자체를 전혀 이해하지 못했고, 그래서 자연히 아무런 대답을 하지 못했던 것이다. 그런 다음 아이는 인형의 바지를 아래로 끌어내려 손으로 인형의 하체를 쓰다듬었다. 그러자 침묵이, 유난한 웅성거림과도 같은 침묵이 법정을 가득 메웠다.

황리야는 그나마 그 여자아이는 장애가 심한 편도 아니고 제한적이나마 자기 생각을 표현할 수 있지만, 도움을 주는 사람과 인형이 있어도 사실을 구체적으로 설명하거나 감정을 전달하는데 속수무책인 아이들은 검사나 판사가 마음이 있어도 증거 부족에 발목 잡혀 손을 놓을 수밖에 없다고 한탄한다.

지적장애인이 처한 상황은 아동과 굉장히 흡사하다. 그들은 소통과 표현이 서툰 데다 유도당하기 쉬워서, 사건의 성립 여부는 항상 판사와 검사, 변호사에 따라 판이하게 달라진다. 이들 법조인이 어떤 인생을 살아왔는지, 전문가로서 어떤 훈련을 받았는지, 심지어 어떤 공포와 편견을 지녔는지에 의해 좌지우지되곤 한다. 이와 같은 이유로 지적장애인 성폭력 사건은 기소든 유죄 확정이든 쉽지가 않다. 그래서 가해자가 법망을 뚫고 활개를 치는 것이다

장애인 강제 불임시술

20세기 전반기 두 차례의 세계대전이 야기한 파괴와 폐허 위에 우생학이 맹위를 떨치면서 독일, 미국, 캐나다, 스위스, 덴마크, 스웨덴 등의 나라가 우생학에 바탕을 둔 출산법령을 잇달아 제정했다. 그런 다음 지적장애, 정신장애, 간질, 정신분열증이 있는 사람이나 근친상간을 저지른 이들에게 강제 불임시술을 요구해 적잖은 논쟁을 일으켰다.

1920년 미국 버지니아주에 있는 장애인 수용시설의 관리자이자 의사인 엘버트 S. 프리다는 지적장애 여성 캐리 벅에게 불임시술을 시행하게

해달라고 주정부에 요구했다. 지능이 매우 낮고, 사생아를 낳을 정도로 천성적으로 문란한 데다 매춘하는 어머니까지 둔 상황을 감안했을 때 '열성 유전자'임이 충분히 증명되었으므로 강제로 불임시술을 하는 게 최선이라는 것이었다. 벅의 후견인과 변호사는 버지니아주에 지적장애 여성이 벅 한 사람도 아닌데 주정부가 벅에게만 강제 불임시술을 허용하는 건 미국 수정헌법 제14조의 '평등 조항' 원칙에 어긋난다고 주장하며 법원에 소송을 제기했다. 이전에 벅은 양부모가 집을 비운 사이에 그들의 사촌에게 성폭행을 당한 뒤 임신해서 사생아를 낳았다. 1927년 미국 연방대법원은 설령 성폭행을 당했다 하더라도 벅은 반드시 강제 불임시술을 받아야 한다고 판결했다. 당시 판결문은 이러했다.

'이들이 범죄를 저지른 후 사형되기만을, 무능으로 인해 굶어 죽기만을 기다리느니, 차라리 결함 있고 사회의 부적격자인 이들의 후대 출산을 막는 게 이 세상과 사회를 위해 더 낫다. 예방접종을 강제로 시행하는 것처럼 나팔관 절제술의 강제 집행 역시 같은 원리다. 지적장애인 3대면 이미 충분하다.'

오늘날에는 국가가 지적장애인에게 불임시술을 강제하는 일은 흔하지 않지만, 가족들이 나서서 요구하는 사례는 간간이 나온다. 이 사실은 그들 내부에서는 공공연한 비밀이다.

가오현의 한 특수교사는 최근 학교 내의 지적장애 남자아이의 볼일 보는 일을 돕다가 화들짝 놀라고 말았다. 아이 하체의 성기 부위가 음경이 없이 횡하니 비어 있었던 것이다. 그는 너무 의아해서 아이의 어머니에게 물었더니, 어머니는 뜻밖의 사고에서 아이가 하체를 부딪쳐 다쳤는데, 그때 겸사겸사 거세했다는 이야기를 마지못해 해주었다. 음경 전체를 적출해 앞으로 발생할 '화근'의 싹을 미리 잘라 없애버린 것이다. 어머니는 아들이 집안의 독자라 대를 잇는 후사 문제를 고려하지 않은 건 아니지만, 집안 사정이 열악하고 경제적으로 어렵다 보니 아들이 나중에 성적 충동을 못 이겨 실수를 하거나 문제를 일으키는 날에는 남에게 미안할 뿐 아니라 배상할 형편도 못돼서 이런 방법을 택했다고 밝혔다.

장애인의 성욕 해소법

지적장애인: 성은 모든 사람의 삶의 여정의 한 부분으로, 지적장애인에게도 애정 욕구뿐 아니라 프라이버시, 사랑하고 사랑받기, 애정과 우정의 발전, 안전한 성의 학습, 결혼과 출산 등의 기본권이 있다. 성적 욕망이 충족되지 않아 불안해지면 지적장애인은 물에 빠진 사람처럼 필사적으로 고함을 지르고 손발을 허우적거리는데 굉장히 공포스럽다고 한다.

청각장애인: 그들은 섹스할 때 불을 끄지 않는다 한다. 들리지 않는데 볼 수도 없다면 어떻게 반응해야 할지 알 수가 없기 때문이다. 반드시 불이 켜진 상태에서 상대의 표정을 살펴야 어떻게 해나가야 할지 알 수 있는 것이다. 또 들리지 않기 때문에 매번 내는 성관계 소리가 너무 커서 이웃을 당혹스럽게 하기도 한다.

중증장애인: 중증장애인 부부는 움직이고 앉고 눕는 일을 전적으로 타인의 힘에 의존한다. 침대에 누웠다 하더라도 움직일 수가 없다. 이런 상황에서 섹스는 어떻게 할 수 있을까? 오랫동안 오랫동안의 고민 끝에 시각장애인을 불러 체위를 바꿔달라고 부탁했다고 한다.

여성장애인: 남성 장애인은 배우자의 돌봄이 필요하다고 여겨지

기에 가족들이 어떻게든 결혼 상대를 찾아주려 한다. 하지만 여성 장애인은 돌봄을 제공할 능력이 없다고 받아들여진다. 이에 여성 장애인의 결혼 비율은 남성 장애인보다 낮다고 한다.

중증장애인 샤오치의 성생활

장애인의 기준에 부합하지 않는 신체에 대해 사회는 불안에 떨면서 적대시한다. 세상이 장애인을 함부로 대하다 보니 그들은 일찍감치 침묵으로 자기를 보호하는 법을 익힌다. 하지만 그렇게 하길 원하지 않는 사람들도 있다. 그들은 외치다 죽는 한이 있더라도 침묵하길 원치 않는다. 샤오치 같은 사람이 그렇다.

샤오치는 시위 현장이라면 어디든지 휠체어에 앉은 채 뛰어가는 남자이다. 그는 근위축성측색경화증, 즉 루게릭병을 앓고 있었다.

샤오치는 외할머니와 어머니의 손에서 자랐다. 외할머니와 어머니는 샤오치한테 성적 욕구가 있다는 걸 생각지도 못했다. 하지만 성장기의 성은 날뛰는 요괴와 같아서 아무리 제압하려 해도 제압되지 않았다. 이 요괴를 극복하려 샤오치는 친구들과 포르노 영화를 공동 구매해 가족이 잠든 밤을 틈타 몰래 보면서 자위했다. 그것도 하고 싶다고 바로 할 수 있는 게 아니었다. 먼저 티슈를 침대 머리맡에 놓고 휴지통을 가까이 놓는 등 만반을 준비를 했다. 그런 다음 어머니가 외출하거나 부엌에서 요리할 때면 부랴부랴 자위를 시작했다. 자극적이긴 했지만, 그다지 흥이 일진 않았다.

샤오치는 적극적으로 짝을 찾아 나서기로 마음먹고, 용기를 내서 흠모하는 여성에게 마음을 표현했다. 하지만 돌아오는 건 언제나 "넌 좋은 사람이야. 하지만 ……"이라는 거절의 카드였다. 샤오치는 기죽지 않고 좌절을 맛볼수록 용기를 냈다. 그래서 갓 스무살을 넘겼을 때 이팡이란 여자친구를 만나게 되었다.

　두 사람은 7년 만에 결혼에 골인했다. 샤오치는 남들이 어떻게 평가하든 성에 대해 굉장히 열려 있었다. 이전에 자신을 돌봐줄 외국인 도우미를 고용한 뒤로, 그는 자위하려 할 때마다 도우미에게 티슈를 가져다 달라고 하고 일이 끝나면 바닥에 널린 티슈를 정리해달라고 부탁했다. 10년 남짓 그렇게 하면서 도우미가 몇 명이나 바뀌었는지 모르겠으나 그때마다 별 문제 없이 그러저럭 지내왔다.

　그런데 이팡이 들어와 함께 살면서 상황에 변화가 생겼다. 샤오치는 일상생활에서 휠체어에 오르거나 내리려면, 위치를 바꾸려면, 몸을 돌리려면, 수시로 누군가의 도움이 필요해서 두 사람이 잘 때도 도우미와 같은 방을 쓴다. 그러다 부부관계를 갖고 싶으면 도우미에게 밖에서 나가 자라고 한다. 이런 경우 상대방도 별로 개의치 않는다. 하지만 2년 전에 새로 들어온 도우미는 감정 기복이 굉장히 심해서 결국 문제가 생기고 말았다. 어느 날 밤 샤오치와 이팡은 도우미를 신경 쓸 틈도 없이 충동적으로 섹스에 돌입하고 말았다. 이 일이 있고 난 뒤 도우미는 중개업체에 원망을 늘어놓았고, 샤오치는 비참할 만큼 욕을 먹었다. 샤오치는 상황이 그렇게 될 때까지 배려하지 못한 건 자신의 잘못이지만, 그렇다고 해도 억울한 건 어쩔 수 없었다.

　"내가 하고 싶은 게 무슨 정해진 틀이 있어서 월, 수, 목을 할 테니 거실에 나가 자라고 할 수도 없는 노릇이잖아요. 도우미는 그때 잠들어 있었고, 우리가 시끄럽게 해서 깨운 것도 아니었다고요. 또 설령 깨서 알아차렸다 해도 조용히 나가면 되는 것을. 이런 일이 있기 전에 미리 이야기가 안 된 건 예, 맞아요. 제 잘못이에요. 그렇지만 제 경험에 의하면, 물론 신경 쓰는 사람도 있겠지만 개의치 않는 사람도 있다고요. 적어도 예전에 왔던 도우미들은 그러거나 말거나 아무 상관이 없었다고요!"

샤오치의 삶에서 사랑이 차지하는 비중이 어느 정도일까? 그는 말한다.

"저에게 사랑(성)은 신앙과 같아요. 몸을 던져 사회운동을 하는 것도 사랑이 제일 중요하기 때문이죠. 사랑이 없으면 장애 없는 환경이 갖추어진다 한들 무슨 소용이 있으며, 사랑이 없으면 완벽한 돌봄 시스템이 갖추어진다 한들 또 무슨 소용이 있겠어요?"

여성장애인 후이치의 연애법

여성장애인의 성적 자기결정권은 정말이지 풀 수 없거나 풀기 어려운 연습 문제다. 여성장애인에게 사랑은 너무나 요원한 일이고, 섹스는 더더욱 분에 넘치는 일이다. 하지만 후이치는 달랐다.

후이치는 대범한 성격에 말할 때도 에너지가 넘친다. 한 살 때 소아마비로 지체장애인이 되었다. 후이치는 슬픔을 기쁨으로 바꿀 줄 알았다. 아무리 심각하고 무거운 사연이라도 그녀의 재치 있는 말을 거치면 하나같이 경쾌하게 바뀌었다.

후이치의 학력은 중졸인데, 성적이 안 좋아서가 아니라 학교가 집에서 너무 멀어 휠체어에 앉은 채 버스를 탈 수 없었기 때문이다. 대신 18살이 되던 해에 직업학교에 들어가 패턴 메이킹과 옷 만드는 일을 배웠다. 그곳에서 유일하게 남은 기억은 역시 소아마비 장애인 첫사랑 남자친구다.

"그를 만난 건 행운이었다고 할 수 있죠. 저를 잘 이끌었어요. 둘 다 그것을 몰랐으면 어쩔 뻔했어요. 처음 할 때 허둥지둥 끝냈을 테고, 그럼 그것만큼 지루한 게 어디 있겠어요?"

그런 다음 후이치는 목소리를 낮춰 일부러 신비스러운 듯 말했다.

"게다가 우리는 처음에 풀숲에서 했다고요!"

"풀숲! 풀숲에서 어떻게 하죠?"

"아이고, 이 언니(저자) 진짜 뭘 모르네! 그가 내 휠체어를 뒤쪽으로 눌러 휠체어 전체가 뒤로 기울어지게 하면 되는 거잖아요. 등 뒤가 가렵고 따가워서 좀 그렇긴 하지만."

그 첫사랑 남자친구와는 3년을 사귀고 상대가 청혼하자 뒷걸음을 쳤다.

후이치의 두 번째 남자친구 역시 지체장애인이었다. 지지대 등받이를 가슴 앞까지 묶어야 할 정도로 심각한 지체장애인이었지만 후이치는 그다지 개의치 않았다. 그저 두 사람이 일을 치르기 전의 준비 동작에 대해 다소 불평할 뿐이었다.

"그 사람과 성관계를 하려면 얼마나 번거로운지 아세요? 모든 지지대를 다 풀기까지 기다리는 데만 엄청 오래 걸려요!"

저자가 거의 까무러칠 정도로 웃자 후이치는 신이 나서 덧붙였다.

"그렇지만요. 그 사람은 기술이 탁월했어요. 아이고, 이것저것을 하는데 어찌나 대단하고 정성을 다하는지. 그 사람이 내 무엇을 가장 좋아했는지 아세요? 만지면 편안해했어요. 정말이에요. 통통한 여자를 만지면 편안해했죠. 해골같이 비쩍 마른 자신과 달랐으니까요. 하지만, 당시 전 살결이 너무 여렸어요. 하긴 스물 몇 살치고 살결이 안 여린 사람이 어디 있겠어요?"

이번에도 3년의 '맛보기 기간'이 끝나자, 그녀는 또다시 '시시함'이 느껴져 그때부터 전화도 받지 않고 그를 상대해 주지도 않았다. 그녀의 말에 따르면 '사람을 가지고 놀다 버린' 것이다. 끝이 좋지는 않았지만 후회하지 않았다.

　이후로도 '직립의 젊고 잘 생기고 착한 남자'를 만났지만, 2~3년이 지난 뒤 달아오르는 감정은 없어졌고, 두 사람은 인사조차 없이 자연스럽게 냉담해져 헤어졌다. 후이치는 이 세 번의 공식적 남녀 관계 이외에 다른 사람들과도 사귀었지만, 언제나 좀 가다가 흐지부지됐다. 이들은 남자친구라기보다는 그저 그때그때의 관계일 뿐이라 여겨 상대와 찍은 사진 한 장 남겨놓지 않았다.

　연애와 사랑은 하나의 치료가 될 수도, 개인의 성장을 위한 수련의 장이 될 수도 있는데, 후이치는 계속해서 사랑을 회피하는 것으로 일관해왔다. 후이치는 길에서 마음에 드는 사람을 보고는 무작정 끌고 간다. 어떤 장소에 도착하면 이제 상대는 떠나고 싶어 하지 않는데, 후이치는 아랑곳하지 않고 각자 제 갈 길을 가자고 한다.

　"친구는 10년, 20년을 함께 할 수 있어도 한 사람과는 10년, 20년을 연애하는 건 못해요. 이게 이상한가요? 사랑의 감정에 신뢰가 별로 가지 않아요. 사랑을 잘 못 믿겠어요. 좋으면 함께 하고 싫으면 헤어지면 그만이지, 뭐하러 굳이 연인 관계를 공포스럽게 계속 끌고 가죠?"

　이렇게 후이치는 성과 사랑, 결혼을 명확하게 나누었다.

장애인 섹스 자원봉사

　누구든 접촉과 애무, 보살핌이 필요하다. 이런 욕망이 신체 기능의 결함으로 인해 줄어들지는 않는다. 손발이 없다거나 청각장애나 시각장애로 인해 사라지는 건 더더욱 아니다. 그런데 눈앞에 놓인 현실을 보면 장애인이 성과 사랑을 추구하는 데는 무수한 난관이 겹겹이 늘어서 있다. 경제적 빈곤, 환경의 단절, 자신감 결여, 이동의 곤란 등등. 그들은 근심, 걱정에 빠져 허우적거리기만 할 뿐 심지어 자위조차 불가능하다. <유엔장애인권리협약> 제9조에 '장애인은 성관계 체험과 부모가 될 기회를 박탈당해서는 안 된다'는 규정이 엄연히 있음에도 말이다.

2013년 타이완 최초의 성 자원봉사 단체인 '손천사'가 설립되었다. 이 단체는 장애인에게 무료로 성 서비스를 제공하는 것이다.

손천사의 첫 번째 성 서비스 대상은 '스티븐'이라는 청년이었다. 그는 태어날 때 산소가 부족해서 뇌가 손상되었고, 두 발과 두 손이 심각하게 쪼그라들어 다리를 대신해주는 전동 휠체어를 리모콘으로 작동해서 움직인다. 자위할 힘조차 없어 휴대폰으로 포르노를 보면서 잠깐의 만족을 얻는다. 단체에서는 그와 여러 차례 이야기를 나누어 그가 처한 상황과 필요를 충분히 이해하고 난 뒤에야 비로소 서비스 제공을 결정했다.

이는 스티븐에게도 처음이지만, 손천사로서도 처음 제공하는 서비스이기에 양쪽 다 극도로 긴장했다. 특히 스티븐은 평소 가족과 상주 도우미가 한시도 떠나지 않고 곁에서 보살피기 때문에 적당한 시간을 내기가 어려웠다. 가까스로 가족도 없고 도우미는 아직 도착하기 전의 빈틈을 찾았다. 자원봉사자가 부랴부랴 스티븐의 집으로 들어가 재빠르게 적절한 환경을 만들고 허둥지둥 스티븐을 휠체어에서 침대로 옮겼다. 도우미가 들이닥치기 전에 간신히 서비스 제공을 끝내고 현장을 정리해 원래대로 돌려놓았다. 간담이 서늘했지만 특별한 변수 없이 무사히 임무를 완수했다.

손천사가 제공하는 서비스는 무료이다. 다만 서비스를 받는 사람은 반드시 감상문을 써서 제출해야 한다. 스티븐의 감상문은 이러했다.

'섹스의 느낌은 시원하기 이를 데 없었다. 포옹할 때의 체온은 너무나 따뜻했고, 육체의 접촉은 정말이지 친밀했다. 이렇게 나이를 먹고서야 성 자원봉사자가 제공하는 서비스를 통해 첫 경험을 누렸다. 그야말로 내 인생에서 지울 수 없는 아름다운 추억이다. …… 성 자원봉사자가 나를 도와 옷을 벗기는 것에서 시작해 포옹->안마->민감한 부분 애무->성적 대화->육체적 접촉->사정하는 순간까지의 손길에, 나는 정말이지 시원해서 미쳐버릴 지경이었다. 이게 끝이 아니었다. 사정한 후 침대에서 서로 꼭 껴안고 서로의 눈빛을 바라보면서 육체와 육체를 맞대고 두 발을 단단히 걸었다. 이런 과정들에서 나는 정말로 즐겼고, 또한 엄청나게 감동했다. 섹스가 끝나고 현장을 정리할 때 성 자원봉사자는 한 번 더 나를 안고 키스해주었다. 나는 이렇게 끝이 나는 게 아쉽고 또 아쉬워서 눈물이 핑 돌았다. 언젠가 한 번 더 기회가 있기를 간절히 바라면서 시간이 여기에서 멈췄으면 싶었다. …… 나는 죽어도 여한이 없을 것 같다. 소위 말하는 '한때'는 바로 아름다움 그 자체니까. 죽기 전까지 누군가와 섹스 한 번 해보지 못했다면 틀림없이 우울과 원망으로 점철된 인생이라 관에 들어가지 않으려 버텼을지도 모르겠다.'

본래 세상에 없던 길이라도 걷는 사람이 많아지면 길이 되기 마련이다. 경험이 쌓이고 긍정적인 입소문이 나면서 손천사는 천천히 길을 내왔다. 서비스를 예약한 사람 수와 자원봉사자의 참여가 갈수록 늘어나 3년 동안 10여 명의 루게릭병, 뇌성마비, 반신불수, 선천적 전맹의 장애인에게 서비스를 제공했다.

반면에 여성 신청자는 별로 없었다. 손천사가 결성된 지 3주년이 되어갈 무렵에서야 한 여성 지체장애인이 단체에 연락해 서비스 내용을 알고 싶다고 했다. 그녀의 이름은 메이뉴(가명)로, 손천사가 성 서비스를 제공한 첫 번째 여성이다. 메이뉴의 소망을 이루어주기 위해 그들은 일부러 인터넷에서 섹시한 속옷까지 샀다. 따뜻한 접촉과 다정한 키스가 어떤 것인지 한번도 느껴보지 못했던 메이뉴에게 마침내 그날이 찾아왔다. 서비스를 받은 그녀는 이렇게 소감문을 써서 보냈다.

'중증 지체장애 여성인 나는 그동안 성적 욕망을 얼마나 억눌러 왔는지 모른다. 서비스를 받기 전에는 인기척이 없는 깊은 밤에 남몰래 포르노를 보곤 했다. 이어폰이 자꾸만 빠지는 통에 어쩔 수 없이 컴퓨터 스피커를 끄고 보는 수밖에 없었다. ……훗날 누군가 내게 성인용품을 살 수 있다고 알려주었다. 호기심이 발동해서 여성을 위한 성인용품인 바이브레이터를 사서 '나와 내가' 놀아보았지만, 상호 작용하고 대화를 나눌 수 있는 대상이 있는 게 아니라 몇 번 가지고 놀고 나니 아무런 흥미가 일지 않았다. ……서비스를 받을 때는 남자가 실제로 나를 안아주었다. 그는 내 마음을 몹시 따뜻하게 해주었다. 그가 나를 상대로 말한다. 웃는다. 움직인다. 키스해준다. 그는 내가 안을 수 있고 만질 수 있고 키스할 수 있는 진짜 남자. 그는 아무것도 느낄 수 없는 차디찬 체온의 포르노나 바이브레이터의 남자 주인공이 아니다. ……중년의 나이에 이르면, 일반 여성은 일찍감치 남자와 몇 번을 했는지, 남자를 몇 번 안았는지 셀 수 없을 정도에 이른다. 그런데 나는? 나는 여전히 엄마가 가르쳐준 전통적 성관념에 사로잡혀 있다. 뜻밖에도 질이 어디에 있는지 그 정확한 위치조차 알지 못한다. 그런 내가 놀랍게도 처음으로 안절부절못하면서 남자의 나체와 음경을 만쳤다. 나는 뜻밖에도 신청이라는 방식으로 나의 성적 욕망을 이루었다. 나는 정말로 나 자신에게 화가 치민다. 왜 나는 어리석게 마흔다섯까지 기다렸을까? 45살이 되어서야 진짜 해보게 되었을까? 나는 보통 여성보다 자그마치 25년이나 늦었다. 왜 그랬을까? 나는 정말이지 할 말을 잃은 채 하늘에 묻는다.'

삶의 가장 취약한 부분을 인정하고 돌아볼 수 있다면, 이는 인생 전환의 계기를 열어젖히는 것이 될 수 있다. 적잖은 장애인들이 손천사의 서비스를 받고 난 뒤 더 이상 삶을 고통스럽고 구차스럽게 이어가지 않고, 적극적으로 앞을 향해 나아가겠다고 마음먹었다고 한다.

　장애인에게 성 서비스를 제공하는 조직은 타이완 이외에도 여러 나라에 있다. 일본의 화이트핸즈, 프랑스의 APPAS(섹스파트너촉진협회), 스위스의 SEHP(성과 장애), 이탈리아의 LoveGiver(사랑을 주는 사람), 네델란드의 PassieFlower(열정꽃), 체코의 Freya(사랑의 신) 등이 합법적으로 면허증을 받고 성 도우미를 통해 장애인에게 마사지 자위, 성교 등의 유료 서비스를 제공하고 있다.

⓰

제4의 성, 무성애 - 『무성애를 말하다』

무성애자가 늘고 있다

　우리 주변의 어디를 둘러봐도 섹스 담론이 세상을 온통 지배하고 있다. 이런 섹스토피아, 즉 섹스 과다의 사회에서 성욕이 없는 사람은 당연히 장애이고, 치료의 대상이 된다.

　하지만 여성은 남성을 사랑하고, 남성은 여성을 사랑한다는 것이 '자연의 질서'라고 하던 시절은 지나갔다. 이제 이성애는 자연의 질서가 아니라 여러 성애 중의 하나로 간주되고 있다. 어느덧 이성애, 동성애, 양성애, 그리고 성욕이 없는 무성애까지 등장한 것이다.

　현재 동성애자는 인구의 7~8%이고, 무성애자는 대략 1%로 추정하고 있다. 동성애는 이미 주류 문화에 어느 정도 편입되었지만, 무성애는 아직도 우리 주변에서 맴돌고 있다.

『무성애를 말한다』(앤서니 보개트 지음, 임옥희 옮김, 레디셋고, 2013)는 그러한 제4의 성 무성애의 정체를 다각적으로 규명한 책이다. 저자 앤서니 보개트는 무성애를 포괄적으로 연구하는 캐나다의 성 과학자로, 무성애 연구에 있어서 세계적으로 독보적인 위치를 차지하고 있다. 특히 세계 최초로 무성애 이론을 집대성하면서 '무성애의 아버지'로 불린다. 이 책은 그동안 꾸준히 연구했던 무성애의 개념, 정체, 비율, 원인, 특성, 역사 등의 내용을 한 권의 책으로 펴낸 것이다. 이를 통해 우리는 무성애뿐만 아니라 여타의 성에 대해서도 새로운 시각으로 바라볼 수 있을 것이다.

무성애 연구의 중요성

저자는 무성애의 정체를 밝히기에 앞서 성 연구와 무성애 연구의 중요성부터 설명하고 있다.

우리는 인생의 대부분을 섹스와 무관하게 산다. 우리 생각과 관심사의 대부분은 이 이상한 행위에 한정되지 않는다. 심지어 성적으로 왕성한 젊은 시절에도 인생의 대부분을 섹스에만 탐닉하며 살지는 않는다. 그런데 왜들 이렇게 성 이야기에 야단법석일까?

결론부터 말하자면 성은 우리들 대다수에게 매우 흥미로운 주제이다. 인간의 성을 이해하는 것은 바로 우리 자신을 이해하는 것과 같다. 프로이트는 성이 인간 본성에 관한 중요한 과학적 난제이며, 성을 이해하는 것은 인간을 이해하는 것이라고 했다.

확실히 성은 현실적 측면에서 인간에게 심오한 영향을 끼친다. 예를 들어 나이는 비슷하지만 성적 정체성이 다른 두 자매를 생각해보자. 한 사람은 이성애자이고, 다른 한 사람은 동성애자이다. 그들의 인생 항로는 같을까? 물론 한편으론 그럴 수도 있겠지만, 다른 많은 측면에서는 아니라고 할 수 있다. 이 자매는 서로 다른 성 정체성 때문에 매우 다른 인생을 살게 될 것이다. 왜냐하면 성 정체성은 결혼의 선택, 생활공간, 자녀의 유무를 포함하여 우리의 사회적 환경과 인생의 선택에 중요한 역할을 하기 때문이다.

또한 성은 보건 및 사회 문제와도 연관이 있으며, 때로는 아주 깊이 관련되어 있다. 성과 관련된 보건 및 사회적 병폐는 아주 많다. 인구 부족이나 과잉, 환경 악화, 성차별, 섹스로 인한 감염 및 질병, 이혼 및 결손 가정, 가정폭력 및 어린이 학대 등 거의 모든 부분들이 인간의 성에 영향을 받는다. 세계보건기구(WHO)에서도 "성은 인간 존재의 핵심적 측면이며, 성적 활동, 성 정체성과 역할, 성적 기호, 성욕, 쾌락, 친밀감, 그리고 재생산 등을 포함한다."라고 정의하고 있다.

성 연구가 중요한 만큼 무성애 연구도 매우 중요하다. 무성애 연구는 최근까지도 간과되었던 성적 소수자들에 대한 과학적이고 대중적인 호기심을 만족시켜줄 수 있다. 그래서 사람들은 자신과 성적으로 다른 세상을 들여다보고 배울 수 있는 기회를 얻게 될 것이다. 그와 함께 성적 소수자들을 알게 됨으로써 성에 관한 관용과 포용력을 증대할 수 있다.

또한 우리는 무성애를 통해 새로운 시각으로 성을 바라보는 기회를 얻을 수 있고, 무엇이 성이고 무엇이 성이 아닌지에 관해 보다 명확히 알 수 있을 것이다. 우리는 동성애를 통해 이성애를 보다 잘 이해할 수 있는 것과 마찬가지로, 무성애를 통해 성애 전체를 폭넓게 비교해 볼 수 있다.

무성애의 관점에서 성을 볼 때, 우리와 다른 많은 문화에서 성 문제가 얼마나 만연한지, 그것이 사람들의 삶에 얼마나 큰 영향을 주는지를 알 수 있다. 아이러니하게도 성이 인간과 사회에 얼마나 중요한 영향을 끼치는

지를 알기 위해서는 무성애자들의 성에 대한 관점을 올바르게 인식해야만 할 것이다.

무성애의 정체

무성애 연구는 이제 막 시작 단계이다. 그러므로 무성애가 무엇인지 정의하는 작업이 급선무일 듯하다.

저자는 성애자, 무성애자 모두와 관련된 성의 본질적인 심리학적 과정으로 다음과 같은 네 단어를 제시하고 있다. A. 매혹과 흥분, B. 행위, C. 인지, D. 욕망이다.

먼저 A. 매혹부터 살펴보자. 매혹은 유혹을 의미한다. 우리는 여기서 로맨틱한 매력과 성적인 매력을 구별할 필요가 있다. 로맨틱한 매력은 정서적 애착과 심취의 감정인 '사랑'의 매력이며, 성적 매혹은 다른 사람에 대한 성적 혹은 욕정적인 유혹을 의미한다. 로맨틱한 매력은 인간의 진화 역사에서 비교적 늦은 시기에 애착 관계로부터 진화했다. 반면에 성적 매혹은 매우 근원적인 짝짓기의 성적 매혹의 체계로부터 진화되었다. 이 근원적 짝짓기 체계는 애착 관계보다 훨씬 더 오래된 것이다.

무성애는 남성이나 여성, 혹은 양성 모두에 대해 성적 매력을 느끼지 못하는 것을 말한다. 대부분의 무성애자들은 다른 사람에게 성적 매력을 전혀 느끼지 않는다. 이것은 타인에 대한 '욕정의 유혹'이 전혀 없다는 의미이다.

그렇다면 무성애자는 다른 사람에게 로맨틱한 매력도 느끼지 못하는 것일까? 성적 매혹을 느끼지 못하는 것과 로맨틱한 매력을 느끼지 못하는 것은 별개의 문제다. 그리고 무성애라고 해서 반드시 로맨스가 결여된 것은 아니다. 물론 로맨틱한 매력조차 느끼지 못하는 무성애자도 있다. 섹스와 로맨스는 서로 관계가 있지만 불가분의 관계는 아니다.

이제 또다른 A. 흥분에 대해 살펴보자. 이것은 주로 사람의 신체에 나타나는 성적 반응으로, 허벅지 안쪽을 쓰다듬거나 야한 장면을 상상하는 등 성적인 자극을 받았을 때 생식기에서 발생하는 현상을 말한다. 대부분의 사람들은 자신의 흥분된 느낌을 감지할 수 있다. 사람들은 보통 그것을 자기 성기의 변화를 기준으로 삼는다. 그러나 신체적 변화와 심리적 흥분이 완전히 일치하는 것은 아니다. 특히 여성들의 경우가 그렇다. 여성들의 주관적인 흥분은 신체적 변화와 일치하지 않으며, 그런 변화는 발생할 수도 있고 그렇지 않을 수도 있다.

무성애의 일반적 경우는 성적 매혹을 느끼지 못하는 것이라고 한다. 하지만 무성애자라고 해서 반드시 성적 흥분이 불가능한 것은 아니다. 많은 무성애자에게 있어서 신체적 흥분은 중요한 문제가 아니다. 그들도 신체적으로 흥분하고 심지어 그런 감정을 좋아할 수도 있다. 다시 말해 성적인 매혹을 느끼지 않는다고 해서 반드시 신체적 혹은 주관적 흥분을 하지 않는다고 할 수 없다.

B. 행위란 우리의 행동이다. 성적 활동은 매우 다양하다. 혼자 할 수도 있고, 파트너와 함께 자위, 구강성교, 섹스 등을 할 수도 있다. 현대의 성 연구자들은 행위만을 근거로 해서 그 사람에 대해 결론을 내리는 것은 문제가 많다고 인식하고 있다. 그 사람의 성적 취향의 본질을 이해하려 할 때, 겉으로 드러나는 행위보다는 내면 깊숙이 자리잡은 성적 매혹이 더욱 중요하기 때문이다. 마찬가지 무성애자가 파트너와 성관계를 갖는 경우가 있다 하더라도 성경험 자체만으로는 그 사람이 무성애자인지 아닌지를 말할 수 없다.

C. 인지는 사고와 같은 의미이다. 인지 심리학자들은 우리의 사고가

마음 속에서 어떻게 조직화되는가를 이해하려고 노력한다. 무성애를 이해하기 위해서는 다른 인지 과정과 마찬가지로 성적 판타지가 중요하다. 무성애자에게 성적 판타지를 상상하게 한다면 어떨까? 하지만 저자는 성적 매력이나 욕망을 느끼지 않는 무성애자의 경우 설령 자위를 하더라도 성적 대상이나 판타지 없이 그냥 한다고 했다.

D. 욕망이다. 성적 욕망은 성적 경험을 원하고, 파트너의 성적인 신호를 감지하고, 섹스에 대해 생각하며 상상하는 감정을 말한다. 일명 '욕정'과 같은 의미이며, 좀더 세속적으로는 '발정났다'는 표현을 쓰기도 한다. 즉, 사람들이 성행위를 하게 만들고 성적인 긴장을 방출하게 하여 오르가슴을 느끼는 자극적인 감정이라 할 수 있다.

무성애자들은 성적 욕망이 없거나 성적 활동에 전혀 관심이 없을 거라고 생각하는 사람들이 많다. 하지만 저자는 욕망의 결핍이 무성애 현상을 정확하게 포착하지 못한다고 주장한다. 그들이 성적 매력을 느끼지 못하는 사람들이라고 해서 욕망이나 흥분 등을 경험하지 못하는 것은 아니라는 것이다.

결국 무성애는 성적 매력을 느끼지 못할 뿐 성적 흥분이나 활동을 못하는 것은 아니라고 정의할 수 있다.

무성애의 원인은 무엇일까?

저자는 무성애의 원인에 대해 대담한 진술을 하고 있지 않다. 무성애의 원인은 매우 복잡하고 아리송하기 때문이다. 또 무성애에 대한 연구는 이제 막 걸음마를 뗀 시작 단계이기 때문이다. 그래서 저자는 누군가 당신에게 "무성애가 왜 존재하는 걸까?"라고 물으면, "그렇다면 그냥 그런 줄 알아."라고 대답하는 것이 가장 현명하다고 말한다.

무성애의 원인은 미시적 분석 또는 거시적 분석에 따라 달라진다. 미시적 분석은 뇌세포 조직처럼 대단히 기본적인 세포를 포함하여 개인 안에서 원인을 찾는다. 실례로 그들의 뇌하부를 구성하는 태아기 호르몬의 생물학적 부분을 들 수 있다. 어머니의 자궁에 낮은 수준의 호르몬 수치로 인해 태아의 두뇌 발달에 영향을 미쳐 무성애가 될 수도 있다는 것이다. 앞에서처럼 동성애의 경우도 임신 기간 동안 비전형적인 사건이 태아에게 영향을 주어 호르몬 분비에 변이를 초래했기 때문이다. 비전형적인 사건들은 쌍둥이 임신과 같은 특이한 임신과, 모체가 특이한 약물을 복용했거나 스트레스를 받는 것을 포함한다. 그런 사건들은 임신 기간 동안 자궁의 호르몬 환경을 변형시켜 테스토스테론의 분비를 높이거나 낮출 수 있다. 그결과 태아의 뇌 발달 과정을 변형시킬 수 있다는 것이다.

거시적 분석은 광범위하고 사회적인 것에 초점을 맞춘다. 상당수의 심리적, 사회적, 역사적 원인이 거시적인 것에 해당한다. 예를 들어 저자는 영국 빅토리아 시대가 특정한 상류층 여성들에게 높은 비율의 무성애를 초래할 수 있었다고 보았다. 또한 무성애 역시 오랜 세월에 걸쳐 유전적인 토대를 가진 것으로 추정했다. 무성애 유전자는 혈연 선택 메커니즘에 의해 진화론적 시간 전체에 걸쳐 보존되어 왔을 수도 있다는 것이다. 나아가 어린 시절에 성적인 학대나 다른 트라우마를 경험했을 수도 있다. 저자는 무성애자가 비전형적인 유아기 때의 사건에 자주 영향을 받거나, 그런 사건 때문에 초래되는 경향이 있다고 믿었다. 하지만 성적 학대가 무성애의 직접적인 증거라는 점은 어디에서도 찾을 수 없으므로 과대평가하지는 말라고 경계하고 있다.

무성애자의 비율

그렇다면 무성애자의 수는 과연 얼마나 될까? 저자는 대략 1%라고 추정했지만, 이 수치는 실제 무성애자의 숫자보다 과소평가한 것이라고 했다.

먼저 동물계의 무성애 비율부터 살펴보자. 미국 양연구소에서는 숫양을 발정기의 자극적인 암양 두 마리와 수양 두 마리에게 접근시켜 이들의 성적 취향에 관한 실험을 진행했다. 놀랍게도 숫양에게 매력을 느끼는 숫양의 비율이 상당했으며, 더욱 놀라운 것은 암양과 숫양 어느 쪽에도 성적 매력을 느끼지 못하는 숫양의 비율도 높았다는 것이다. 연구자들은 2년 동안 584마리의 양을 대상으로 실험했다. 이 중 12.5%는 무성애였고, 55.6%는 암컷에 올라타서 사정을 했으며, 9.5%는 다른 수컷과, 그리고 22%는 수컷과 암컷 모두와 성행위를 했다고 실험 결과를 보고했다.

그럼 인간의 무성애 비율은 얼마나 될까? 1999년에 발표된 미국의 가장 유력한 성 통계조사인《국가 건강 및 사회생활 통계조사》에서 지난해 여성의 1/3과 남성의 1/7 정도가 '낮은 수준의 성적 욕망'을 갖고 있었다는 사실을 찾아냈다. 또 2004년 말 대중언론들이 무성애 문제를 둘러싸고 후끈 달아올랐을 때, CNN이 인터넷을 통해 성 정체성과 관련한 여론조사를 했다. CNN은 사람들에게 네 개의 범주인 이성애, 동성애, 양성애, 무성애 중 자신의 성 정체성을 표시하도록 했다. 약 11만 명이 응답했는데, 이 중 6%의 사람들이 자신을 '무성애'라고 표시했다.

한편, 성에도 젠더 차이가 존재한다. 주요한 차이 중 하나는 평균적으로 남성이 여성보다 더 높은 성적 욕망을 갖고 있다는 것이다. 다시 말해 남성이 여성보다 더 성애적이다.

그런데 무성애에 있어서도 여성이 남성보다 더 많이 발견되다는 것이다. 여성이 남성에 비해 무성애자가 될 가능성이 높다는 증거가 있을까? 물론 있다. 1994년에 발표된 영국의 《국가 성적태도 및 생활양식 조사》에 따르면 무성애자 중 약 70%가 여성이었다.

역사 속의 무성애자

인간의 역사에서 얼마나 많은 사람들이 성적 매혹이나 욕망이 없는 무성애자였는지는 확실치 않다. 그러나 최근 들어 무성애에 관한 확실한 증거들이 있고, 또한 예술의 역사에서도 무성애가 묘사되었다.

역사상 섹스 없는 삶을 살았던 사람들은 많다. 우선 파트너와 성행위를 하지 못하는 이유는 개인 자신의 특성보다는 강요된 금욕 때문인 경우도 많았다. 중국 명나라 황제들은 궁궐에 거세된 남자들을 데리고 있었다. 이처럼 가혹하게 신체를 변형시킨 이유는 황제에 대한 봉사에 충실하고 황후나 궁녀들에게 수작을 부리지 못하도록 하기 위해서였다. 그와 마찬가지로 고대 로마와 유럽의 궁궐에서도 남성을 거세하는 것은 흔한 일이었다. 고환은 성충동 호르몬인 테스토스테론의 주요한 원천이었기 때문에 이런 시술을 받은 사람들은 성행위가 감소했을 것이다.

또한 자신의 선택에 따라 성행위를 하지 않는 경우도 많았다. 그것을 매우 가치 있는 일이라 여긴 수많은 과학자와 종교지도자들이 금욕적인 생활을 했다. 종교에 헌신한 신부, 수도승, 수녀들이 오랫동안 금욕과 순결 서약을 해왔다.

기록에 남은 행동만을 고려해볼 때, 아이작 뉴턴이나 에밀리 브론테 같은 역사상 유명한 사람들 중에서도 무성애자가 많았을 것으로 추측된다. 뉴턴은 독신으로 고독한 인생을 살았고, 동정이었을 가능성이 많았으며, 과학에만 전념했던 듯하다. 에밀리 브론테도 성관계를 거부하며 살았던 것으로 추측되는데, 아마도 평생 처녀였을 가능성이 높다. 그러나 설령 그녀가 무성애자였다 하더라도 로맨스 소설이었던 《폭풍의 언덕》을 썼다는 점을 고려해볼 때, 최소한 그녀는 로맨스를 아주 잘 이해하고 있었을 것이다.

가장 유명한 현대 수학자 중의 한 사람인 폴 에르디쉬도 무성애자였다. 위의 뉴턴이 그랬듯이 그도 평생 수학에 푹 빠져 있었다. 또한 그는 정말로 섹스에 관심이 없다고 말했다.

"나는 성적 쾌락이 정말 싫다."

무성애자도 자위를 할까?

성연구의 선구자인 알프레드 킨제이가 미국에서 1940년대 실시한 조사에 의하면, 남성과 여성의 약 66%가 최소한 한 번 이상의 자위를 해본 경험이 있는 것으로 나타났다. 1990년대에 시행된 미국의 국가적 조사 《국가 건강 및 사회생활 통계조사》에서도 여성의 75%가 자위를 한 경험이 있다고 했다.

그럼 자위의 목적은 무엇일까? 대부분의 경우 자위는 기분을 좋게 해주고 쾌락을 강화시켜주는 목적을 갖고 있다. 또한 사람들이 자위를 하는 것은 파트너가 없기 때문에 그것을 대신하기 위해서라고도 할 수 있다. 이처럼 자위의 실제 목적은 단순히 쾌락을 강화하거나 성적 파트너를 대체하는 것 정도이다. 특히 사춘기나 청년기에 판타지를 동반한 자위는 성적인 리허설의 역할을 한다.

물론 자위는 신체 건강에도 도움이 된다. 남성의 경우 자위는 정자의 내용물을 만들어내는 중요한 생식기관인 전립선을 자주 '물청소'를 해주는 이점이 있다. 여성의 경우에는 생리통과 경직의 원인이 되는 골반의 체중을 치료하는 데 도움이 된다. 또한 자위를 포함한 성적 행위들은 심장 건강과도 관계가 있다.

무성애자들도 자위를 할까? 무성애들은 성에 대한 관심이 적다는 점을 고려해볼 때, 이것은 좀 이상한 질문처럼 보인다. 하지만 대답도 "그렇다"라고 할 수 있다. 분명 자위를 하는 무성애자들도 있다. 최근 연구에 의하면 무성애자 중 남성의 약 80%와 여성의 약 70%가 자위를 한 경험이 있다고 한다. 무성애자들에게 성적 욕망이 없다는 점을 고려해볼 때 이것은 엄청나게 높은 비율이다. 이로 보아도 무성애가 다양한 현상이라는 것을 알 수 있다.

무성애자들이 자위를 하는 이유는 무엇일까? 무성애들에게도 몸의 긴장을 해소하는 것과 건강 문제가 중요하기 때문이다. 일부 무성애자들은 때로 '관을 청소하기' 위해 자위를 한다. "내 몸에 발산해야 할 긴장 같은 게 있는 것 같아요. 그런데 내 마음은 그런 것 따위에는 전혀 관심이 없어요." 또한 인간은 타인에게 성적 매력 혹은 욕망을 느끼지 않더라도 흥분, 발기, 윤활 작용, 오르가슴 등처럼 성적으로 흥분할 수 있다. 하지만 일부 무성애자들은 강력한 성적 쾌락을 위해서가 아니라 긴장이나 막힌 골반을 풀기 위해서 자위를 하기도 한다.

무성애자들의 성적 대상은 무엇일까? 사람들은 주로 좋아하는 사람 혹은 그룹이나 성적 장면, 또는 영상을 틀어넣고 자위를 한다. 하지만 이것은 자위를 하는 무성애자들에게는 해당되지 않는다. 많은 무성애자들은 특정한 대상 없이 자위를 한다고 했다.

무성애자의 커밍아웃

정체성은 자신이 누구인가를 알게 해주며, 자신의 고유함과 가치를 인정받을 권리를 주장할 수 있게 해준다. 또 공통점이 있는 사람들끼리 함께 위안을 찾고 위로를 받으며 연대할 수 있게 해준다.

일부 이성애자들은 왜 게이 혹은 레즈비언들이 동성애 축제에서 사방팔방으로 자신의 성을 과시하는지 의아해한다. 하지만 게이 혹은 레즈비언들이 동성애 축제에서 자신들의 정체성을 과시하는 것은 어쩌면 금지될 수도 있는 행위들을 인정받고 받아들여지도록 하는 것이다. 다시 말해 자신의 정체성을 표현하고 타인으로부터 자신의 존재를 인정받고 싶어 하는 것이다.

성 소수자들의 성 정체성 형성과정은 다음과 같은 여러 단계가 존재한다. 첫 번째 단계는 어딘가에 매력을 느끼는 자신을 인정하는 것이다. 두 번째 단계는 자신의 정체성을 게이 혹은 레즈비언이나 양성애자로 규정 짓고 분류하는 것이다. 마지막 단계는 이를 공개적으로 알리고 정체성에 대한 자부심으로 발전시키는 것이다. 예를 들어 어떤 사람이 부모에게 '커밍아웃'을 하는 것은 공개적으로 발표하거나 공적 정체성을 형성하는 것을 의미한다.

이것들은 무성애자들이 자신의 성 정체성을 형성하는 것과도 어느 정도 관계가 있다. 그런데 무성애자들은 일반적인 이성애자들에게 매우 낯설게 느껴질 것이다. 무성애자들은 게이 혹은 레즈비언들과 성 소수자로서의 신분을 공유하고 있다. 하지만 그들과 달리 무성애자들은 성적인 존재가 아니다. 즉, 성적 매력을 느끼지 못한다. 또 섹스를 하지 않는다고 해서 체포되어 감옥에 간 사람은 아무도 없다. 그러므로 무성애자들은 자신들의 행위를 방어할 필요성이 크지 않기 때문에 커밍아웃을 해야 하거나, 또 자신의 성적 취향을 대중들에게 알릴 필요성이 많지 않다. 그래서 아주 최근까지도 조직적이고 사회적으로 인식 가능한 무성애자 집단이 존재하지 않았던 것이다.

이와 대조적으로 게이 혹은 레즈비언들은 그들이 원하는 성적 행위를 할 권리를 보장받기 위해 이성애자들과 투쟁할 필요가 있었고, 그것은 지금도 여전히 마찬가지이다.

제4의 성, 무성애를 발견하다

최근 무성애자들이 정체성을 형성하고 무성애 문화를 발전시키며, 응집력 있는 집단의 일원이 되어야 한다는 목소리가 점점 커지고 있다. 특히 그들이 장애가 있고 불행하다고 인식하는 현대 의학에 맞서 자신들의 삶을 지킬 필요성이 커지고 있다.

무성애는 모든 문화에서 역사적으로 장애나 질병으로 간주되지 않았다. 오히려 종교적인 관점에서 무성애 혹은 금욕은 종종 미덕으로 간주되어 왔다. 그러다가 1950년대와 1960년대에 들어 변화가 생기기 시작했다. 섹스가 번식에서 분리되어 그 자체의 가치로 평가된 것이다. 즉, 신체적 즐거움과 기분 전환 등의 원천으로 간주되었다. 이로부터 성애의 부재가 잠재적인 문제로 간주되기 시작했고, 성적 욕망의 결핍 혹은 상실이라는 말이 권위 있는 의학 서적에 등장했다.

무성애를 의학적 측면에서 다루게 되면서 현대의 무성애 운동이 시작되었다. 가장 유명한 무성애 웹사이트인 '에이븐'의 창시자 데이비드 제이는 그 사이트를 시작한 이유에 대해 이렇게 설명했다. 우선 그는 혼자라는 느낌에 시달렸다. 당시 10대였던 그는 인터넷에서 '무성애'를 찾아보았지만 정보가 거의 없었던 것이다. 또한 다른 무성애자들이 자기 자신에 대해 좀더 잘 이해할 수 있도록 도움을 주기 위해서였다. 실제로 무성애자들이 '에이븐'을 통해서 자신을 발견했다고 하는 이야기들이 많다. 무성애자들의 전쟁, 그리고 그 싸움을 위한 공통의 정체성에 대한 요구는 이제 막 시작된 것 같다.

무성애는 장애가 아니다

위에서처럼 현대 의학에서는 무성애를 '장애'로 간주하고 불행하다고 인식하고 있다. 그런데 스카이다이빙을 해보지 않았고 그것을 원하지 않는다고 해서 장애로 간주해야 할까? 당신이 짜릿한 전율을 주는 인생 경험과 활동을 피하고, 그런 경험을 원치 않는다는 이유로 우리가 당신을 '스카이다이빙 저활동성 장애'라고 할 수는 없을 것이다.

우리는 인생에서 섹스가 더 이상 주요 관심사가 아닌 시기를 경험하게 된다. 직업적인 스트레스, 힘든 공부, 가족의 비극 등이 일시적인 성적 무관심을 유발할 수 있다. 또 섹스는 괴상한 것이라고 생각해서 성적인 행위에 노출되었을 때 흥분을 느끼지 못하는 경우도 있다. 그것을 두고 장애라 할 수는 없는 것이다.

물론 어떤 관점에서 보면 무성애는 장애라고 주장할 수도 있다. 그것은 생명체가 자연의 질서에 역행하는 것이기 때문이다. 하지만 "이미 과잉 인구로 몸살을 앓고 있는 이 지구상에 더 많은 인간을 낳는 것이 과연 올바르고 건강한 것일까?"라는 문제를 제기할 수 있다. 또한 현대 의학과 심리학에서는 무성애를 '성욕 저하 장애'로 진단하고, 그로 인해 대인관계가 힘들고 고통을 받는다고 말하기도 한다. 그러나 정작 무성애자들은 성적 관심의 부재로 인해 고통을 받는다고 말하지 않는다. "난 무성애를 걱정하지 않아요. 그런 것에 관심 없어요. 내 인생은 충분히 재밌거든요. 음, 그게 반드시 필요하진 않아요." 실제로 1994년 미국에서 섹스를 하지 않았음에도 대단히 행복하다고 말한 사람이 40%라는 높은 비율로 나타났다. 이로 보아 성욕의 결핍이 반드시 정신적 건강이나 행복을 결정짓는 것이 아님을 알 수 있다. 게다가 현대 의학이나 심리학의 관점에서 동성애도 더 이상 병리적인 것으로 간주하지 않는다.

결국 섹스는 단지 인간이 갖고 있는 수많은 열정 중의 하나일 뿐이며, 내가 소중하게 여기는 열정이라고 해서 남에게 강요해서는 안 될 것이다. 다시 말해 우리는 모두 성적 다양성을 인정해야 한다.

성이 개방적이고 포용적인 나라

　성은 인간의 본능으로 자연스러운 것이다. 부끄럽게 여겨서도 안 되고, 그렇다고 지나치게 미화해서도 안 된다. 게다가 인간은 강력한 성적 행동과 욕구를 갖고 있으며, 『작은 인간』의 저자 마빈 해리스의 말처럼 동물의 왕국에서 가장 섹스에 적합한 인종이다. 이는 남자들에게만 해당되는 것이 아니라, 여자들도 얼마든지 성을 즐길 수 있는 능력을 타고 났다. 그러므로 우리는 자위나 섹스 등 성적 욕망을 갖는 것에 죄책감을 가질 필요가 없다.

　그와 함께 인간의 짝짓기 방식에 대해서도 좀더 개방적이고 열린 시각으로 바라볼 필요가 있다. 현재 우리는 유일하게 일부일처제를 채택하고 있다. 하지만 원래 인간은 난혼, 일부일처제, 일부다처제, 일처다부제 등 다양한 짝짓기 방식을 채택해왔다. 대표적인 예로 쿵족 여성 '니사'의 경우를 통해 보았듯이 수렵채집 사회만 해도 여자들은 일생 동안 여러 남편들이 있었고, 평생 동안 남편 외에 여러 명의 애인인 샛서방(섹스파트너)을 두고 있었다. 사람들은 그들의 불륜을 알고도 모르는 척 침묵하는 편을 택했다. 불륜을 밀고하는 사람은 그로 인해 벌어지는 싸움에서 중심 인물이 되었으며, 그 결과에 부분적인 책임이 있다고까지 여겨졌다.

　하지만 푸코의 지적처럼 기독교는 일부일처의 결혼 관계에 대해서만 성을 용인하고, 심지어 생식(출산)을 목표로 해야 한다는 원칙을 세웠으며, 영원한 순결과 동정에 높은 가치를 부여했다. 이후 결혼은 가장 강력한 속박의 발원지가 되었고, 온갖 규정과 권고가 따라다녔다. 당연히 부부관계를 제외한 모든 성관계는 사회적 비난의 대상이 되거나 불법적인 행위가 되었다. 하지만 사람은 나이를 먹으면서 같은 파트너와만 섹스를 하는 것에 권태를 느끼기 마련이었다. 일부일처제는 근본적으로 사랑의 종지부를 찍게 만드는 권태, 상대를 지배하려는 소유욕, 그것들의 필연적 귀결인 질투와 오해, 배신감, 폭력 등이 뒤따르기 마련이었다. 그 결과 킨제이의 성행동에 대한 조사에서처럼 1940년대 미국 남성들은 "이 여자와 한두 번, 다음 파트너와 몇 번, 그러다 몇 달이나 1~2년 동안 아무 일도 일어나지 않는다"는 방식으로 혼외관계를 맺었다.

사실 일부일처제는 기대수명이 40세인 농업사회의 산물로, 당시 사람들은 길어야 20~25년 정도의 결혼생활을 하면 되었다. 하지만 현대는 100세 시대로, 대략 70여 년을 부부로서 함께 살아야 한다. 요즘 황혼이혼이나 졸혼이 날이 갈수록 증가하는 것도 이 때문이다. 현대 사람들은 농업사회를 기준으로 계산하면 최소한 2~3번의 결혼을 해야 한다. 이는 매우 번거로운 일이라서 결국 사람들은 불가피하게 불륜을 저지르고 있는 것이다. 다시 말해 요즘 유행하는 불륜은 단순히 개인의 변심(變心)이라는 도덕적 문제에 국한된 것이 아닌, 인간의 수명이 늘어나고 부부생활이 길어지면서 발생하는 사회구조적인 문제인 것이다. 그러므로 우리는 이러한 일부일처제의 한계를 인식하고 100세 시대에 걸맞는 새로운 짝짓기 방식에 대해 다각적으로 모색해나가야할 듯하다.

또한 우리는 앞에서와 같은 다양하고 깊이 있는 성지식을 통해 나와 다른 성에 대한 배려와 관용을 키워나가야 한다. 지금까지 우리는 남자와 여자가 사랑하는 이성애, 그것도 젊은층의 성에 대해서만 관심을 기울여왔다. 하지만 사람의 지문이나 얼굴이 모두 다르듯이, 성도 개인에 따라 천차만별이다. 그만큼 우리의 성의식도 다양하고 포용적이어야 한다.

우선 아이들의 성에 대해서부터 간략히 살펴보자. 프로이트의 해석처럼 본래 인간은 유아기부터 성적 충동을 갖고, 사춘기에 들어서면 본격적으로 성적 대상을 찾는다. 또한 푸코가 역사적으로 밝혀냈듯이 18세기부터 서양에선 수많은 제도적 장치와 담론적 전략을 통해 어린이와 청소년의 성을 통제하기 시작했다. 하지만 아이들의 성에 대해 어른들의 시선으로 과대평가하여 지나치게 통제하는 것은 문제가 아닐까 한다. 아이들의 성에 대해선 오히려 쿵족 어른들의 대처방식이 훨씬 자연스럽고 지혜로운 듯하다. 쿵족 어른들은 아이나 청소년의 성적 장난을 용인하지는 않았지만, 그렇다고 못하게 막으려고 일부러 나서지도 않았다. 그들은 아이들의 성적 장난을 목격하면 "얌전히 놀아라"하고 가볍게 꾸짖기만 할 뿐이었다. 그렇게 아이들로 하여금 성적 장난을 하면서 조금씩 나름대로 성지식을 갖추도록 했던 것이다.

동성애에 대한 오해도 아주 심각한 편이다. 현재 우리나라에선 미국 청교도 기독교의 영향을 받아 동성애에 대한 차별과 혐오가 매우 심한 형편이다.

동성애는 인류 역사에서 발견되는 아주 일반적인 현상이었다. 대표적인 예로 1940년대 킨제이의 조사에 따르면 당시 미국 남성들 중 1/4 내지 1/3이 적어도 한번쯤 동성애를 통해 오르가슴에 도달한 적이 있다고 했다. 또한 역사적으로 유명한 인물들도 동성애자가 아주 많았다. 고대 그리스나 로마에서는 동성애를 신성한 것으로 생각했다. 그래서 군대의 정예부대는 오직 동성애자들로만 조직되었고, 소크라테스나 플라톤, 아리스토텔레스 등 유명한 철학자들도 모두 동성애를 했다. 과거 중국에서도 동성애에 대한 태도는 너그러웠고, 궁정에서 민간에 이르기까지 많은 사람들이 동성애에 빠져들었다. 그러나 기독교는 성을 부부관계, 더 나아가 생식 기능으로만 제한한 채 그에 벗어나는 동성애를 금기시하고 죄악시했다. 심지어 미국에서는 1940년대만 해도 동성애를 감옥에 갇힐 위험이 있는 불법적인 행위로 규정했다. 독일의 뇌과학자 레온 카플란의 지적처럼 동성애는 정신병 등 후천적 원인이 아니라, 태내에 있을 때 호르몬 분비의 변이에 의해 결정되는 것이며, 부모로부터 물려받은 유전적 성향도 중요하다고 한다. 그러므로 킨제이의 주장처럼 동성애는 드물거나 비정상적인 것이 아닌, 인간의 다양한 성적 특징 중 하나에 불과한 것으로 보는 것이 합리적일 듯하다.

노년의 성에 대한 인식도 매우 왜곡되어 있다. 우리들은 늙으면 더 이상 성적 욕망을 느낄 수 없고, 남의 욕망을 자극할 수도 없다고 생각한다. 하지만 마스터스 & 존슨이 임상실험을 통해 밝혀냈듯이 나이든 여자들도 정기적으로 성생활을 하면 얼마든지 오르가슴에 이르는 섹스를 할 수 있다. 70, 80세가 넘은 노년의 남자들도 젊어서부터 적절한 성적 활동을 계속해왔다면 어떤 형태로든 성적 활동을 계속해나갈 수 있다. 『두번째 서른살』에서 보았듯이 오히려 진정한 쾌락은 60세가 넘어서야 발견할 수 있다. 노년의 성은 다정한 분위기와 어루만짐, 서둘지 않고 깊이 있게 하는 키스, 오르가슴을 목표로 하지 않는 섹스로 변해가기 때문이다.

장애인의 성은 위의 아이들이나 동성애자, 노년층의 성보다 더욱 억압되어 있다. 사람들은 장애인을 무성애자나 성별을 지운 존재로 취급할 뿐 그들에게도 성적 자기결정권이 있다는 생각은 하지 못한다. 타이완의 저자 천차오루의 지적처럼, 손발이 없다거나 청각장애나 시각장애, 정신장애, 심지어 중증장애가 있다고 해서 인간의 본능인 성적 욕망이 사라지는 건 아니다. 하지만 장애인이 성과 사랑을 추구하려 하면 경제적 빈곤이나 이동의 곤란, 상대의 부재 등 현실적으로 무수한 난관이 쌓여 있다. 그래서 선진국에선 불가피하게 장애인 섹스 자원봉사까지 실시하고 있다. 타이완의 성 자원봉사 '손천사'를 이용했던 중증장애 여성 메이뉘의 소감문이 아직도 머릿속에 떠오른다. '왜 나는 어리석게 45살까지 기다렸을까? 45살이 되어서야 진짜 해보게 되었을까? 나는 보통 여성보다 자그마치 25년이나 늦었다. 왜 그랬을까?'

 마지막으로 이제 우리는 이성애, 동성애, 양성애와 함께 제4의 성인 무성애에 대해서도 생각해야 한다. 우리는 동성애를 통해 이성애를 보다 잘 이해할 수 있는 것처럼, 무성애를 통해 성애 전체를 폭넓게 비교해볼 수 있다. 무성애란 남성이나 여성, 혹은 양성 모두에 대해 성적 매력을 전혀 느끼지 못하는 것을 말한다. 다시 말해 타인에 대한 욕망의 유혹이 전혀 없다는 것이다. 무성애의 원인은 동성애처럼 태내에 있을 때 낮은 호르몬 수치로 인해 태아의 두뇌 발달에 영향을 미쳐 생겨난 것으로 보고 있다. 또 후천적으로 심리적, 사회적, 역사적 원인에 의해 생겨날 수도 있다. 무성애자의 비율은 인구의 1%가량으로 추정되지만, 실제로는 이보다 높은 것으로 보고 있다. 사실 우리 주변을 돌아보면 성에 대한 관심이 없는 사람들이 의외로 많다. 특히 인간의 수명이 100세 시대로 늘어나면서 나이 들수록 성에 대해 무관심해하거나 피곤해하는 사람들이 늘어나고 있다. 무성애는 자신과 성적으로 다른 세상을 들여다보고 배울 수 있는 좋은 기회를 제공해준다. 또 새로운 성적 소수자를 알게 됨으로써 성에 대한 다양성과 포용력을 증대시킬 수 있다.

 결국 프로이트의 말처럼 성을 이해하는 것이야말로 진정으로 인간을 이해하는 길이라고 생각한다. 또 진정한 선진국은 성이 개방적이고 포용적인 나라라는 것을 거듭 강조하고 싶다.

참고문헌

가메야마 사나에 편저, 『우리는 왜 사랑을 반복하는가』, 동양북스, 2017.
가와이 가오리 지음, 육민혜 옮김, 『섹스 자원봉사』, 아롬, 2005.
강승귀·권병두 공저, 『성문화 보고서』, 지수, 2001.
강요원 지음, 노장철학분과 옮김, 『중국인의 성』, 예문서원, 1993.
공자그 드 라로크 지음, 정재곤 옮김, 『동성애』, 2007.
기시다 슈 지음, 박규태 옮김, 『성은 환상이다』, 이학사, 2000.
김원회·차영일 지음, 『사추기의 성』, 부산대학교 출판부, 1999.
난젠 & 피카드 지음, 남기철 옮김, 『에로틱 세계사』, 오브제, 2019.
다니엘 페나크 지음, 조현실 옮김, 『몸의 일기』, 문학과 자성사, 2015.
더들리 세스 대노프 지음, 정용숙 역, 『남성의 건강한 성을 위한 최고의 안내서』,
　　　　다산출판사, 2017.
데이비드 J. 레이 지음, 유자화 옮김, 『욕망의 아내』, 황소걸음, 2011.
데이비드 P. 버래쉬, 주디스 이브 립턴 지음, 이한음 옮김, 『일부일처제의 신화』,
　　　　해냄, 2002.
레온 카플란 지음, 박영구 옮김, 『모나리자 신드롬』, 자작, 2002.
류다린 지음, 노승현 옮김, 『중국성문화사』, 심산문화, 2003.
리나 홀스타인, 데이비드 테일러 지음, 고혜진, 왕수민 옮김,
　　　　『세상에서 가장 에로틱한 주말을 보내는 법』, 한언, 2004.
리수충 지음, 주은주 옮김, 『역사를 바꾼 성 이야기』, 시그마북스, 2010.
마스터즈·존슨, 『인간의 성반응』, 호문사, 1996.
박은하, 한국과 네덜란드 청소년의 성의식 및 성행동에 관한 비교 연구,
　　　　『청소년학연구』23(4), 한국청소년학회, 2016.
배정원, 『똑똑하게 사랑하고 행복하게 섹스하라』, 21세기북스, 2014.
로빈 월쇼, 한국성폭력상담소 부설연구소 울림 번역,
　　　　『그것은 썸도 데이트도 섹스도 아니다』, 일다, 2015.
리차드 아머 지음, 서현정 옮김, 『모든 것은 섹스로부터 시작되었다』, 시공사, 2001.
린다 손탁 지음 지음, 남문희 옮김, 『유혹, 아름답고 잔인한 본능』, 청림출판, 2004.

마리 드 에느젤 지음, 유정애 옮김, 『두번째 서른살』, 베가북스, 2017.
마빈 해리스 지음, 김찬호 옮김, 『작은 인간』, 민음사, 1995.
마저리 쇼드탁 지음, 유나영 옮김, 『니사』, 삼인, 2008.
미셸 푸코 지음, 이규현 옮김, 『성의 역사』1-앎의 의지, 나남, 2004.
미셸 푸코 지음, 문경자·신은영 옮김, 『성의 역사』2-쾌락의 활용, 나남, 2004.
미셸 푸코 지음, 이혜숙·이영목 옮김, 『성의 역사』3-자기배려, 나남, 2004.
미셸 푸코 지음, 오생근 옮김, 『성의 역사』4-육체의 고백, 나남, 2010.
브랜디 엥글러·데이비드 렌신 지음, 김고명 옮김, 『내 소파 위의 남자들』,
    명진출판, 2013.
브론스키 지음, 편집부 옮김, 『결혼과 성』, 문원, 1994.
사라 밀스 지음, 임경규 옮김, 『현재의 역사가 미셸 푸코』, 앨피, 2008.
사카쓰메 신고 지음, 박제이 옮김, 『당신이 흔들리는 이유』, 휴먼카인드북스, 2017.
섹시고니, 『딸아들 가이드』, 레드홀릭스, 2019.
송웅달, 『990일간의 폭풍 사랑』, 김영사, 2007.
실행 미문·뤼시앵 샤비 지음, 이정주 옮김, 『남자의 성』, 영림카디널, 2003.
양지열, 『가족도 리콜이 되나요?』, 휴머니스트, 2019.
앤서니 보개트 지음, 임옥희 옮김, 『무성애를 말하다』, 레디셋고, 2013.
엘리야킴 키슬레브 지음, 박선영 옮김, 『혼자 살아도 괜찮아』, 비잉, 2020.
웬지데이 마틴 지음, 엄성수 옮김, 『나는 침대 위에서 이따금 우울해진다』,
    쌤앤파커스, 2020.
오오시마 기요시 지음, 한방근 옮김, 『성의 불가사의』, 자작나무, 1996.
오차숙, 『가면축제』, 문학관, 2006.
오타나베 준이치 지음, 홍영의 옮김, 『실락원』1-2, 창해, 1997.
우에노 치즈코·노부타 샤오코 지음, 정선철 옮김, 『결혼제국』, 이매진, 2008.
이명수, 『한국인과 에로스』, 지성문화사, 1996.
이봉호, 『은밀한 인문학』, 쌤앤파커스, 2017.
이태호, 『미술로 본 한국의 에로티시즘』, 여성신문사, 1998.
임춘식, 『성은 늙지 않는다』, 동아일보사, 2008.
임희숙, 기독교가 성인들의 성 인식과 태도에 끼친 영향에 대한 연구,
    『신학사상』164집, 한신대학교 신학사상연구소, 2014년 봄호.

자닌 모쉬 · 라보 지음, 정장진 옮김, 『현대인의 성생활』, 이마고, 2003.
조너선 개손 하디 지음, 김승욱 옮김, 『킨제이와 20세기 성 연구』, 작가정신, 2010.
존 스파크스 지음, 김동광, 황현숙 역, 『동물의 사생활』, 까치, 2000.
지그문트 프로이크 지음, 오현숙 옮김, 『성에 관한 세 편의 해석』, 을유문화사, 2007.
천차오루 지음, 김영희 옮김, 『사랑을 말할 때 우리가 꺼내지 않았던 이야기들』,
　　　　사계절, 2020.
카롤 & 세르쥬 지음, 유정애 옮김, 『Sex & Talk』, 파라북스, 2004.
카트린 밀레 지음, 이세욱 옮김, 『카트린 M의 성생활』, 열린책들, 2010.
파트리샤 뒤팽 · 프레데리크 에동 지음, 아정주 옮김, 『여자의 성』, 영림카디널,
　　　　2003.
한국인구학회 편, 『인구대사전』, 통계청, 2006.
한중섭, 『결혼의 종말』, 파람, 2020.
히구치 기요유키 지음, 이원희 옮김, 『일본인의 성』, 예문서원, 1995.
D.H. 로렌스, 『채털리 부인의 연인』1-2, 민음사, 2003.
EBS 다큐프라임 <심리다큐, 남자> 제작팀 지음, 『내 남자의 사생활』, 블루앤트리,
　　　　2012.
R·H. 반 홀릭, 장원철 옮김, 『중국 성풍속사』, 까치, 1993.
Masters, William H. Masters & Virginia Johnson, 『Human sexual response』, Boston:
　　　　Little, Brown, 1966.
Kinsey, Alfred C, 『Sexual behavior in the human male』, Philadelphia: W.B. aunders
　　　　Co., 1948.
Kinsey, Alfred C, 『Sexual behavior in the human female』, Philadelphia: Saunders,
　　　　1953.

저자 **정창권**

고려대학교 문화창의학부 부교수. 대구대 대학원 장애학과 출강. 서울시청 문화콘텐츠, 스토리텔링 평가 및 자문위원. 한국박물관협회 평가 및 자문위원. 서울시교육청 고전인문아카데미('고인돌'), 한국양성평등교육진흥원, 길 위의 인문학 특강. 2010년 대한민국학술원 우수학술도서, 2019년 롯데출판대상 본상, 2019년과 2022년 세종도서 학술 및 교양 도서 선정, 2015~2019, 2022년 고려대학교 석탑강의상 수상.

인권과 통섭(학문 융합)의 관점에서 여성, 장애인, 성과 인구, 기타 하층민의 역사를 연구하고 저술하고 있다.

주요 저서로 『조선의 살림하는 남자들』, 『천리 밖에서 나는 죽고 그대는 살아서』, 『근대 장애인사』, 『정조처럼 소통하라』, 『홀로 벼슬하며 그대를 생각하노라』, 『세상에 버릴 사람은 아무도 없다』, 『꽃으로 피기보다 새가 되어 날아가리』, 『역사 속 장애인은 어떻게 살았을까』, 『기이한 책장수 조신선』, 『거리의 이야기꾼 전기수』, 『한쪽 눈의 괴짜 화가 최북』, 『조선의 양생법』 등이 있다.

성性의 명서名書 읽기
명서로 보는 인간의 성지식

2024년 4월 24일 초판 1쇄 발행

저 자 **정창권**
펴낸이 **엄승진**
편 집 **이상민**
펴낸곳 도서출판 **지성인**
주 소 서울 영등포구 여의도동 11-11 한서빌딩 1209호
메 일 **Jsin0227@naver.com**
연락처 T. **02-761-5915** F. 02-6747-1612

ISBN 979-11-89766-48-1 13190

정가   18,900원

※ 잘못 만들어진 책은 본사나 구입하신 곳에서 교환하여 드립니다.
※ 책은 저작권법에 의해 보호를 받는 도서이오니 일부 또는 전부의 무단 복제를 금합니다.